111 GRÜNDE, TSCHECHIEN ZU LIEBEN

Christoph Amthor

111 Gründe, Tschechien zu lieben

Eine Liebeserklärung an
das schönste Land der Welt

SCHWARZKOPF & SCHWARZKOPF

Inhalt

Eine Liebeserklärung mit Wenn und Aber

Vorwort

Was heißt es, ein Land zu lieben? Und welche Gründe lassen sich dafür anführen?

Nachdem ich schon angefangen hatte, Kapitel zusammenzutragen, wurde mir zunehmend bewusst, wie schwierig diese Aufgabe ist. Wie oft höre ich etwa Freunde über Prag schwärmen: Eine wunderschöne, märchenhafte Stadt! Ganz klar, sie sind verliebt in Prag. Aber wie wäre es, wenn sie mit dieser Stadt nun zusammenleben müssten? Wenn sie nicht an der Moldau in der Sonne säßen, sondern bei der Prager Meldebehörde im überfüllten Wartesaal? Würde ihre Verliebtheit dem Alltag standhalten?

Wer nach ein paar Jahren in Tschechien immer noch die Superlative aus den Reiseprospekten zitiert, hat nach meiner Ansicht das Wesentliche verpasst. Denn mit zunehmender Zeit, die man hier verbringt, werden auf einmal ganz andere Dinge wichtig: In einem tschechischen Sportverein der einzige Deutsche zu sein, ist zum Beispiel eine ganz eigene Herausforderung. Dort dann aber etwas Tschechisch zu können, ist wiederum von Vorteil.

Liebe ist auch hier ein Miteinander, ein Wechsel von vielen widersprüchlichen Erfahrungen, und sie ist ein ständiger Prozess, der sich oft nur schwer in Worte fassen lässt. Liebe heißt auch, Ecken und Kanten wahrzunehmen und deren Anteil am Ganzen zu akzeptieren.

Diese 111 Gründe bitte ich darum nicht so zu verstehen, als ob ich nun 111 Trümpfe auf den Tisch zählen würde. Vielmehr sind sie wie ein Mosaik, dessen Steine erst zusammen das Gesamtbild ergeben.

Sie zeigen meine subjektive Auswahl, sind also weder ein Reiseführer noch ein Geschichtsbuch oder eine ethnografische Feldforschung. Für mich gehören zu den Gründen auch solche, die das Land einfach spannend machen und die mir Rätsel aufgeben.

Tschechien wird Sie mit zauberhaften Eindrücken überschütten, und Tschechien wird Sie fordern. Ich hoffe, dass dieses Buch Ihnen hilft, es als ein Land voller Geheimnisse zu entdecken, und als ein Land voller liebenswürdiger und kurioser Details.

Christoph Amthor

1. Kapitel

Mentalität

1. Grund

Weil man in den Wohnungen die Schuhe auszieht

Reisen bildet, und ein Leben in der Fremde noch viel mehr. Man lernt nicht nur viel über das andere Land oder die andere Region, sondern auch über den Ort, wo man selbst herkommt. Viele Dinge, die ich zeit meines Lebens ganz selbstverständlich gemacht hatte und die zur Normalität gehörten, waren nun auf einmal anders. Dazu gehörte zum Beispiel die tschechische Gewohnheit, beim Betreten von Wohnungen die Straßenschuhe auszuziehen.

Diese Regel könnte sogar den ersten Platz unter allen Regeln einnehmen, die uns helfen sollen, einen Fauxpas bei unseren Nachbarn zu vermeiden. Sie ist so wichtig, dass sie sogar von meiner Tschechisch-Lehrerin erwähnt wurde. Denn was nützt einem die Sprache, wenn man gleich nach der Ankunft einen solch schlechten Eindruck macht, dass man gleich wieder abreisen kann.

Wie war das noch in Deutschland? Man lässt die Schuhe an. Oder man fragt den Gastgeber. Wenn viele Schuhe im Vorraum stehen, fragt man besser. Wenn man in Gummistiefeln voller Matsch ankommt, lässt man sie vor der Tür stehen. Wenn sie dagegen sauber sind, kann man sie getrost anlassen. Die Regel lautet: Es gibt keine Regel.

Ich kann mich kaum noch an das Gefühl erinnern, mit Schuhen in eine Wohnung zu gehen. Ehrlich gesagt fühlt sie sich gar nicht mehr wie eine Wohnung an, wenn ich in ihr mit Schuhen umhergehe. Es ist ein bisschen so, als würde ich draußen auf der Straße gehen, und dann könnte ich auch zwischen Küche und Esszimmer an der Ampel warten.

Obwohl die Regeln in Deutschland und Tschechien so verschieden sind, geht es doch in beiden Fällen um denselben Grund: um Rücksichtnahme. In Tschechien will man die üblicherweise extrem sauberen Wohnungen nicht mit Straßenschmutz verunreinigen.

Straßenschmutz schließt hier in vielen Gegenden den Hundekot mit ein, der sich zunächst im Profil der Sohle versteckt, um dort zu trocknen und zu schrumpfen und dann herauszufallen, wenn man am wenigsten damit rechnet. In Deutschland dagegen geht es darum, die Gastgeber nicht dem Aroma vergorener Socken auszusetzen. So jedenfalls erkläre ich es mir.

In tschechischen Wohnungen wird man Ihnen als Gast oft Hausschuhe anbieten, damit man nicht die Löcher in den Socken sieht. Das sind oft solche Plüschdinger, mit denen man jemanden treten kann, ohne dass es wehtut. Für mich und meine Schuhgröße jedoch gibt es in ganz Tschechien keine Hausschuhe, in die ich passen würde. Selbst in den Schuhgeschäften muss ich immer bis ganz an das Ende des Regals gehen, wo sich nur ein einsames Paar schwarzer Herrenschuhe befindet, mit denen ich auf einem Diplomatenempfang erscheinen könnte. Und selbst die sind noch zu klein.

Die Gewöhnung an diese tschechische Gepflogenheit hat neben der sauberen Wohnung übrigens noch einen zweiten, völlig überraschenden Nutzen erbracht. Beruflich bin ich immer mal wieder nach Asien gereist und habe dort häufig auch Privatwohnungen besucht. Und erfreut konnte ich dort feststellen, dass ich mich ganz automatisch richtig verhalte. Denn auch in Asien werden die Schuhe durchweg im Vorraum ausgezogen.

So gesehen ist die tschechische Kultur also sehr global ausgerichtet, was vielleicht ein paar Tschechen verstören dürfte, aber so ist es nun einmal.

2. Grund

Weil auch Atheisten »Jesus!« ausrufen

Im Jahr 2013 erhielt der Politiker Lukáš Nový von den Brünner Behörden einen vorläufigen Personalausweis mit einem Foto, auf dem er auf dem Kopf ein Nudelsieb trug. Brünn ist die Hauptstadt von Südmähren. Diese Kopfbedeckung hat jedoch nur wenig mit mährischer Kultur zu tun, und ich möchte behaupten, dass sie seinem Kopf nicht gut gestanden hatte. Er machte ein wenig den Anschein eines Söldners aus der Freiwilligenarmee einer psychiatrischen Abteilung.

Tschechische Behörden sind eigentlich nicht bekannt für Flexibilität und Entgegenkommen. Sie halten sich strikt an Regeln, die je nach Dienstzimmer, Großwetterlage und Wochentag variieren können. So wurde ich einmal von einer Angestellten daran gehindert, auf einem Antrag meine Geburtsnummer einzutragen. Dieser Antrag wurde dann später mit der Begründung abgelehnt, dass darauf die Geburtsnummer fehle.

Die Brünner Behörden jedoch ließen alle fünfe gerade sein und winkten den Antrag durch. Begründet wurde dies mit religiöser Freiheit, denn Herr Nový bekannte sich zu den *Pastafaris*, die, ihren eigenen Angaben zufolge, an das Fliegende Spaghettimonster glauben. Laut Gesetz darf man auf Passfotos eine religiös oder medizinisch motivierte Kopfbedeckung tragen, solange sie nicht das Gesicht verdeckt.

Die Entscheidung der Brünner Behörde wurde zwar später vom Innenministerium widerrufen, da es sich beim *Pastafarianismus* allem Anschein nach doch nur um eine Religionsparodie handelt, die in Tschechien nicht als Religion anerkannt wird. Diese kurze Affäre verstärkte jedoch den Eindruck, dass die tschechische Gesellschaft in religiösen Dingen manchmal ein wenig respektlos sei.

Dem *Eurobarometer* zufolge gehört Tschechien alljährlich zu den atheistischsten Ländern Europas. Zumeist in Richtung Mähren und Schlesien findet sich zwar ein nennenswerter Anteil an Katholiken, was vielleicht ein Erbe der früheren Donaumonarchie sein mag, und es gibt ein paar Christen, die sich von den Hussiten ableiten. Jan Hus, der Namensgeber der Hussiten, wird allgemein nur dann aus dem Schrank geholt, wenn es um nationale Identitätsfragen geht, und weniger als religiöses Leitbild.

Ganz im krassen Gegensatz zu diesem Mangel an christlichem Gedankengut hat sich jedoch ein Wort etabliert, das sich beinahe universal verwenden lässt: *Ježíš*, zu Deutsch: Jesus. Das »e« von *Ježíš* lässt sich dabei beliebig lang dehnen, sodass alle angestauten Emotionen in einem Atemzug abgebaut werden können.

Hier ist eine kurze Übersicht der wichtigsten Situationen, wenn Jesus nach Böhmen zitiert wird, inklusive Beispiele:

1. Jesus für Genervte:

Tochter: »Mami, ich muss mal aufs Klo!«

Mutter: »Jesus! Du warst doch erst vor fünf Minuten!«

Es gibt sogar eine noch gesteigerte Variante: »Jeeeeežíšmaria!« Zu Deutsch: »Jesusmaria!«

2. Jesus als Ausruf der Entschuldigung:

»Jesus! Bin ich Ihnen auf den Fuß getreten? Das tut mir aber leid!«

3. Jesus für Überraschte:

»Jesus! Bist du schon zurück, Liebling? Das ist Herr Dolízal von nebenan.«

»Ježíš« lässt sich sogar ganz einfach zu sich selbst sagen, etwa in einem Zustand der Erschöpfung. Ohne Zweifel hat es einen meditativen oder sogar selbsttherapeutischen Effekt. Dieser Stoßseufzer ist, richtig eingesetzt, wie das wohltuende Eingeständnis, dass es mir schlecht geht.

Versuchen Sie es einmal. Sie werden sehen, es macht süchtig.

3. Grund

Weil die Tschechen improvisieren können

Als ich noch in Deutschland lebte, wurde ich bereits Zeuge eines typisch tschechischen Charakterzugs, der mir zu Hause immer zu kurz gekommen war: Die Tschechen haben Improvisationstalent. In Deutschland werden Regeln verinnerlicht und gelebt, und dies selbst dann noch, wenn sie schon völlig sinnentleert sind. Wenn dann etwas Unerwartetes passiert, sind viele Leute aufgeschmissen.

Eine tschechische Freundin, die in Bayern lebte, hatte damals einen plötzlichen Todesfall in der Familie gehabt. Als einer der wenigen Bekannten in der Nähe war ich sofort zu ihr auf das Dorf gereist, in der Hoffnung, dass ich irgendwie behilflich sein könnte. Nachdem der Arzt den Tod attestiert und als kleine Zugabe auch noch gezeigt hatte, wie der Tote vielleicht noch hätte gerettet werden können, wurde ein tschechisches Bestattungsunternehmen gerufen, um den Leichnam nach Böhmen zu überführen. Das ging relativ schnell, und damit war die Sache für mich erst mal erledigt.

Die Frage stellte sich nun, wie ich aus diesem Dorf wieder nach Hause gelangen könnte. Es war ein Wochenende und in dem Dorf gab es an dem Tag keinen öffentlichen Personennahverkehr. Jeder dort hatte ein Auto, nur ich nicht. Die Lösung aber entpuppte sich als überraschend einfach: Die tschechischen Bestatter boten mir an, doch einfach bei ihnen mitzufahren – im Laderaum des Leichenwagens. Es war ein wenig seltsam, dort auf dem Boden zu sitzen, den einen Arm lässig auf dem Sarg, aber schließlich wollte ich ja nicht Ewigkeiten zu Fuß gehen.

An einer Ampel erlaubte ich mir den Spaß, mich mit Todesmiene aufzurichten und den Leuten im Nebenauto zuzuwinken. Ich weiß aber nicht, ob sie mich durch die halb verdeckten Scheiben sehen konnten, oder zumindest meinen Schatten. Mit den tschechischen Bestattern war das so einfach, wie wenn man eins und eins zusammenzählt. Wäre der Leichenwagen aus Deutschland gewesen, hätte ich mir mit Sicherheit ein Taxi rufen müssen.

Im tschechischen Straßenverkehr trifft man immer wieder auf Improvisationskünstler. Um zu einer Parklücke in der Einbahnstraße zu kommen, fährt man durchaus auch mal gegen die Richtung. Der Trick besteht darin, rückwärts zu fahren. Und wenn die Parklücke außerhalb der Parkzone liegt, so lassen sich viele Schilder auch ein ganz kleines Stück versetzen.

Im Zentrum von Prag ist vor ein paar Jahren einmal eine 42 Tonnen schwere Straßenbahn liegen geblieben, weil sie gerade dort zum Halten gekommen war, wo die Oberleitung keine Spannung führte. Wäre sie noch zehn Zentimeter weitergerollt, hätte der Stromabnehmer bereits das nächste Stück Draht erreicht, und sie wäre weitergefahren. So aber war sie nicht mehr fähig, die Fahrt aus eigener Kraft fortzusetzen.

Statt nun eine halbe Stunde auf den Abschleppdienst zu warten, der die Bahn diese zehn Zentimeter weiterziehen würde, griffen die Fahrgäste zur Selbsthilfe. Gemeinsam schoben sie das Fahrzeug an, was zum Glück auf der ebenen Strecke sehr einfach ging. In wenigen Minuten konnten sie die Fahrt fortsetzen.

Ich vermute, dass in vielen anderen Ländern die Fahrgäste nicht einmal auf die Straße hinaus gedurft hätten, weil schließlich einer von ihnen von einem Auto erfasst werden könnte. In dem Fall wäre dann wohl der Fahrer verantwortlich gewesen. Und das steht alles im Kleingedruckten unter den Beförderungsbedingungen. Das Kleingedruckte ist das, was Sie immer für eine hübsche Schraffur gehalten haben.

Das tschechische Improvisationstalent muss sich wohl in der Zeit entwickelt haben, als die Grenzen noch geschlossen und die Ressourcen knapp waren. So gab es etwa improvisierte Ersatzteile und Surrogate für unbezahlbare Lebensmittel, und man verstand sich sogar darauf, unerreichbare Reiseziele ins eigene Land zu holen. Natürlich wurden nicht wörtlich Berge versetzt, denn es reichte ja, dass die heimische Landschaft irgendwie ähnlich erschien, und den Rest erledigte die Fantasie.

In der Hohen Tatra, also im damaligen Inland, hatte man so etwas Ähnliches wie die Alpen. Oder man fuhr zumindest in die *Böhmische Schweiz*, also fast nach Sachsen. Ein riesiger Stausee im Süden des Landes wird als *Böhmisches Meer* bezeichnet. Und wenn man schon nicht nach Amerika konnte, so baute man doch seine Hütten so, dass sie wie Saloons aussahen, und drehte sogar einen ganzen tschechischen Wildwestfilm namens *Limonaden-Joe*, wozu ein großer Kalksteinbruch die Kulisse abgab. Dieser Steinbruch trägt übrigens den Namen *Kleines Amerika*.

Improvisiert wird auch in der Politik. Vielleicht erinnern Sie sich noch, dass im Januar 2009 die Tschechische Republik turnusgemäß für ein halbes Jahr die EU-Ratspräsidentschaft übernommen hatte. Bereits im März desselben Jahres jedoch wurde die Regierung abgesetzt, ohne einen Nachfolger zu benennen. Der Zeitpunkt hätte eigentlich nicht ungünstiger sein können. Schnell wurde eine Lösung zusammengebastelt, und ab Mai führte ein Parteiloser die Regierungsgeschäfte. Ab Juli waren dann die Schweden an der Reihe, und die Sache war somit überstanden.

Verglichen wurde diese Präsidentschaft mit einem Flugzeug, das per Autopilot fliegen musste, weil der Pilot während des Fluges entlassen worden war. Woanders hätte dieser unpassende Regierungssturz wohl für eine nationale Panikattacke gesorgt. In Tschechien dagegen lachte man nur kurz und bestellte sich ein Bier. Damit war die Krise bewältigt.

4. Grund

Weil es hier für alles einen Enthusiasten gibt

Als ich in meine jetzige Wohnung eingezogen bin, war mir gleich klar, dass ich auf dem Balkon Pflanzen haben wollte. Sie sollten schön, aber auch nützlich sein. Denn es gab ein kleines Problem: die Nähe der Nachbarn.

Zu meinen Nachbarn habe ich ein sehr gutes Verhältnis. Da habe ich wirklich Glück gehabt. Trotzdem aber möchte ich nicht das Gefühl haben, mit an ihrem Kaffeetisch zu sitzen, wenn sie vier Meter entfernt zusammensitzen und sich unterhalten. Und umgekehrt will ich nicht wie auf einem Präsentierteller sitzen, wenn ich im Pyjama draußen in der Sonne meinen Kaffee trinke.

Einfach eine Wand aufzustellen erschien mir zu offensiv, so als würde ich ihnen sagen, dass ihr Anblick etwas Unerträgliches sei. Die ideale Lösung war irgendeine Pflanze, die allmählich höher und dichter wird und dabei sogar noch gut aussieht.

Ich machte mich ein wenig kundig und besah mir Stauden und Sträucher, die in einem Kübel überleben können. Die Suche gestaltete sich aber als schwieriger, als ich gedacht hatte. Entweder waren sie einfach zu klein, oder zu teuer, oder beides, oder sie würden keinen Frost überleben, oder sie werden zwar hoch und dicht, aber auch sehr breit.

Dann schließlich hatte ich meine Wahl getroffen: Es musste Bambus sein! Und zwar keiner aus dem Baumarkt oder Gartencenter, sondern von einem Fachmann. In Prag hatte ich nämlich eine Webseite gefunden, *bambusy.cz*, und es war ein kleiner Familienbetrieb, der sich auf diese Pflanzen spezialisiert hatte.

Diese Gärtnerei liegt im Prager Stadtteil Troja, was für mich eine Reise mit zweimaligem Umsteigen bedeutet. Auf einer Anhöhe über der Stadt befindet sich dort ein ausgewachsener Bambusgarten. Diese Gärtnerei hat Bambusse in allen Größen, vom Büschel bis zum Wald, mit gewellten und geraden Stämmen, mit matten und glänzenden Blättern. An einem Ende befindet sich ein kleiner Pavillon, und ein Stück Rasen steht für Yoga-Kurse zur Verfügung. Und natürlich darf auch nicht die Katze fehlen, die für die Behaglichkeit zuständig ist.

Dem Inhaber war anzusehen, wie viel Freude ihm diese Arbeit machte. Geduldig erklärte er mir die Arten und beriet mich, welche Sorten für einen Balkon infrage kämen, wie groß die Truhen sein mussten und wie ich sie vorbereiten sollte, damit sich kein Wasser anstaut. Wir unterhielten uns über meine Arbeit in Asien, wo der Bambus noch viel höher wächst, und über den Prager Frost, den ich nicht unterschätzen solle. Schließlich brachte er mir die Pflanzen unentgeltlich nach Hause, inklusive Erde.

Im Tschechischen gibt es den Begriff *Srdcař*. Abgeleitet wird er von dem Wort *Srdce*, auf Deutsch »Herz«. Ein *Srdcař* ist ein Mensch, der sich einer Sache mit dem Herzen widmet, mit Begeisterung und Hingabe. Es ist etwas anderes als ein Fan oder ein Liebhaber von etwas, was mir ein wenig zu passiv erscheint. Ich meine, dass ihm der Begriff »Enthusiast« am nächsten kommt.

Tschechen sind sehr begeisterungsfähig, können sich in ein Thema regelrecht verbohren und dann jedes bisschen Geld und Freizeit investieren. Es gibt Leute, die eine unglaubliche Kreativität entwickelt haben, um in ferne Länder zu reisen, lange bevor es sich der Durchschnittsbürger leisten konnte. Zu jedem möglichen Thema findet sich irgendwo im Land ein Sammler oder Hobbyforscher, ob es um Autos von *Praga* geht oder um Schallplatten oder japanische Schwerter.

Es ist immer bemerkenswert, dass sie nicht davor zurückschrecken, auch ein mageres tschechisches Einkommen in ihre Leidenschaft zu investieren. Ich kenne Leute, die sich vor dem Wochenende zusammen in ein Auto quetschen, um Tag und Nacht bis nach Frankreich oder Schweden zu fahren, nur um dort an einer Sportveranstaltung teilzunehmen. Und wenn die Übernachtung zu teuer ist, schlafen sie im Schlafsack auf dem Boden. Übungskleidung wird notfalls selbst genäht, und Geräte werden selbst gezimmert, ja sogar geschmiedet.

Für mich heißt es, dass auf einem relativ engen Gebiet viele interessante Leute leben, die ein beachtliches Wissen angesammelt haben und die mich oft mit ihrer Begeisterung anstecken. Vor allem habe ich gelernt, wie wichtig es ist, selbst aktiv zu werden und mich für meine Hobbys anzustrengen. Früher bin ich höchstens mal beim Durchblättern eines Fachkatalogs ins Träumen geraten, aber zu mehr Engagement hatte es oft nicht gereicht. Denn ich lebte damals in der Pampa, und damit war die Sache für mich abgehakt.

Der Bambus gedeiht, und ich habe mich schon lange daran gewöhnt, ins umliegende Ausland zu fahren, wenn dort etwas Interessantes geboten wird, sogar ins übernächste Land. Notfalls reise ich mit dem Billigticket und nehme meinen Schlafsack mit. Und vielleicht gibt es auch die eine oder andere Tätigkeit, wo ich irgendwann den Titel *Srdcař* verdiene.

5. Grund

Weil das Land so überschaubar ist

Wenn Sie mit Tschechen über ihr Land sprechen, kommt früher oder später so sicher wie das Amen in der Kirche die Bemerkung, dass Tschechien ja nur ein kleines Land sei. Zumeist klingt es wie eine Rechtfertigung dafür, dass es nicht mit anderen Ländern mithalten könne, aber es hat sicher auch etwas Beruhigendes. Indem es nicht so groß ist, muss es sich auch nicht mit den großen Ländern messen lassen.

Wenn man die europäischen Länder nach Fläche sortiert, landet Tschechien so in etwa am unteren Rand der oberen Hälfte. Mit Blick auf die Bevölkerung rangiert es sogar vor Schweden, Ungarn und Österreich, und natürlich vor solchen Zwergstaaten wie Dänemark, Finnland, Norwegen oder der Slowakei. Hätten Sie gedacht, dass Tschechien etwa doppelt so viele Einwohner hat wie Norwegen? Aber natürlich lebt man in Skandinavien auf eine viel größere Fläche verteilt als in Mitteleuropa.

Ein bisschen ist das »kleine Land« also eine subjektive Empfindung, und das vor allem im Vergleich zu den zwei deutschsprachigen Nationen, die zufällig gleich nebenan liegen, und sicher auch zu Polen, das auch nicht ganz klein ist. Größe ist hier relativ, und ganz ähnlich werden schließlich auch manche Länder als östlich oder westlich empfunden, obwohl es geografisch gesehen gar nicht stimmen muss.

Auf jeden Fall ist Tschechien sehr viel überschaubarer als die großen Nachbarn. Es beginnt schon damit, dass ich von Prag aus durchaus mal an das eine oder andere Ende der Republik fahre und abends wieder zurück bin. Das Ergebnis ist, dass ich innerhalb von fünf oder zehn Jahren jede größere tschechische Stadt mindestens einmal besucht habe. In Deutschland dagegen gibt es zahlreiche mittelgroße Städte, in die ich noch nie meinen Fuß gesetzt habe, weil sie einfach nie auf meinem Weg lagen.

Zu dem Eindruck trägt auch bei, dass es sehr zentralistisch verwaltet wird. Die Sommerferien beginnen und enden im ganzen Land am gleichen Tag. Der Schulstoff ist überall derselbe. Wenn man ein *Rohlík* (siehe Grund 17), also ein Hörnchen, kauft, dann sieht es im ganz Land gleich aus. Versuchen Sie das mal in Deutschland. Bestellen Sie Semmelknödel in Kiel oder Sprotten in Stuttgart, oder einen Pfannkuchen in Dresden.

In Tschechien kennt man sein Land, kennt die verschiedenen Regionen. Und ein bisschen glaubt man auch die Slowakei zu kennen. Es ist vielleicht noch so ein Ostblockgefühl, dass man vor Überraschungen sicher ist. Zumindest vor solchen aus dem Innern.

Leider führt diese Haltung auch zu einem gewissen Maß an Ängsten vor dem Unbekannten, bis hin zur Fremdenfeindlichkeit. In den meisten Fällen glaube ich jedoch, dass diese feindseligen Menschen einfach nicht persönlich kennen, was dort hinter dem Horizont auf sie wartet. Das beste Mittel gegen Ängste ist immer noch Information.

Für viele Jahre etwa herrschte eine geradezu panische Angst vor der Gefahr, dass mit dem EU-Beitritt die heimatvertriebenen Sudetendeutschen oder ihre Nachfahren in Scharen zurückkommen würden, um sich in ihre früheren Dörfer und Häuser zurückzukaufen oder es über den Gerichtsweg zu versuchen.

Dann kam die EU, alle hielten den Atem an, und die Boulevardblätter hatten wohl schon die Frontseiten für die Schlagzeilen reserviert. Und – nichts geschah. Die Vertriebenen hatten nämlich in all den Jahrzehnten längst woanders eine neue Heimat gefunden, und sie kamen nur noch, um sich an früher zu erinnern und zu erkunden, wie es heute dort aussieht.

Tschechien ist in vieler Hinsicht wie ein Märchenland. Das ist vielleicht ein schönes Ideal, aber es birgt auch die Gefahr, dass alles verbannt und verdrängt wird, was nicht in das Märchen passt. Aber auch hier geschieht eine langsame Entwicklung, und vielleicht wäre eine schnelle auch gar nicht zu meistern. Wichtig ist nur, dass sie stattfindet und dass sie nicht rückwärts läuft.

6. Grund

Weil man Tschechen damit aufziehen kann, dass ihr Land in Osteuropa liege

Machen wir ein kleines Quiz. Welche der drei Hauptstädte liegt am östlichsten: Stockholm, Wien oder Prag? Ich hoffe, Sie haben es richtig geraten: Am östlichsten liegt Stockholm, und an zweiter Stelle kommt Wien. Die tschechische Hauptstadt ist die westlichste der drei.

Von welcher dieser drei Städte würden Sie nun am ehesten behaupten, dass sie in Osteuropa liege? Ich vermute, dass nun die meisten Leute auf Prag tippen werden. Der Grund ist wohl zum einen die Vergangenheit als Teil des Ostblocks, zum anderen aber auch die slawische Sprache, die eine Verbindung in Richtung Russland herstellt.

Rein geografisch und kulturell aber gehört Tschechien zu Mitteleuropa. Böhmen und Mähren haben ihre Inspirationen aus Wien, Paris und Berlin bezogen, sie waren in mitteleuropäische Ereignisse wie den Dreißigjährigen Krieg so sehr eingebunden, wie es überhaupt ging, und gerade die Nähe zu den größten deutschsprachigen Ländern begünstigte den Austausch von Menschen und Ideen.

In deutschen Nachrichten stolpere ich immer wieder über Meldungen, in denen die Tschechische Republik in Osteuropa verortet wird. Manchmal ist es fast so, als würde hier versucht, eine symbolische Grenze aufrechtzuerhalten. Vielleicht ist es die Grenze zwischen dem Bekannten und dem, was man als bekannt abgehakt hat. In manchen Köpfen scheint es wohl immer noch nicht möglich zu sein, Rumänien, Polen und Tschechien getrennt zu denken. Und irgendwo, wo es schon ganz nebulös wird, gibt es dann noch Bulgarien und die Ukraine.

Wenn Sie also einen Tschechen auf die Palme bringen wollen, sagen Sie ihm, dass sein Land in Osteuropa liege. Genießen Sie die drei Sekunden, wie er nach Worten ringt. Aber dann, im nächsten Satz, machen Sie bitte klar, dass es sich nur um einen Scherz gehandelt hat. Sonst riskieren Sie, dass man Sie für einen hoffnungslosen Fall hält, bei dem alle weiteren Erklärungen vergebens sind.

7. Grund

Weil Sicherheit so definiert wird, dass noch nie etwas passiert ist

Im Jahr 2017 kursierte im Internet ein Video, das den Abbruch eines alten Fabrikschornsteins im nordböhmischen Ort Česká Kamenice zeigt. Hier hatte einmal die Firma *Benar* Textilien produziert, aber das lag bereits in der Vergangenheit. Nun musste der Schlot weg.

Wie aber reißt man einen gemauerten Schornstein von 50 Metern Höhe ab, der vielleicht schon etwas brüchig ist und an dem Spuren von Arsen gefunden worden waren? Rückbau, also Abtragen von oben nach unten, wäre eine Möglichkeit. Ist aber viel zu umständlich und teuer, dachten sich die Leute in Česká Kamenice. Dafür reicht doch ein Mann mit einem Meißel. Na gut, geben wir ihm doch einen Presslufthammer, das geht schneller. Und einen Helm, für den Fall, dass ihm doch einmal 50 Meter Schornstein auf den Kopf fallen.

Die Arbeitsweise erinnert an das Fällen eines Baumes: Unten wird ein Keil entfernt, wobei in diesem Keil ein Mittelstück stehen gelassen wird. Dann sieht man den Arbeiter, der einen blauen Helm trägt, Stück für Stück die Steine aus dem Mittelstück herausmeißeln. Dazu reicht ihm oft eine Hand. Mit der anderen stützt er sich an der Ziegelwand ab, oder vielleicht täuscht der Anblick, und eigentlich hält er den Schornstein, damit er nicht zu früh kippt. Manchmal stemmt er sich gegen den Presslufthammer, und mir wird klar, dass ich bereits Probleme hätte, das Gerät so lange horizontal zu halten.

Plötzlich gleitet ein größeres Stück aus der Mauer. In Seelenruhe macht sich der Mann nun auf den Weg, schreitet über die Bruchstücke hinweg und ergreift unterwegs eine Schaufel, die er dort abgestellt hatte. Hinter ihm sieht man den riesigen Schornstein dorthin wegkippen, wo er eben noch gearbeitet hatte. Die nächste Aufnahme zeigt, wie das Bauwerk der Länge nach auf einen freien Platz fällt und dabei eine Wolke Schnee in die Luft stößt.

Bis zum letzten Moment wusste ich nicht, ob der Mann mit heiler Haut davonkommen würde. Aber nichts ist passiert. Und damit ist es kein Problem. Sie glauben es nicht? Lassen Sie sich mal den blauen Helm bringen. Sie werden keinen Kratzer darauf finden. Der einzige Fleck darauf ist vom Gulasch, denn der Mann muss natürlich ordentlich essen, damit er so stark ist. Aber das war es auch schon. Die Arbeit entspricht also erwiesenermaßen den gängigen Sicherheitsstandards.

Natürlich gibt es Fälle, wo durchaus etwas passiert ist, wie etwa Verkehrsunfälle. Aber hier heißt es dann: »Gut, es kommt vor. Aber mir ist noch nichts passiert. Das passiert nur anderen.« Und damit ist die Sicherheit schon wieder bewiesen. Der Beweis war ein wenig umständlicher, aber er überzeugt.

Viele Tschechen äußern sich unzufrieden darüber, dass bei ihnen Vorschriften oft härter seien als bei ihren Nachbarn: Für Autofahrer etwa gilt die Null-Promille-Grenze, es gibt also kein Fahrerbier. Zumindest nicht offiziell. Jugendliche dürfen bis zur Volljährigkeit keinen Alkohol in der Kneipe trinken, auch nicht in Begleitung der

Erziehungsberechtigten. Und auf der Autobahn gilt eine Höchstgeschwindigkeit von 130 km/h.

Dass diese Obergrenze durchaus ihre Berechtigung haben kann, durfte ich auf einer Fahrt auf der Autobahn D1 von Prag nach Brünn erfahren. Es war am Freitagnachmittag, und zwischen den Wochenendpendlern, die fröhlich zur Familie oder zum Zweithäuschen auf das Land fuhren, bahnten sich ein paar besonders Eilige den Weg.

Doch plötzlich sahen wir ein Hindernis auf der linken Spur: Dort hielt, oder soll ich sagen: parkte, ein Kleintransporter. Jemand war ausgestiegen und lud in Ruhe ein paar Holzplatten ein, die offenbar aus der geöffneten Hintertür herausgefallen waren. Irgendwie gelang es den Fahrern, gemeinsam einen koordinierten Rechtsschlenker einzuleiten, an dem Hindernis vorbei. Glücklicherweise hatten wir ja noch die Standspur zur Verfügung.

Die Szene war so schnell vorüber, dass ich mich fragte, ob ich sie nicht doch geträumt hatte. Wären wir noch ein Stückchen schneller gefahren, säßen wir jetzt alle statt der Holzplatten im Laderaum des Transporters, und zwar komprimiert wie in der Müllpresse.

Ein paar der Mitfahrer stießen noch einen Seufzer der Erleichterung aus und schüttelten den Kopf. Wir lachten. Ein paar Stunden später aber war es schon nicht mehr der Erwähnung wert. Denn es war ja nichts passiert.

»Sicher ist sicher«, sagt man in Deutschland. In Tschechien sagt man so sinngemäß: »Jetzt mach dir mal nicht in die Hosen! Wir haben das immer so gemacht.«

Bei einem Training in Prag mit einem scharfen japanischen Schwert, mit dem eigentlich eine zusammengerollte Strohmatte hätte durchgeschnitten werden sollen, kam es fast zu einem unglücklichen Todesfall: Das Schwert wurde mit solch einer Wucht emporgerissen, dass es dem armen Jungen aus der Hand flog, und zwar nach hinten, und genau dorthin, wo zuvor der hoch geachtete japanische Meister Platz genommen hatte. Dieser konnte sich zum Glück mit einem schnellen Sprung aus der Flugbahn retten, denn sonst wäre er ohne Zweifel harpuniert worden.

Hier muss vielleicht erwähnt werden, dass man bei strikter Beachtung der traditionellen japanischen Kultur seinen obersten Lehrer nicht einmal finster anblicken darf, geschweige denn mit scharfen Schwertern nach ihm werfen. Es kam also zu einer leichten interkulturellen Verstimmung, der Meister machte höflich ein paar vorsichtige Korrekturen an der Schwerthaltung seiner Schüler, aber dann wurde fleißig weiter so trainiert wie bisher. Mit derselben Einstellung und demselben Kraftaufwand. Warum auch nicht? Es war ja nichts passiert.

8. Grund

Weil die Tschechen ihre Zoos lieben

Zoologische Gärten sind in der Vergangenheit wohl zu Recht unter Druck geraten, und die Frage wird gestellt, ob das Erlebnis der Besucher eine »unmenschliche« Tierhaltung zu rechtfertigen vermag. Die Antwort der Einrichtungen ist zum einen, dass sie in vielen Fällen zum Artenerhalt beitragen und dass sie zudem die Bildung gerade von Kindern fördern. Daneben führte diese Kritik auch zu der Einsicht, dass nicht jeder Zoo das selbe Standardensemble von exotischen Tieren aufweisen muss. Weniger ist oft mehr. Diese Fragen und Entwicklungen betreffen natürlich auch die Zoos in Tschechien, und leider sind auch hier oft Tiere zu sehen, deren begrenzte Gehege noch aus alten Zeiten stammen.

Als Reisen in ferne Länder noch ein Privileg für wenige Tschechen waren, spielten die hiesigen Zoos eine wichtige Rolle als Ersatz für die Welt hinter dem Eisernen Vorhang. Im Vordergrund stand sicher der Kurzurlaub für die Besucher, das Entkommen aus dem grauen Alltag. Kombinieren Sie dieses Bedürfnis mit der tschechischen

Begabung für Fantasie und mit ihrer Begeisterungsfähigkeit (siehe Grund 4), dann ist es nicht schwer zu verstehen, dass die Tschechen ihre Zoos ähnlich liebevoll gestalten wie ein Eisenbahnfan seine Modellbahnanlage.

Hier finden sich nicht nur ganze landschaftliche Szenerien, die bis hin zu Details wie dem Treibholz im Schlamm eines Flusses oder den herumliegenden Wasserkanistern der Anwohner dem Original entsprechen. Sie können einen kompletten japanischen Garten besuchen oder, wie im Prager Zoo, einen hinduistischen und einen buddhistischen Tempel sehen. Natürlich ist vieles davon erst nach der Wende entstanden. Die Begeisterung hält eben heute noch an und in vielen Städten gehören die Zoos zu den Schmuckstücken, auf die ihre Bewohner besonders stolz sind.

Ich habe immer ein schlechtes Gewissen gegenüber der »Provinz«, wenn ich wieder einmal auf eine Attraktion in Prag hinweise, aber im Fall der zoologischen Gärten befindet sich nun einmal das Vorzeigestück in der Hauptstadt. Der Prager Zoo ist nicht nur der größte und vielfältigste, sondern wurde auch international immer wieder preisgekrönt. Er landet in verschiedenen Ranglisten regelmäßig unter den besten fünf oder zehn Zoos der Welt.

Zu den besonderen Attraktionen des Prager Zoos gehört der Sessellift, mit dem Sie zwischen der unteren und der oberen Ebene wechseln können. Wenn Sie den Fußweg bevorzugen, bleibt ohnehin genug Weg, um sich einen ganzen Tag lang zu beschäftigen. Da sich sehr viel in den Außenanlagen abspielt, ist natürlich der Besuch im Frühling und Sommer am schönsten. In den kühleren Zeiten werden auch eher Instandhaltungsarbeiten durchgeführt.

Mein absoluter Favorit im Prager Zoo ist ganz klar der Indonesische Dschungel. Als Besucher geht man dabei auf zwei Ebenen durch einen verwinkelten Weg zwischen nachgestalteten Felsen, Stämmen und Wurzeln, zwischen Gewässern hindurch und an einem Wasserfall vorüber, und ein Stück passiert man einen Gang, in dem nachtaktive Tiere zu Hause sind. Hier im Dunkeln fühlt man immer mal wieder einen leichten Luftstoß im Gesicht. Das ist ein gutes Zeichen, denn es bestätigt, dass die großen Fledermäuse problemlos um bewegte Hindernisse herum navigieren können, ohne anzustoßen.

Der Prager Zoo genießt unter den Bürgern einen besonderen Ruf, weil er so einfallsreich im Fundraising ist. Begonnen hatte es nach dem verheerenden Hochwasser im August des Jahres 2002. Ein Großteil des Zoos liegt direkt an der Moldau und erhebt sich nur geringfügig über dem Normalstand des Wassers. Die Fluten haben daher nicht nur viele Anlagen zerstört, sondern auch über 130 Tiere das Leben gekostet. Ein bekanntes Beispiel war der Seelöwe Gaston, der erst weit weg in der deutschseitigen Elbe gefangen wurde, aber zu dem Zeitpunkt bereits zu erschöpft war, um noch überleben zu können.

In die Zeit des Wiederaufbaus fiel gerade die Popularität von Realityshows wie *Big Brother*. Für diejenigen, die es verpasst haben (ohne dabei etwas verpasst zu haben): Eine Gruppe Freiwilliger ließ sich dabei in eine Art Wohngemeinschaft sperren, aus der dann ausgewählte »Live-Szenen«, die so echt wirkten wie der Busen eines Sexmodells, im Fernsehen gezeigt wurden. Erstaunlich war dabei nicht nur das voyeuristische Interesse des Publikums am müßigen Alltag langweiliger Leute, sondern auch auf der anderen Seite deren Exhibitionismus.

Die Leute im Zoo waren nun findig genug, eine eigene Realityshow aufzuziehen, von der es auch eine tschechoslowakische Variante gab.* Dabei wurden statt Laienschauspielern vier (und später sechs) Gorillas gezeigt. Sie merken schon, dass der Unterschied zum Original vornehmlich im Grad der Körperbehaarung bestand. Diese tierische Show wurde im Rundfunk und Internet übertragen und trug den Titel *Odhalení*, also *Enthüllungen*.

* *Für diese Show wurde kurzerhand das exhibitionistisch-voyeuristische Potenzial beider Länder zusammengelegt.*

»Die etwas andere Reality-Show«, wie sie sich im Untertitel nannte, wurde ein Riesenerfolg. Zuschauer konnten per SMS wählen, welcher Affe am sympathischsten war, und der Gewinner erhielt zwölf Melonen. Gesamtsieger wurde der Gorilla Richard. Obwohl er erst 15 Jahre alt war, gewann der Affe mit der breiten Brust, der kontemplativen Stirn und einem verträumt-sinnlichen Blick die Herzen der Primaten. Nicht ohne Stolz möchte ich auch erwähnen, dass Richard gebürtig aus Frankfurt am Main stammte.

Heute lassen sich die Stars nur noch im Gehege besichtigen, soweit sie noch am Leben sind. Dafür gibt es andere Formen, den Zoo finanziell zu unterstützen. In dem Zoogeschäft können Sie etwa Papier kaufen, das aus Elefantenkot hergestellt wurde. Warum gerade Exkremente für dieses Kulturgut besonders geeignet sind, vermag ich nicht zu sagen. Aber schließlich werden in Thailand sogar Kaffeebohnen aus den Ausscheidungen der Dickhäuter geklaubt. Und was ließe sich nicht alles auf Elefantenkotpapier schreiben! Wie wäre es mit einer Kalligrafie, einem Liebesbrief oder Ihrer nächsten Steuererklärung?

Vor ein paar Jahren wurde zudem Elefantenurin (*Sloní moč*) in Halbliterflaschen ins Sortiment mit aufgenommen. Geben Sie es zu: Sie haben gerade versucht, sich vorzustellen, wie ein Elefant in diese hübsche Flasche mit dem engen Hals pinkelt. Die Wahrheit ist aber ein bisschen enttäuschend: Es handelt sich bloß um einen gelben Kräuterlikör, der eben mit einem zugkräftigen Namen verkauft wird. Die genaue Zusammensetzung wird hier nicht verraten, steht aber auf dem Etikett. Es bleibt also noch Raum für Fantasie.

Bei aller Begeisterung haben die meisten Zoos jedoch einen kleinen Schönheitsfehler. Ich weiß nicht, wie es in Ihrer Stadt ist, aber in tschechischen Zoos habe ich eigentlich durchweg eine eher mäßige Erfahrung mit dem Essensangebot gemacht. In allen diesen Gärten gibt es Imbissbuden oder eine Art Kantine, aber die Qualität dieses Essens bleibt weit hinter ähnlichen Angeboten außerhalb des Zoos zurück. Wenn die Tiere die gleichen Gerichte bekommen, mache ich mir um ihre Gesundheit ernsthaft Sorgen.

9. Grund

Weil Sie im Park Klavier spielen können

Prag ist voller verrückter Dinge. Vielleicht ist es Ihnen schon einmal passiert, dass Sie am Prager Hauptbahnhof angekommen sind und dann überrascht hören, wie jemand in der Schalterhalle auf einem Klavier spielt. Manchmal ist es das Klimpern eines Kindes, oder jemand versucht, sich an seine Klavierstunden zu erinnern, oder dort sitzt ein gelernter Pianist, um den die Wartenden ehrfürchtig einen Kreis gebildet haben.

Einmal habe ich das Klavier in dem oberen, alten Gebäudeteil gehört. Unter der Kuppel entstand eine beeindruckende Akustik. Wer in der Unterführung zu den Zügen ging, hörte plötzlich ein Klavierspiel, das von oben wie aus einem Kirchengebäude zu kommen schien. Es hatte etwas sehr Unwirkliches, wenn man eben noch schnellen Schrittes zu seinem Gleis geeilt war und nun für einen Moment völlig aus dem Konzept gebracht wurde.

Die Idee, gebrauchte Klaviere an öffentlichen Orten aufzustellen, stammt von Ondřej Kobza, dem Betreiber des *Café v lese*. Für ein Nachbarschaftsfest in der Krymská-Straße hatte er das erste Klavier vor seinem Café platziert. Passanten und Anwohner sollten in der Lage sein, ihre Straße nicht nur als Ort zu begreifen, durch den man hindurcheilt und wo man sein Auto parkt. Im Sommer 2013 vereinbarte Kobza mit der Stadt, dass weitere Klaviere in der Stadt aufgestellt werden sollten.

Die Instrumente stehen nun nicht nur in Gebäuden, sondern auch unter Vordächern oder unter eigens gebauten Lauben im Freien. So können Sie etwa ein Klavier im Park *Heroldovy sady* im Stadtteil Vršovice antreffen, wo es nicht weit von einer öffentlichen Büchervitrine steht.

Die Klaviere wurden begeistert von der Öffentlichkeit angenommen. Es kursieren Videos eines Polizisten, der während der Streife eine Klavierpause einlegt, und eines Mannes, der seinen 101. Geburtstag gefeiert hat, indem er sich im Rollstuhl zum Hauptbahnhof fahren ließ, um dort ein Konzert zu geben. Bislang pflegte er nämlich nur im Seniorenheim zu spielen, und der öffentliche Auftritt war sein lang gehegter Wunsch.

Kobza ist ebenso der Initiator des *Poesiomats*. Diese Geräte sehen aus wie ein abgewinkeltes Rohr, das aus dem Boden herausragt, und er bezeichnet sie als »Jukebox für Poesie«. Das Gerät funktioniert so, dass Sie einen Knopf drücken, und dann ertönt aus dem Lautsprecher eine Stimme, die ein Gedicht rezitiert.

10. Grund

Weil hier Eishockey König ist

Wenn man in einem fremden Land lebt, lernt man oft Überraschendes über sein eigenes Land. In meinem Fall habe ich zum Beispiel gelernt, dass Deutschland eine Eishockeynationalmannschaft hat. In manchen Ländern ist die Bevölkerung versessen auf Baseball. Woanders ist es Cricket. In Tschechien ist es Eishockey, oder kurz *Hokej* genannt. In Deutschland bin ich allenfalls hin und wieder mal an einer Eishockeyhalle vorbeigekommen. Vom deutschen Eishockey habe ich also so viel mitbekommen wie vom deutschen Baseball oder Cricket, das heißt fast gar nichts.

Das änderte sich schlagartig, als ich nach Tschechien ging. 1998 war das Jahr der Olympischen Winterspiele in Nagano. Diese Stadt ist wohl das Erste, was einem tschechischen Kind einfällt, wenn es eine Stadt in Japan nennen soll, denn dort hat das tschechische Hockeyteam eine Goldmedaille gewonnen, die gehörig gefeiert wurde. Wenn die Tschechen nicht gerade Spiele ihrer Nationalmannschaft ansahen, ließen sie sich im Fernsehen über Jaromír Jágr berichten, der in der amerikanischen *National Hockey League* als Stürmer einen

Rekord nach dem anderen brach. Es hatte eine Weile gebraucht, bis ich begriffen hatte, dass die *NHK* in Amerika stattfand, dass also ein beträchtlicher Teil der tschechischen Sportsendungen aus dem Ausland kam. Und das alles nur wegen eines Mannes: Jaromír Jágr.

Dieses Wunderkind bildet noch vor dem *kleinen Maulwurf* und dem Plastiksprengstoff *Semtex* den tschechischen Exportartikel, auf den die Tschechen am meisten stolz sind. Er genießt sogar so etwas wie einen Heiligenstatus. Obgleich die Tschechen sonst mit Kritik nicht sparen, bleibt Jágr ähnlich unantastbar wie Jan Hus oder Tomáš Garrigue Masaryk – allerdings mit dem Unterschied, dass sich Jágr noch unter den Lebenden befindet. Jágrs Frisur, die »Vokuhila«, paradoxerweise auch als »Fußballermatte« bekannt, wurde zu einer beliebten Ausstattung vieler Jungen und Männer. Und auch sein Körpergewicht von über 100 Kilo inspirierte viele Nachahmer, wobei es sich jedoch bei Jágr vor allem um Muskeln gehandelt hatte.

So saß ich also mit tschechischen Freunden vor dem Fernseher und sah kleine Gruppen an dick eingepackten Figuren in Schleifen und Haken über das Eis rasen. Hin und wieder verkeilten sich zwei Spieler, jemand wurde an den Rand geschoben und vielleicht auch einmal absichtlich getroffen, wenn man den Gegner schon mal in der Zange hatte. In den Großaufnahmen sah ich dann irgendwelche unrasierten Gesichter, die mit offenem Mund und aufgerissenen Augen nach Luft zu schnappen schienen. Dann ging das Spiel weiter, und ich hatte keine Ahnung, wer nun gerade wo spielte und nach welchen Regeln sie durcheinanderfuhren, was aber aussah wie Autos auf einer indischen Verkehrskreuzung.

Hin und wieder ließ sich der Torwart, der als einziger Ruhepol im ganzen Spiel sofort meine Sympathien hatte, auf die Knie fallen, die zu seinem Glück gut gepolstert waren. Und dann sah ich auch den Puck in der Zeitlupe, wie er irgendwo durch eine Lücke hindurchtrudelte und dann im Netz abprallte. Der Puck ist diese schwarze Scheibe, die zu klein und zu schnell ist, als dass man sie auf dem Fernseher überhaupt sehen könnte, um die sich dennoch alles dreht.

Beim Hockey dürfen die Spieler auch hinter dem Tor auf die andere Seite wechseln. Das ist eine unglaublich raffinierte Erfindung, die man auch beim Fußball einführen sollte. Denn der gehetzte Blick des Torwarts, der nun mit dem Puck aus zwei entgegengesetzten Richtungen rechnen muss und gar nicht weiß, wohin er schauen soll, ist unbezahlbar.

Eishockey hat auch ein bisschen etwas von der Schule, denn die bösen Spieler müssen manchmal hinaus auf die Bank und sich schämen. Das Spielfeld hat nämlich keine Ecken, in die man sie stellen könnte. Inzwischen geht das Spiel ohne sie weiter, was für sie wohl so einigermaßen frustrierend sein muss. Manchmal benutzen die Spieler ein Türchen in der Bande, manchmal aber purzeln sie einfach über den Rand. Da sie so gut gepolstert sind, scheint es ihnen jedoch nichts auszumachen.

Anders als beim Fußball gibt es keine Halbzeiten, sondern Drittel. In den jeweils 20 Minuten Spielzeit herrscht somit ein völlig anderes Tempo. Das ist gerade die Zeit, in der die Feldspieler, die sich gerade nicht schämen müssen, bis zur letzten Minute ihr Äußerstes geben können. Im Fußball sind wir die eher geruhsame Stimme des Kommentators gewohnt: »Müller spielt ab auf Meier. (lange Pause) Meier lässt sich viel Zeit. (lange Pause) Ein langer Pass zurück, in die eigene Hälfte. (lange Pause) Meier spielt hier sein 25. Länderspiel.« Und so weiter. Im Hockey dagegen kann niemand so schnell sprechen, wie die Pässe gespielt werden.

Dann in den Pausen wird ins Studio geschaltet, wo ein Experte das Spiel analysiert und kommentiert. Plötzlich hat Hockey gewisse Ähnlichkeiten mit Schach. Auf einem Standbild werden Spieler eingekringelt und mit Pfeilen irgendwelche Richtungen gezeigt, und in der Tat schafft es der Experte, mit ein paar Strichen glaubhaft zu machen, dass dort irgendwo in der Bewegung für den Bruchteil einer Sekunde eine Lücke entstanden ist, die den weiteren Spielverlauf entschieden hat. Und dann sehe ich auch in der Serie von Einzelbildern, wenn auch nur als verschwommenen Fleck, den Puck über das Eis fliegen.

Nach dem Spiel kommentieren die Freunde das Spiel. Zumeist herrscht breite Zufriedenheit, denn Tschechien gewinnt so gut wie immer. In Tschechien spricht man übrigens von der eigenen Nationalmannschaft zumeist in der Wir-Form. Bevor man das heilige Wort »Jágr« ausspricht, empfiehlt es sich, den Mund zunächst mit ein paar Schlucken Bier zu reinigen. Wenn Sie auch gar nichts wahrgenommen haben, dann sagen sie zumindest, dass Jágr hervorragend gespielt hat, beziehungsweise hervorragend gespielt hätte. Wenn Sie seinen Namen heute weniger als 100 Mal gehört haben, wissen Sie, dass er *nicht* gespielt hat.

Hin und wieder wird auch ein wohlwollendes Wort über die deutsche Mannschaft verloren. Nicht über die deutsche Baseball- oder Cricketmannschaft, sondern über die deutsche Eishockeymannschaft, versteht sich. Auch die deutsche Mannschaft erscheint mir übrigens gar nicht so schlecht. Hauptsächlich handelt es sich dabei um ein paar dick eingepackte Spieler, die kreuz und quer über die Eisfläche rasen, ohne dass ich den Puck sehe. Nur eben sind sie in einer anderen Farbe eingepackt als das tschechische Team. Und sie haben weniger Punkte.

11. Grund

Weil die Tschechen kämpferisch sind

Als ich damals an der Uni den brandneuen Tschechischkurs entdeckt hatte, kam mir diese Idee so verrückt vor, dass ich mich gleich eingeschrieben habe, ohne eigentlich zu wissen, worauf ich mich da einließ. Begeistert lief ich zu einer tschechischen Freundin und erzählte ihr von meinem Vorhaben, ihre Sprache zu erlernen.

»Das schaffst du *nie*«, erwiderte sie mit einer Überzeugung, die mich bis ins Mark erschütterte. »Tschechisch ist viel zu schwer für dich!« Zunächst musste ich ein paarmal schlucken. Aber dann dachte ich mir: *Jetzt erst recht*. Und ich hielt durch.

Was im Sprachunterricht notwendig war, habe ich auch bei vielen Tschechen angetroffen, wenn natürlich nicht bei allen: Hier gibt es viele Leute, die kämpferisch veranlagt sind und die sich durch Schwierigkeiten geradezu angespornt fühlen.

Zu den gängigen Erfahrungen gehört etwa das folgende: Ich habe mich zum Aussteigen an eine Tür der Metro gestellt, während sie in die Station einfährt. Allerdings scheine ich immer noch nicht dicht genug vor der Tür zu stehen, denn ein älterer Herr, der eigens für diesen Trick eine Abmagerungskur absolviert zu haben scheint, schafft es immer noch, sich wie ein Blatt Papier zwischen mich und die Türen zu schieben, um dann als Erster auszusteigen. Beflügelt vom Triumph eilt er behände zur Rolltreppe, um dann jedoch auf einmal jeden Kampfgeist verloren zu haben. Passiv bleibt er auf seiner Stufe stehen, während ich verdutzt an ihm vorübergehe.

An den Straßenbahnhaltestellen kann ich manchmal die folgende Szene beobachten: Das Signal ertönt bereits, und der Fahrer will die Türen schließen, aber da kommt noch ein Fahrgast aus der Ferne angelaufen, und wir sehen, wie schwer ihm jeder errungene Meter zu schaffen macht. Endlich hat er die Bahn erreicht. Statt aber nun in die nächste offene Tür einzusteigen, humpelt er noch keuchend weiter, zur zweiten oder dritten Tür, wo er endlich einsteigt. Im Inneren jedoch ist das alles ein großer Raum, und ich verbringe die nächsten zehn Minuten damit, mir den Kopf zu zerbrechen, warum er nicht in die erste Tür eingestiegen ist. Vermutlich ging es ihm einfach um die Herausforderung.

Gerade ältere Leute sind im Prager Straßenverkehr oft erstaunlich risikofreudig. Fast muss man wohl annehmen, dass die Gefahr sie in eine Art Rausch versetzt. Wenn sie am Straßenrand stehen und – zumeist nicht weit von einem Zebrastreifen oder einer Ampel entfernt – hinübergehen wollen und es nähert sich ein Auto, dann eilen sie immer noch vor dem Fahrzeug hinüber, selbst wenn dahinter alles leer ist und sie zehn Sekunden später ruhig und sicher hätten gehen können. Dieses Risiko lässt sich nicht mit dem verschwindend geringen Zeitgewinn erklären. Es muss wohl eine Sucht danach sein, die äußersten Grenzen auszutesten.

Ein bisschen Zähigkeit und Kampfgeist bringt einen wirklich oft weiter. Aber manchmal sorgt er einfach nur für komische Szenen. Aber auch die haben natürlich ihr Gutes.

12. Grund

Weil in Tschechien Lachen erwünscht ist

Ohne Lachen ist kein Tschechisch zu machen. Es fing schon im Sprachkurs damit an, dass ich entdeckte, dass die filigrane Zeichnung eines böhmischen Schlosses in Wirklichkeit eine Grammatiktabelle war. Was mit einem verzweifelten Weinkrampf begann, mündete schließlich in erlösendes Lachen.

Wo sich Lachen und Weinen berühren, lebt die Verzweiflung, und wo sich beide überlappen, beginnt der Wahnsinn. Unter dem Hagel der Tschechischvokabeln und eingeklemmt in die Zangen der Grammatik habe ich mir den Verstand nur dadurch zu retten vermocht, indem ich mich immer auf der Seite des Lachens gehalten habe. Zumindest hoffe ich, dass es mir gelungen ist, denn während ich dies schreibe, bin ich mir schon gar nicht mehr so sicher.

In Tschechien wird viel und gern gelacht. Vielleicht empfinden es die Tschechen als befreiend. Auf jeden Fall macht es süchtig. Es führt sogar dazu, dass Probleme weggelacht werden. Sie werden feststellen, dass bestimmte Themen, die besonders heikel sind, gerne in einer scherzhaften Schwebelage gehalten werden.

War das jetzt ernst gemeint?, denken Sie, nachdem Sie gerade etwas sehr, sehr Extremes gehört haben, begleitet von Gelächter. Selbstkritik, mit Gelächter. Eine ziemlich rassistische Bemerkung, aber mit Gelächter. Ein peinlicher Machospruch, natürlich mit Gelächter. »Ist das jetzt wirklich deine Meinung?«, frage ich. »Selbstverständlich!«, lautet die Antwort, die alle Fragen offen lässt, da sie durch Lachen sogleich wieder ungültig gestempelt wurde.

Wie aber reagiert man, wenn nicht klar ist, ob etwas Inakzeptables ernst gemeint war oder nicht? Vielleicht wiederum mit Gelächter. Und lassen Sie im Unklaren, ob Sie über den Ausspruch oder den Sprecher lachen.

Ich denke, dass diese Strategie aus den Zeiten stammt, als man noch vorsichtig sein musste, was man sagte. In dieser Zwischenwelt aus Wahrheit und Humor konnte man direkt vor einem Polizeispitzel stehen und das Regime kritisieren, ohne dass sich später irgendetwas nachweisen ließ. Denn vielleicht hatte man ja ironisch genau das Gegenteil gemeint.

In Deutschland gibt es immer mal wieder Leute, die auf einen Witz mit »Ha. Ha. Ha.« oder einem entsprechend säuerlichen Gesichtsausdruck reagieren, zum Beispiel weil sie glauben, irgendeine wichtige Aufgabe oder Arbeit erfordere einen besonders disziplinierten Ernst. In Tschechien habe ich das noch nie erlebt. Allerdings kann es hier passieren, dass jemand sehr gekränkt reagiert, wenn Sie über eines der drei nationalen Heiligtümer scherzen, also über die tschechische Nation, Hockey oder Bier.

Hätten Sie gedacht, dass es einen Tod durch Lachen gibt? Schon einige Personen sind am Lachtod gestorben, und der Philosoph Philemon der Ältere erlag sogar seinem eigenen Witz. Welch eine Auszeichnung muss es sein, ein paar Neuzugänge zu einem Lachfriedhof beizutragen!

Bis dorthin dürfte es noch ein weiter Weg sein. Ich bin mir allerdings sicher, dass dieser Weg durch Tschechien führt.

13. Grund

Weil Reisen bildet

Raten Sie mal, welche deutsche Band in Tschechien für typisch deutsch gehalten wird? Welche Musiker machen ihre Songs so, wie deutsche Musik und deutsche Sprache zu klingen haben? Denken Sie jetzt nicht an intellektuelle Liedermacher oder solariumgebräunte Beaus am weißen Konzertflügel, vergessen Sie Technobeats und Synthie Pop, und kommen Sie jetzt schon gar nicht mit alternativem Punk oder irgendeinem deutschen Rapper.

Nein, hier gibt es nur *eine* wirklich deutsche Band: Es ist Rammstein. Diese tabubruchwütigen Brachialrocker gelten unter jungen Leuten Mittel- und Osteuropas als repräsentativ für die deutsche Kultur und Lebensart, und dies nicht nur deskriptiv, sondern auch normativ. Wenn ich in Tschechien, der Slowakei oder der Ukraine zu diesen Gitarrenriffs bedenklich meinen Kopf wiege, habe ich mich schon als Sonderling geoutet, der keine Ahnung von seinem eigenen Land hat.

Rammstein als deutsche Kulturbotschafter machen mich doch ein wenig ratlos. Ich kann mich nicht erinnern, dass bei mir in der Familie jemand eine solche Stimme gehabt hätte wie der Sänger von Rammstein – meine Großmutter mal ausgenommen, die ihre Stimme zu einem tiefen Grollen hinabdrücken konnte, aber auch das nur im Scherz. Es klingt ein wenig so, als versuche jemand alle bösen Deutschland-Klischees überzuerfüllen. Und auch die Musik erinnert zuweilen eher an das Heulen von Panzermotoren – oder bildet diese Ähnlichkeit überhaupt einen Teil der Attraktion?

Das Image von anderen Ländern ist immer irgendwie selektiv geformt. Man denke nur an viele deutsche Nachrichtensender, die über bestimmte Länder nur im Zusammenhang mit Erdbeben, Überschwemmungen, ausgebrannten Reisebussen, Flugzeugabstürzen und Militärputschen berichten. Aber manchmal ist es doch etwas frustrierend, wenn sich manche Länder gegen den wachsenden Informationsfluss durch Medien, Reisende, Studenten und Arbeitsmigranten stemmen, um sich ein bestimmtes und offenbar sehr bequemes Bild vom Nachbarn zu erhalten.

Wenn ich mit tschechischen Freunden nachts über eine rote Ampel gehe, sagt bestimmt einer: »Was sind das für Zeiten! Jetzt gehen schon die Deutschen bei Rot über die Ampel!« Und an einem anderen Tag wundert sich einer, warum in Deutschland, anders als in Tschechien, der Alkohol so ein schlechtes Image habe. Ich höre zu und warte. Ich warte auf den Hinweis, der diese Bemerkung als Scherz entlarvt. Denn alle Fakten von der Studentenkneipe über den Flachmann bis hin zum Reinheitsgebot belegen exakt das Gegenteil von dem, was hier eben behauptet wurde. In Deutschland gibt es sogar das Fahrerbier, während in Tschechien die 0-Promille-Grenze gilt.

Wie sich dann herausstellt, war es kein Scherz, aber auch keine richtige Tatsachenbehauptung, sondern etwas dazwischen. Es war einfach ein Schwelgen in einem Weltbild, in dem alles noch seinen Platz hat, wo es hingehört. Man schmunzelt, keiner hinterfragt es, man hört es gerne, aber jetzt sitzt zufälligerweise jemand aus dem Land im Raum, das soeben auf die Leinwand gemalt wurde, die den böhmischen Horizont darstellt. Und ich bin derjenige, der diese Leinwand ganz grob durchschneidet, indem er seine Zweifel äußert.

Deutschland ist da oft noch das Land jenseits des Märchenreiches, das in allem besser sein will, das aber nur deshalb besser ist, weil es viel größer ist, weil es also einen ungerechten Vorteil hat und weil es böse ist, humorlos und herzlos, das aber gescheitert ist und in zwei Weltkriegen gedemütigt wurde, und dieser Moment der Genugtuung ist so schön, dass man ihn immer wieder durchleben möchte.

Manchmal wird in Tschechien auch ein Deutschland beschrieben, dessen Politiker nicht bestechlich sind und im Ausland auf die Einhaltung von Menschenrechten pochen, in dem alle Fahrradwege sicher sind, wo der Strom von Wind und Sonne generiert wird und wo von Behörden bis zu Industrie, Bildungs- und Gesundheitswesen alles modern ist und perfekt funktioniert. Deutschland wird dabei in solch einer Weise zum Muster erhoben, dass es sich nur um irgendein Utopia handeln kann, das zufällig denselben Namen trägt wie mein Heimatland.

Viele der »Wahrheiten« über das zeitgenössische Deutschland stammen von den berüchtigten Fake News aus den Tiefen des Internets und trudeln über soziale Medien durch die Gesellschaft, sie kommen wie Echos immer wieder von verschiedenen Seiten, so als gäbe es eigentlich viel mehr Quellen. Hin und wieder befinde ich mich in der merkwürdigen Situation, dass mir Leute, die vielleicht noch nie in Deutschland gewesen sind, zu erklären versuchen, wie es bei mir zu Hause wirklich sei. Dieser Grad der Überzeugung über ein Wissen, das man aus zweiter oder dritter Hand hat und das sich mit einem kurzen Besuch leicht widerlegen ließe, macht mich dann einfach sprachlos.

Nachdem ich abends noch von »Experten« gehört habe, dass es in Deutschland aufgrund der prekären Sicherheitslage praktisch unmöglich sei, einen Zug zu benutzen, ohne augenblicklich niedergemetzelt oder von Bomben zerrissen zu werden, besteige ich am nächsten Morgen den EuroCity und fahre mit einer Gruppe schläfriger Touristen nach Deutschland, wo die Menschen mit bewundernswürdiger Nonchalance allen Gefahren trotzend ihre Brötchen kaufen, die Hunde Gassi führen und ihre Kinder in die Kita bringen. Selten dürften Landesgrenzen zugleich auch solche Grenzen zwischen Wirklichkeiten darstellen.

Natürlich ist in Deutschland dasselbe merkwürdige Phänomen anzutreffen, wenn auch vielleicht mehr in Bezug auf Polen als auf Tschechien. Der Nachbar, das unbekannte Wesen. Den man aber genau zu kennen glaubt, weshalb man ihn auch gar nicht mehr erkunden muss, denn es gäbe ja nichts Neues zu erfahren.

Wenn man sagt, dass Reisen bildet, denkt man oft nur an Bildung im Sinne von tieferem Wissen über bestimmte Fachgebiete. Reisen, oder noch viel mehr ein Stück Leben, das man in einem anderen Land verbracht hat, birgt aber auch das Potenzial, etwas über die Menschen zu erfahren, über den Alltag und die dortige Wirklichkeit. Nicht zuletzt rückt es auch die Perspektive auf das eigene Land zurecht. Was man früher als das normale Leben erfahren hat, erkennt man nun als eine ganz spezifische Normalität.

Ich hoffe, dass die Reisenden nicht nur nach Tschechien kommen, um ihre klischeehaften Erwartungen auszuleben. Versuchen Sie möglichst viel Alltag zu absorbieren, und gönnen Sie auch den Nachbarn Einblicke in Ihren Alltag. Und begreifen Sie das Fremde als Chance, etwas über sich selbst zu lernen.

2. Kapitel

Essen und Trinken

14. Grund

Weil es hier noch deftiges Essen gibt

Wohin gehen Sie, wenn es Sie nach einem Quinoa-Salat gelüstet, handgeerntet auf den Höhen der Anden und getrocknet an den Gestaden des Pazifik? Wohin gehen Sie, wenn Sie auf den neusten Fitness-Trend abfahren, weil der betörend junge Starkoch so schrecklich viele Likes auf YouTube hat? Und wohin gehen Sie, wenn das Schönste am Essen der Anblick des makellosen Porzellans ist, auf dem sich die Krönung des Abends präsentiert, wo auf einer glatten, weißen Bühne die verführerische Diva, ein zart gekochtes Karöttchen, liegt, ein Bild der Unschuld, und im stillen Dialog mit ihr, in perfekter Harmonie von vernichtender Tragik und explodierender Freude, zwei Streifen Balsamico, die dort harren in ihrer braunen, ahnungsvollen Aura?

Ganz bestimmt nicht nach Böhmen. Denn Böhmen ist das Kernland des ungenierten Schlemmens. Vergessen Sie die rechte Spalte der Speisekarte, verhöhnen Sie die Allergene, und schicken Sie Ihren Hausarzt zum Teufel. Denn hier ist alles erlaubt: ungehemmter Genuss ohne Rücksicht auf Verluste. Auf der Schlachtplatte werden keine Gefangenen gemacht. Hier zählt nichts als die vollen Backen, die Lust am Übermaß und ein schäumendes Bier.

Im böhmischen Wirtshaus ist es endlich allen vergönnt. In diesen Räumen kann jeder sündigen, solange er nur den Mund aufbekommt. Erinnern Sie sich an die Märchenfilme, wo die Kunst zu feiern sie alle vereint, von Königen bis hin zu Piraten? Hier ist es nun, im böhmischen Kessel, das Königreich der Knödel und der Sahnesoßen, der Palatschinken und Liwanzen, zwischen Speckstreifen und eingelegtem Hermelín, zwischen Lachs aus Norwegen und Karpfen aus der Badewanne, und vom Gulasch zehrt man noch Stunden später, denn zum schönsten Geduldspiel der Welt braucht es nur einen Zahnstocher.

In diesem Film ist jeder ein Held. Wir folgen den Empfehlungen des Chefkochs, pendeln auf der Getränkekarte zwischen Standspur und Rettungsgasse, bis wir zu den Nachspeisen kommen, wo wir uns zur kontrollierten Sprengung der Kalorienbombe entschließen. Und das Abenteuer endet mit einem langen Nachspann, den uns der Kellner auf einem Papierstreifen überreicht, zu einem Zeitpunkt, wenn Gefühle schon mehr sagen als Zahlen.

Erst wenn das letzte Bier getrunken und der letzte Wind entfahren ist, werden Sie merken, dass Böhmen auch andere kulinarische Seiten zu bieten hat. Aber jetzt ist es schon zu spät. Jetzt trinken Sie noch einen Schnaps, und dann legen Sie sich aufs Ohr. Und morgen geht es wieder ab nach Hause, wo man bei Curry nur an Wurst denkt und Pumpernickel für ein Grimms-Märchen hält, wo man morgens Bio-Müsli kaut und im abendlichen Fernsehkoma seine Chips futtert. Und wo man bei einem DLG-prämierten Bier aus der Pfandflasche von der kühlen Halben aus dem Biertank träumt.

15. Grund

Weil man Ertrunkene essen kann

Falls Sie in einem Leichenhaus arbeiten, haben Sie Ertrunkene vielleicht als etwas erlebt, was nicht sonderlich appetitanregend wirkt. In Tschechien jedoch kennt man sie als eine Spezialität, die gerne abends zum Bier gereicht wird. Zumindest dem Namen nach, denn hinter dem Begriff *Utopenci*, also Ertrunkene, verbirgt sich etwas völlig anderes als aufgeblähtes Menschenfleisch.

Der tiefschwarze tschechische Humor macht es möglich: *Utopenci* sind dicke Fleischwürste, die mit Zwiebeln, Gewürzen und anderen Zutaten sauer eingelegt wurden. Manchmal werden auch scharfe Paprika, saure Gurken und Kraut hinzugefügt. Geschmacklich erinnern *Utopenci* an unseren Wurstsalat, und ganz ähnlich werden sie immer mit Brot serviert.

Diese Speise ist einer der wichtigsten Klassiker der böhmischen Küche und nimmt etwa eine ähnliche Stellung ein wie der eingelegte *Hermelín*, der tschechische Camembert. Beide gehören zu dem Standardrepertoire aller tschechischer Wirtshäuser, die etwas auf sich halten.

Utopenci werden aber auch gerne zu Hause zubereitet. Dazu werden sie ein bis zwei Wochen in einem 5-Liter-Einmachglas an einen kühlen Ort gestellt. Das geht selbst in dem Ferienhäuschen, wo es weder Strom noch fließendes Wasser gibt. Ich möchte sogar behaupten, dass die Zubereitung von *Utopenci* zu denjenigen Fähigkeiten gehört, ohne die man in Tschechien nicht für heiratsfähig gehalten wird.

Als die Tschechische Republik der Europäischen Union beitrat, wurde das Land von der Meldung erschüttert, dass die strengen Hygienevorschriften aus Brüssel fortan die Zubereitung von *Utopenci* unmöglich machen würden. Es gab einen öffentlichen Aufschrei der Empörung. Selten durfte es eine solch geschlossene Front gegen Hygienevorschriften gegeben haben wie damals, als sich Tschechien schützend vor seine geliebten »Ertrunkenen« stellte.

Ich stellte mir die Lage ähnlich vor wie im Chicago zur Zeit der Prohibition. *Utopenci* würden zu Schwarzmarktpreisen unter dem Tresen gehandelt. Nur wer das Passwort kennt, wird durch eine Geheimtür in einen Hinterraum gelassen, wo die Regale voll sind mit *Utopenci* und die Tische überlaufen von Speisen, deren Namen man draußen nur flüsternd erwähnen darf.

Dann jedoch entpuppte sich das Gerücht als eine Falschmeldung. Heute werden nach wie vor *Utopenci* verkauft, und zwar ganz im Einklang mit den Hygienevorschriften. War die ganze Aufregung also umsonst gewesen? Seien wir doch mal ehrlich: Ein bisschen Hysterie von Zeit zu Zeit ist doch immer auch ein Labsal für die geschundene Volksseele, und nicht nur in Tschechien. Da spielt es auch keine Rolle, wie viel Wahrheit nun wirklich hinter dem Gerücht steckt.

Aber wie sind nun eigentlich die »Ertrunkenen« zu ihrem makaberen Namen gekommen? Der Grund dafür mag einfach der Anblick der nackten Fleischwürste sein, wie sie so leblos im Einmachglas treiben. Es gibt jedoch noch eine andere Erklärung.

Der Legende nach gab es in der Stadt Beroun, also westlich von Prag, einen Gastwirt und Müller namens Šamánek, der das Rezept erfunden haben soll. Diese Spezialität hatte landesweit einen unglaublichen Erfolg. Eines Tages jedoch kam es zu einem tragischen Unfall, und der Müller ertrank bei der Reparatur seines Mühlrades. Seine Gäste beschlossen daraufhin, sein Andenken zu ehren, indem sie seine Würste nach ihm »Ertrunkene« nannten.

Man hätte sie sicher auch »Müllergedächtniswürstchen« nennen können, aber das ist schon wieder zu deutsch gedacht.

16. Grund

Weil hier das Pils erfunden wurde

Ich bin zu Besuch in Pilsen (Plzeň). Wir haben nur kurze Zeit für ein Mittagessen. In der Gruppe befinden sich ein paar Einheimische, und für sie gibt es keinen Zweifel, was jetzt zu tun ist: Wir fahren quer durch die Stadt zu der berühmten Brauerei, wo das Bier direkt aus den großen Tanks gezapft wird. Mit Mühe und Not schaffen wir es, nach dem Ende der Pause wieder zurück zu sein. Aber allein für das Bier hat sich der eilige Abstecher gelohnt.

Nirgendwo ist Glück einfacher zu definieren als in Pilsen. Hier heißt es *Urquell*. Für viele Menschen ist das berühmte Bier aus Pilsen genug Motivation, um vom entferntesten Winkel der Welt anzureisen. Andere dagegen verdrehen genervt die Augen, weil es hier immer nur Pils gibt. Der herbe Geschmack sagt nicht jedermann zu.

Wer es noch nicht weiß: Das Pils, das auf der ganzen Welt gebraut wird, wurde nach der böhmischen Stadt Pilsen benannt. Dieses »Bier nach Pilsener Brauart« ist, an der Geschichte des Biers gemessen, noch relativ jung, aber es hat eine beispiellose Karriere hingelegt. Das Wort »Pils« kennt man heute rund um den Globus, und selbst in Deutschland wird der Großteil der Biere nach dieser Methode hergestellt.

Besonders bemerkenswert ist, dass das Pils aus einem Bier-Aufstand hervorgegangen ist. Die Bürger von Pilsen waren mit der Qualität ihres früheren Bieres nämlich dermaßen unzufrieden, dass sie es im Jahr 1838 im Protest auf die Straßen kippten. Der Magistrat ließ daraufhin ein Bürgerliches Brauhaus errichten, wo endlich ein trinkbares Bier gebraut werden sollte. Und dann fehlte nur noch der Braumeister, der wusste, wie man es besser machen konnte.

Verpflichtet wurde ein Mann aus dem niederbayerischen Vilshofen, also nicht weit von Böhmen entfernt. Joseph Groll hatte bereits daheim Erfahrung mit untergärigem Bier gesammelt. Verwendet wird hierzu eine andere Hefe als beim obergärigen Bier, und die Gärtemperatur ist auch ein gutes Stück niedriger. Die ganzjährige Herstellung erfordert darum eine Kühlvorrichtung und wurde daher erst mit der technischen Entwicklung im großen Maßstab möglich. Das Resultat ist ein Bier, das länger haltbar ist.

Grolls finanzielle Forderungen stießen in Pilsen auf Probleme, aber die Bürger standen unter Zeitdruck. Schließlich wurde man sich aber doch einig. Der Meister reiste nach Pilsen, und am 5. Oktober 1842 braute er den ersten Sud von dem, was später als Pilsener berühmt werden sollte.

Dieses Bier unterschied sich schon in seiner Zusammensetzung von den bayerischen Bieren. Zunächst einmal war das Pilsener Wasser weicher, sodass mehr Hopfen hinzugefügt werden konnte, was das Bier herber machte. Dann wurde ein helleres Malz verwendet, und schließlich kam der hier verwendete Hopfen aus dem böhmischen Saaz, heute Žatec genannt.

Das Bier namens *Urquell* wurde am 11. November erstmals ausgeschenkt und von den Pilsener Bürgern begeistert aufgenommen. Damit hatte sich das Honorar für den Braumeister sicher ausgezahlt. Groll blieb rund drei Jahre in Pilsen und kehrte dann in seine Heimatstadt zurück. Seine Nachfolger kamen wiederum zunächst aus Bayern, und vielleicht waren sie leichter zu ertragen als dieser Innovator, der schwierig im Umgang gewesen sein soll.

Bis heute ist das *Pilsener Urquell* der Stolz aller Pilsener Bürger, auch wenn das Eigentum der Brauerei längst auf ausländische Investoren übergegangen ist. Interessanterweise wird neben der wörtlichen Übersetzung *Plzeňský Prazdroj* auch immer noch die deutsche Version Pilsner Urquell verwendet, obwohl die Schreibweise allem widerspricht, was im Tschechischen gängig und akzeptabel ist.

Zum Schluss folgt meine persönliche Empfehlung: Suchen Sie sich ein Restaurant, wo es *Tankové pivo*, also »Tankbier«, gibt! Diese spezielle Form der Lagerung ist seit einiger Zeit sehr populär, weil es wirklich einen Einfluss auf den Geschmack hat.

Das frisch gebraute Bier wird dabei unpasteurisiert in Tanklastern direkt an den Abnahmeort geliefert und dort in große Vakuumtanks abgefüllt. Die metallglänzenden Behälter befinden sich in einem eigenen gekühlten Raum. In jedem der Behälter befindet sich zudem ein steriler Plastikbeutel, der das Bier aufnimmt und der nach jeder Lieferung ausgetauscht wird. Zum Zapfen des Biers wird dann einfach Luft zwischen die Wand und den Beutel gedrückt. Da auf diese Weise das Bier nicht mit der Luft oder mit externer Kohlensäure in Berührung kommt, lässt sich auch unpasteurisiertes Bier länger lagern, und das Bier schmeckt milder.

Wenn Sie also das nächste Mal ein Pils trinken, dann denken Sie daran, dass Sie ein Stück böhmisches Vermächtnis in Händen halten. Und wenn Sie Gelegenheit haben, dann trinken Sie es in Pilsen – in seinem Geburtsort.

17. Grund

Weil ein Gebäck Kultstatus erlangt hat

Sie haben Tschechien nicht kennengelernt, wenn Sie noch kein *Rohlík* im Mund gehabt haben. Dieses Gebäck gehört einfach zum Einmaleins der tschechischen Kultur.

Bei dem *Rohlík* (das »h« darin wird übrigens mitgesprochen) handelt es sich um ein Hörnchen, das aber anders als gewohnt nicht gekrümmt ist. Böse Zungen und Tiefenpsychologen behaupten, dass die Form einem gewissen männlichen Organ nicht unähnlich sei.

Das trifft nicht zuletzt auf den tschechischen Hotdog zu, genannt *Párek v rohlíku*, den Sie typischerweise an Imbissbuden und in Bahnhöfen erhalten können: Hierzu wird die Spitze eines *Rohlíks* gekappt, dann wird von der offenen Seite her eine Höhlung hineingedrückt. In diese Höhlung wird sodann Senf gespritzt und ein Wiener Würstchen geschoben, sodass der Senf neben dem Würstchen wieder herausgedrückt wird. Aus dem *Rohlík* schaut also, wie ein kahler Kopf aus einem Pelzmantel, oben das Ende des Würstchens heraus, verziert mit einer Kragen aus hellbraunem Senf.

Das *Rohlík* ist eigentlich extrem vielseitig. Es eignet sich aufgrund seiner Form für kleine Kinder zum Lutschen, bevor sie noch überhaupt beißen können. Es lässt sich in runde Scheiben schneiden und dann für ein kaltes Buffet garnieren. Oder Sie schneiden es der Länge nach auf, belegen es nach Herzenslust und klappen es dann wieder zu: So wird es zum Mini-Baguette.

Nur eines dürfen Sie auf keinen Fall machen: warten. Das *Rohlík* verträgt nämlich alles, nur keine Zeit. Ein *Rohlík* verwandelt sich im Laufe eines Tages von einem genießbaren Gebäck in ein Stück geschmacklosen Hartschaums. Ein totes *Rohlík* lässt sich nur noch mit beträchtlichem Hunger essen, indem Sie die Bruchstücke im Mund aufweichen. Mit dem steinharten Gebäck können Sie nicht einmal Nägel einschlagen, da es zu leicht ist und außerdem sofort zersplittert.

Der wahre Siegeszug des *Rohlík* begann eigentlich schon mit der Verstaatlichung des Bäckereihandwerks, als auf einmal Millionen von Arbeitermägen gestopft sein wollten. Selbst den Übergang zur Marktwirtschaft hat es mit Bravour gemeistert. Niemand dachte auch nur im Traum daran, zu einer anderen Form des Hörnchens zurückzukehren. Und auch andere Backwaren konnten ihm nicht den Rang ablaufen.

Auch heute sehen Sie zur Mittagszeit noch Bauarbeiter und Hausfrauen mit einer Tüte *Rohlíks* an der Kasse stehen, und dazu kaufen sie vielleicht etwas Salami, Fleischsalat oder Pastete, denn Fleisch muss sein. Oder zumindest ein Schaum aus Fleischersatz. Es hat immer etwas Beruhigendes zu sehen, dass jeder sich etwas zu essen leisten kann und dass so ein bescheidenes Kulturgut die Jahrzehnte überdauert. Probieren Sie es doch einmal, und prüfen Sie im Laden unbedingt den Härtegrad. Wenn sich mit dem *Rohlík* Stahl ritzen lässt, dann sind Sie schon zu spät.

18. Grund

Weil es hier guten Kaffee gibt

Es war damals, Ende der Neunziger. Ich hatte zum Übernachten in der Nähe von Brünn (Brno) eine kleine Pension gefunden, die an einem Stausee lag. Ich musste ein Stück mit der Straßenbahn hinausfahren und war dann noch auf einer Fähre unterwegs. Es war eine längere Fahrt, die ich jedoch genossen habe, denn sie führte an einem Bach entlang und eigentlich schon durch sehr ländlich geprägtes Gebiet. Es war eine tolle Gegend für einen Kurzurlaub.

Ich erinnere mich noch, wie mir ein Mitglied der Schiffsbesatzung auf die charmante Weise der Neunziger beibrachte, dass ich das Ticket auch beim Aussteigen vorzuzeigen hätte. Und auch der Straßenbahnfahrer war sich nicht zu schade, seine kräftige Stimme zu erheben, um mir quer durch den Wagen Instruktionen zuzurufen. Und dabei stand ich doch direkt vor ihm.

Diese Pension befand sich an einem Hang nicht weit von dem See, inmitten von Kiefern, und das Personal war wohltuend freundlich und besorgt. Ich hatte das Gefühl, fern von allem Lärmen der südmährischen Metropole irgendwo auf einer Berghütte zu sein. In der Nacht hörte ich das beruhigende Schlagen der Wellen an das Ufer, und morgens wurde ich vom Gezwitscher der Vögel geweckt.

Das Frühstück wurde in dem großen Gemeinschaftsraum serviert. Pensionen dieser Größe hatten kein Buffet, sondern jeder Gast bekam einen Teller mit Brot, Schinken und Schnittkäse aus dem Supermarkt, dazu ein paar Stücke Tomate und Gurke. Zu meiner großen Freude durfte ich mir ein Heißgetränk auswählen, und ich wählte einen Cappuccino.

Statt eines Cappuccinos jedoch erhielt ich ein Getränk, das eindeutig aus Pulver zusammengerührt worden war. Ob es überhaupt Kaffee enthielt, vermochte ich nicht zu sagen, aber immerhin erzeugte das Pulver einen Schaum, der das Getränk wohl zum Cappuccino machen sollte, der mich aber eher an Industrieabwässer erinnerte.

Dieses Getränk wurde in etwa mit dem selben Stolz präsentiert, wie wenn ein Kind das erste Mal den neuen Chemiebaukasten ausprobiert hat. Denn es handelte sich nicht etwa um ein billiges Kaffeesurrogat, sondern um einen besonderen Service für die werten Gäste.

Dieses Getränk trug nämlich unsichtbar eine Botschaft in den Schaum geschrieben, und die besagte: »Das ist für Sie! Denn Sie sind unser geschätzter Gast. Wir wünschen einen guten Appetit! Und übrigens: Sie haben doch nicht einen dieser altmodischen Bohnenkaffees erwartet! Den können Sie bei Ihrer Großmutter trinken, aber nicht bei uns! Wetten, dass Sie uns jetzt unterschätzt haben? Nur weil wir ein kleines Land sind und weil Sie glauben, dass hier Osteuropa sei! Und jetzt hören Sie endlich auf, in den Schaum zu starren!«

Wenn man damals einen richtigen Kaffee bestellen wollte, musste man einen sogenannten Türkischen Kaffee bestellen. Der Türkische Kaffee wurde ganz einfach so hergestellt, dass man die gemahlenen Bohnen in der Tasse mit kochendem Wasser übergoss. Der Kaffee stieg zuerst nach oben und sah aus wie nasse Blumenerde. Man musste umrühren und dann warten, bis sich die Körnchen gesetzt hatten. Dann konnte man getrost trinken.

Der *Türke*, wie er verkürzt hieß, war zumeist stark und besser als jeder Filterkaffee. Eigentlich ist es erstaunlich, dass man nie im Westen darauf gekommen ist, den Kaffee so zu machen. Natürlich musste man am Schluss sehr vorsichtig trinken, um keinen Bodensatz in den Mund zu bekommen. Das eine oder andere Körnchen zur Lippe vorzuschieben und dann heimlich auf den Boden zu spucken hatte die Sache aber nur noch spannender gemacht.

Damals brauchte ich nur in eines meiner Prager Stammcafés zu gehen, und der Kellner fragte mich bereits: »Einen *Türken*?« Wir verstanden uns. Damals gab es in Prag noch keinen Döner, und bei Türken dachte man hier noch an schnauzbärtige Männer mit roten Troddelhütchen.

Zehn, nein, 20 Jahre später. Bin ich wirklich schon so alt? An meinem Kaffeekonsum hat sich nicht viel geändert. Aber die Cafés sind heute völlig anders. Heute hat selbst jedes Wirtshaus eine automatische Espressomaschine. Einen Türkischen Kaffee dagegen sucht man meist vergeblich. Kunden nippen am Espresso, während sie im Elektronikkaufhaus bei der Warenausgabe warten, und in jedem Viertel Prags befindet sich ein Spezialitätencafé, das die Bohnen selber röstet. Extrem behutsam, versteht sich. Und während es früher nur eine Sorte Bohnenkaffee gegeben hatte, kann ich heute zwischen unzähligen Varianten wählen.

»Kuba, Costa Rica oder Kenia?«, fragt mich die junge Frau an der Espressomaschine mit einem erwartungsvollen Lächeln.

»Ja«, sage ich. Der Kenner gibt sich keine Blöße.

Marken wie *Mamacoffee*, *Doubleshot* oder *La Bohème* haben sich längst einen solchen Namen gemacht, dass viele Kunden ihr Café nach der Rösterei auswählen. Die Preise allerdings sind in die Höhe gegangen. Eine große Espressomaschine will natürlich finanziert sein, und die Mieten für Cafés liegen in Prag oft auf deutschem Niveau.

Jetzt wollen Sie wahrscheinlich wissen, wo ich am liebsten meinen Kaffee trinke. Ich muss gestehen, dass ich eine ganze Reihe von Lieblingscafés habe. Eines von ihnen liegt unten bei mir im Nachbarhaus. Und, Sie erraten es bereits, dort sitze ich gerade, während ich dies schreibe.

19. Grund

Weil Bier billiger ist als Wasser

Über die Länder, in denen man fast schon sein Haus verkaufen muss, um sich ein Bier leisten zu können, können die Tschechen nur lachen. Bier ist hier nämlich so billig, dass es sich jeder leisten kann. Und die Rede ist dabei nicht von irgendeinem Gesöff, bei dem Sie nicht wissen, aus welcher Regentonne es geschöpft wurde, sondern von gutem Bier.

Erstaunlicherweise ist Bier in Gaststätten meistens sogar billiger als dieselbe Menge Wasser. Mich hatte diese Entdeckung wirklich überrascht, da Bier schließlich hochwertiges Wasser enthalten sollte. Warum also wird das Wasser durch die Verarbeitung zu Bier billiger? Oder wird umgekehrt Wasser teurer, indem es in kleine Mineralwasserfläschchen abgefüllt wird?

Viele Gaststätten haben zwei oder mehr Sorten Bier. Das eine ist zumeist ein etwas stärkeres und teureres, was dem deutschen Vollbier entspricht. Ein Beispiel wäre das *Pilsener Urquell*. Des Weiteren haben sie zumeist auch ein leichteres Schankbier für den schmaleren Geldbeutel, wie etwa das *Gambrinus*, im Volksmund auch *Gambáč* genannt. Dieses Bier wird gewöhnlich in der Mittagspause getrunken und zählt bei vielen Tschechen nicht eigentlich als Alkohol.

Wenn Tschechen etwas Leichtes trinken wollen, reicht ihnen gewöhnlich ein solches Schankbier. Aber natürlich werden Sie heute auch nicht mehr schief angesehen, wenn Sie Wasser oder ein alkoholfreies Bier bestellen. Und die Tschechen haben sogar ihre eigene Cola: Sie heißt *Kofola* und schmeckt am besten, wenn sie frisch gezapft wird. Ich finde aber, dass sie eigentlich mehr einer Limonade ähnelt als der typischen amerikanischen Cola.

20. Grund

Weil Karlsbader Oblaten unübertrefflich sind

Wenn ich in ein anderes Land reise und irgendein Souvenir aus Böhmen mitbringen will, brauche ich nicht lange zu überlegen. Vieles kommt gar nicht erst infrage. Das meiste gibt es so oder so ähnlich auch in anderen Ländern, oder manche Dinge sind auch schwer zu transportieren, zumal im Flugzeug. Haben Sie einmal versucht, ein Fässlein Bier durch die Sicherheitskontrollen zu bekommen?

Diese Mühe mache ich mir gar nicht erst, denn es gibt ja *Karlsbader Oblaten*. Diese runden Scheiben sehen eigentlich aus wie Riesenhostien, und vermutlich haben beide auch gemeinsame Wurzeln. Sie haben sich als Mitbringsel bestens bewährt, und bis heute habe ich noch kein Land gefunden, wo diese Süßspeise nicht auf Begeisterung gestoßen ist. Daneben sind sie extrem leicht, passen in jedes Gepäck und halten auch ein paar Erschütterungen aus.

Natürlich handelt es sich nicht bloß um runde Mehlpappe, denn dann wären sie wohl kaum so beliebt geworden. Jeweils zwei dieser Scheiben werden durch eine dünne, süße Füllung zusammengehalten. Das Gemisch besteht aus Zucker und Zutaten wie Haselnüssen, Mandeln, Vanille, Zimt oder Schokolade. Manchmal werden auch mehr Oblaten aufeinandergeschichtet.

Karlsbader Oblaten besitzen eingeprägte Muster oder Bilder, die sie ein wenig wie Münzen oder Siegel aussehen lassen. Zumeist sind sie auch aufwendig in Kartons oder dekorative Dosen verpackt, weshalb sie sich wirklich gut als Geschenke eignen.

Oblaten sollen als Süßspeise eine längere Tradition in Böhmen haben. In ihrer heutigen Form wurden sie jedoch von den damals in den Kurgebieten ansässigen Deutschböhmen entwickelt, allen voran von Barbara Bayer, die daher oft als die Erfinderin bezeichnet wird.

Obwohl sich im Deutschen der Name *Karlsbader Oblaten* eingebürgert hat, wird die bekannteste Sorte nicht weit von Karlsbad (Karlovy Vary) entfernt in Marienbad (Mariánské Lázně) hergestellt. Im Tschechischen sagt man daher allgemeiner *Lázeňské oplatky*, also *Kurbadoblaten*. Der Name *Karlsbader Oblaten* (oder *Karlovarské oplatky*) ist seit 2011 eine geschützte geografische Angabe der EU.

Ähnlich wie beim französischen Croissant stellt sich auch bei der Oblate eine Frage, die ich bis heute noch nicht zufriedenstellend habe klären können: Wie isst man sie am besten? Wenn man nämlich ein Stück abzubrechen versucht, zerspringt sie. Meistens bricht die Ober- und die Unterseite an verschiedenen Stellen, sodass man einen Splitter in der Hand hält und die Füllung frei liegt. Mit dem Messer ist auch nicht viel auszurichten, aber vielleicht sollte ich mal versuchen, mit der Schere ein Stück herauszuschneiden?

Die vermutlich beste Methode ist zugleich auch die einfachste: direkt abbeißen! Es sieht vielleicht nicht schön aus, wie wenn jemand versucht, sich einen Teller in den Mund zu schieben. Aber keine Sorge, es wird nicht lange so bleiben, und ganz sicher wird kein angebissenes Stück übrig bleiben.

21. Grund

Weil es hier viele vietnamesische Restaurants gibt

Zu den großen Entdeckungen in Tschechien gehört so einiges, mit dem ich überhaupt nicht gerechnet hatte. Und dazu zählt etwa die vietnamesische Küche, die hier eine überraschende Erfolgsgeschichte verzeichnen kann. Die tschechische und die vietnamesische Kultur weisen nicht unbedingt viele Ähnlichkeiten auf, weshalb ich in den 90er-Jahren eher eine Zunahme von Fish-and-Chips-Buden oder Pizza-Theken vorausgesagt hätte. Aber nein, ausgerechnet Tschechien könnte heute das Land mit der größten Dichte an vietnamesischen Restaurants sein. Dicht gefolgt von Vietnam.

Die Anfänge liegen dabei schon ein paar Jahrzehnte zurück. In Tschechien leben einige Zehntausend Vietnamesen, von denen ein beträchtlicher Teil auf den geliebt-gehassten Billigmärkten arbeitet. Vietnamesische Eltern waren jedoch schon immer sehr ehrgeizig und verwendeten viele Mühe darauf, dass ihre Kinder eine gute Ausbildung erhalten würden. Dazu gehörte zum Beispiel auch, dass sie für ihre Kinder tschechische Kinderfrauen beschäftigten, sodass sie zweisprachig aufwuchsen.

Allmählich begannen Vietnamesen, in andere Bereiche vorzudringen. Zunehmend betrieben sie kleine Spätläden, von denen sich mittlerweile in jedem größeren Dorf einer findet. Im Zentrum von Prag gehe ich kaum zwei Häuserblocks, ohne auf einen zu treffen. Viele haben sich auf Alkohol und Zigaretten spezialisiert, andere haben sich einen Namen für frisches Gemüse und Obst gemacht.

Zu dieser Zeit gab es in Prag hier und dort chinesische Schnellrestaurants, wo man zwar billig essen konnte, allerdings reichten mir immer ein paar Besuche, um dann für längere Zeit übersättigt zu sein. Alles, was paniert war, vom trockenen Hähnchen bis zum gepressten Fischfilet, war im selben Öl frittiert worden, und in der dicken Soße lagen die ewig gleichen Gemüseschnipsel. Geschmackliche Varianten trugen rätselhafte Namen wie *Kung-Pao*, *Sichuan*, *süß-sauer* und *Acht Schätze*.

Diese Lokale liefen gewöhnlich sehr gut, und zur Mittagszeit strömten dorthin Touristen und Studenten, Büro- und Bauarbeiter. Sie waren auch unter den Ersten, wo man das Essen in Plastikbehältern mitnehmen konnten. Asien und Umweltschutz waren schon damals zwei grundverschiedene Dinge.

Eine vietnamesische Bekannte, die damals in der Nähe wohnte, hatte mir erzählt, dass sie zunächst in einem chinesischen Restaurant gearbeitet hatte. Irgendwann hatte sie sich gesagt, dass sie einen ähnlichen Betrieb auch selbst auf die Beine stellen könnte. Zusammen mit ihrem Mann eröffnete sie ein kleines Restaurant, wo sie den Schritt wagten von Standardpanaden und Fertigsoßen zu vietnamesischen Gerichten, von denen die meisten Gäste noch nie etwas gehört hatten.

Dazu gehörten etwa große Schüsseln voller Suppen mit Nudeln, neben den bekannten Frühlingsrollen gab es Sommerrollen, die nicht frittiert wurden, sondern weich waren und Garnelen enthielten. Die neuen vietnamesischen Restaurants ähnelten den Thai-Restaurants, waren jedoch sehr viel billiger und schneller und konnten zur Mittagszeit eine große Menge an Gästen versorgen.

Heute sind vietnamesische Schnellrestaurants fest etabliert und die Kunden wissen, was *Phở* und *Bún chả* bedeutet. Ein paar Tschechen sprechen zwar immer noch von »Chinesen«, wenn sie »Vietnamesen« meinen, aber vielleicht liegt das auch an den oftmals verwirrenden Speisekarten, wo ganz Asien durcheinandergemischt wird.

Zum Beispiel gibt es neuerdings in vietnamesischen Restaurants auch Sushi. Vietnamesisches Sushi macht für mich ungefähr so viel Sinn wie schottische Pizza.

Wenn Sie mal in Tschechien in ein vietnamesisches Restaurant kommen, gönnen Sie sich hinterher auch einen vietnamesischen Kaffee. Dann das ist etwas, was Sie nur hier bekommen!

Sie brauchen ein wenig Geduld, wenn der Kaffee langsam aus dem Metallaufsatz in das Glas tropft. Unten befindet sich manchmal süße Kondensmilch, die sich dann je nach Geschmack aufrühren lässt. Wenn der Kaffee durchgetropft ist, nehmen Sie den Filter ab und stellen ihn auf den umgedrehten Deckel. Schöner kann man einen Filterkaffee nun wirklich nicht genießen!

22. Grund

Weil die Markthalle in Holešovice eine eigene Welt ist

Ich wäre wohl kaum in Tschechien gelandet, wenn mich nicht fremde Länder faszinieren würden. Wenn ich mal in Prag ein Stück Ferne brauche, führt der kürzeste Weg zum Marktgelände namens *Pražská Tržnice*. Das ganze Areal hatte früher einmal als Schlachthof gedient und besaß damals sogar seine eigene Bahnanbindung. Hier aber interessiere ich mich weniger für den großen Ramschmarkt oder die anderen Läden und Entertainment-Betriebe, sondern gehe gleich zur *Halle 22*. Meistens will ich gar nichts kaufen, sondern einfach nur in die Atmosphäre eintauchen.

Bei der *Halle 22* handelt es sich um etwas ganz Banales und trotzdem extrem Seltenes. Sie ist nämlich eine Markthalle. Sechs Tage pro Woche ist sie mit einem Leben erfüllt, von dem die meisten Einkaufszentren der Stadt nur träumen können. Und soweit ich weiß, kommt sie dabei völlig ohne Werbung aus. Unter den zahlreichen Kunden befinden sich gerade morgens viele Rentner, die in Massen per Straßenbahn und Metro anreisen und sich dann mit vollen Einkaufstaschen, aus denen das Gemüse förmlich hervorquillt, an der Haltestelle drängen, um wieder in alle Teile der Stadt zu verschwinden.

Während die meisten historischen Markthallen in Mitteleuropa heutzutage als moderne Shoppingcenter genutzt werden, kann man hier noch eine unglaublich authentische Atmosphäre erleben. Dieser Markt ist sicher noch am ehesten mit den Markthallen vergleichbar, die ich rund ums Mittelmeer oder in Asien kennengelernt habe. Vielleicht um eine Stufe gemäßigter, aber nicht viel.

Es ist Mitte Dezember, und schon nach dem Eintreten kann ich erfreut feststellen, dass hier weder eine glitzernde Weihnachtsdekoration von der Decke hängt, noch irgendein kitschiges *Jingle Bells* oder *Last Christmas* ertönt. Die einzige Weihnachtsdekoration sind die Kränze und Kerzen, die an zwei oder drei Ständen verkauft werden.

Gleich zu Beginn sehe ich ein Bild, für das sich schon der Weg hierher gelohnt hat: Ein winziges, altes Mütterchen, mit Kopftuch und einem eingefallenen, roten Gesicht, als säße sie eigentlich draußen in den winterlich frischen Temperaturen, verschwindet dort fast hinter einem riesigen Gemüsestand. Zunächst sitzt sie dort eingesunken und still, so als sei sie völlig aus der Wirklichkeit entrückt, aber dann wendet sie sich lachend zu einer der Frauen am Nachbarstand. Im Kontrast zu den großen Auslagen zu beiden Seiten scheint sie nur eine einzige Ware feilzubieten: Es sind Mistelzweige, die dort von einer Querlatte über ihrem Kopf herabhängen. Teilweise sind sie lackiert.

Ob diese alte Frau vielleicht eine slawische Druidin ist, vermag ich nicht zu sagen. Gerade jetzt in der Vorweihnachtszeit haben die Misteln natürlich einen besonderen Wert, denn auch in Tschechien herrscht der Glaube, dass ein Kuss unter Misteln zwischen den Jahren zu Liebesglück führt. Wenn keine Misteln zur Hand sind, dann hat das zwar die Tschechen noch nie vom Küssen abgehalten, aber dennoch gehören sie vielerorts zur traditionellen Weihnachtsausstattung.

Auf einem Rundweg durch die große Halle bestaune ich eine bunte Vielfalt an Waren: weiße, rote, braune und gelbe Zwiebeln, Knoblauch an langen Stielen, Butternusskürbisse, verschiedene Sorten von Rüben und Kartoffeln in Kisten und Säcken, ganze Kohlfelder,

Möhrenstapel, Honig, Eier und vieles mehr. Es gibt russische Pralinen in Schachteln und Kaviar in Dosen, und eine Verkäuferin aus Usbekistan bietet Gebäcke an. An einem Stand stapeln sich große, runde Brotlaibe, und ein Stück weiter hängen hinter Glas verschiedenste Räucherwaren. An einem ungarischen Stand entdecke ich eine Gulaschwürzcreme, die es aber auch im Supermarkt gibt, woanders Blumen in Gebinden und Sträußen, und ein weiterer Stand hat sich ganz auf Nüsse und Trockenobst spezialisiert.

Unterwegs übersehe ich fast eine alte Frau, ebenso wie die Mistelverkäuferin in ländlicher Kleidung und mit Kopftuch, weil sie kaum größer ist als ein Kind. Sie geht zwischen den Auslagen umher und ist ganz offensichtlich am Grübeln und kann sich nicht entscheiden. Dabei zieht sie eine Einkaufstasche auf Rädern hin und her, in die sie fast selbst hineinpassen würde.

Sogar einen Stand für Kaffee gibt es, aber ansonsten sind hier, anders als auf den Bauernmärkten, keine warmen Speisen zu finden. Hier bekommt man vor allem Rohstoffe für die Küche, es ist so eine Art Großhandel für Kleinverbraucher. Hierher kommen kaum Touristen zum Fotografieren, die alte Halle ist als Hintergrund auch nicht so schön wie die Burg, und nicht viele Verkäufer dürften hier Englisch verstehen. Aber gerade diese Einfachheit macht den Reiz des Ortes aus.

23. Grund

Weil das Weihnachtsgebäck zum Essen fast zu schade ist

Weihnachtsbäckerei gehört in den verschiedensten Ländern zur festen Familientradition, und so auch bei mir zu Hause. Die deutschen hausgemachten Weihnachtsplätzchen, wie ich sie gewohnt bin, würde ich am ehesten unter die Kategorie »rustikales Backwerk« einordnen. Da sind die ausgestochenen Sterne ein bisschen verbogen und ungleichmäßig gebräunt, der Zuckerguss bildet eine unregelmäßige Insel, und die Nuss obendrauf sitzt manchmal schief.

Jedes Plätzchen hat seinen eigenen Charakter, könnte man entschuldigend sagen. Aber vielleicht liegt der Grund auch darin, dass es ohnehin gegessen wird und daher bei der Bewertung die Zunge den Ausschlag gibt. Na gut, auch die Zähne spielen eine Rolle, denn manche Lebkuchen wurden für zukünftige Generationen von Archäologen geschaffen, als unzerstörbares Kulturzeugnis unserer Zeit.

Eines Tages kam es jedoch zu einem unerwarteten Showdown. Ein paar tschechische Familienfreunde schickten uns ein paar ihrer hausgemachten Weihnachtsplätzchen, und die stammten aus einem Paralleluniversum, in dem nicht nur eine erstaunlich Vielfalt zu herrschen schien, sondern auch eine Formvollendung, die ich bisher nicht für möglich gehalten hatte.

Unsere böhmischen Freunde mussten wohl gleich nach dem Wegpacken der Osterdekorationen mit den Backvorbereitungen für Weihnachten begonnen haben. Jedes einzelne Stück war mit einem unglaublichen Arbeitsaufwand erstellt worden. Die Vanillekipferln waren feiner als unsere robusten Familienstücke, und die böhmische Variante verhielt sich zu der unsrigen etwa so wie ein Seidentuch zum Kopfsteinpflaster. Es gab Gebäcke, die wie Walnüsse aussahen, Sterne, Quader, gleichmäßig gewölbte Baiserplätzchen mit einem Stück Walnusskern in der Mitte. Da war nichts zerlaufen und verschmiert. Unsere Sterne eignen sich neben dem Verzehr auch zum Werfen gegen Einbrecher, aber die böhmischen waren viel leichter. Und es gab dunkle Türmchen mit einer Füllung, die ich nie zuvor gesehen hatte. Es handelte sich durchweg um kleine Kunstwerke wie aus einer Spezialitätenkonditorei.

Diese Runde ging eindeutig an die böhmischen Weihnachtsbäckereien, die *Cukroví*. In Sachen Ästhetik und Vielfalt hatten sie auch in den späteren Jahren die Nase vorn. Haben wir seitdem versucht, unsere Backtradition an die neue Herausforderung anzupassen? Nein. Vielleicht macht es einfach zu viel Spaß, etwas »Robustes« zusammenzubauen, oder wir haben zu viele andere Sachen zu tun.

Hin und wieder probieren wir aber doch (und zunächst heimlich) ein paar der neuen Rezepte und übernehmen sie ganz beiläufig in die Familientradition. Besonders angetan haben es uns dabei die *Türme von Prag*, wie wir sie nennen. Der offizielle Name ist dort aber *Wespennest (Vozí hnízda)*. Hier ist eine einfache Version des Rezeptes, von dem es viele Varianten gibt.

Wespennest

Wespennester sind nicht schwer zu erstellen. Kurioserweise werden sie nicht im Ofen gebacken, sondern umgekehrt im Kühlschrank gehärtet. Im Winter können Sie die Schüssel natürlich auch hinausstellen, wenn Sie diese vorher »katzensicher« abdecken. Sie brauchen zur Herstellung außerdem eine am Boden offene kleine Form.

Die Formen gibt es in verschiedenen Größen zu kaufen. Die Öffnung hat einen Durchmesser von etwa 3–4 cm, sie sind am Boden offen und werden nach oben hin enger. Einige lassen sich in zwei Hälfen auseinanderklappen, was die Entnahme des fertigen Wespennestes erleichtert. Gewöhnlich erzeugt die Prägung das typische ringförmige Muster eines Bienenstocks und oft auch die Form einer Wespe oder Biene darauf. Deshalb finde ich auch den Namen *Bienenstock* passender als *Wespennest*, das ja zumeist eher kugelförmig ist. Wer nicht oft nach Tschechien reist, findet vielleicht eine andere Form von der Größe einer kleinen Espressotasse, die relativ spitz zuläuft. Es reicht eine einzige Form, die Sie nacheinander für alle Wespennester verwenden.

Wespennester werden traditionell mit Rum hergestellt, oder auch mit einem Rumersatz. Ja, das ist das dunkle Getränk aus dem bewachten Regal hinter der Theke, auf dessen Etikett sich zwar ein

Segelschiff befindet, das aber auf dem Etikett das Wort »Rum« vermeidet. Es gibt etliche Varianten, so etwa mit Kokos statt Kakao. Teilweise wird auch Eigelb verwendet, die resultierenden *Wespennester* lassen sich dann aber nicht so lange aufbewahren. Der Anteil des Puderzuckers lässt sich auch variieren und durch zermahlene Biskuits ersetzen.

Zutaten für den Teig:

- 120 g fein gemahlene Walnüsse
- 140 g Puderzucker
- 60 g weiche Butter
- 2 Esslöffel Kakaopulver
- 2 Esslöffel Rum
- runde Biskuitkekse, etwa so groß wie die Öffnung der Form

Für die Füllung benötigen Sie zudem irgendeine Creme, z.B. Eierlikör. Die Zutaten für den Teig gut verrühren, bis eine knetbare und nicht zerbröckelnde, aber auch nicht zerfließende Masse entsteht. Mit etwas mehr Rum und zermahlenem Biskuit lässt sich bei Bedarf die Festigkeit anpassen. Machen Sie aber nicht die Flasche leer, das fällt auf. Den Teig dann eine Stunde lang abgedeckt im Kühlschrank erhärten lassen.

Dann aus dem Teig kleine Kugeln formen, etwa so groß wie der Innendurchmesser der Form. Diese Kugeln dann in Puderzucker (oder Kakaopulver) wälzen, sodass sie außen bedeckt sind. Ebenso die trockene Form innen mit Pulver bestäuben. Die Kugel dann in die Form pressen und mit dem Finger oder dem Stiel eines Kochlöffels in der Mitte eine Mulde formen. Diese Aushöhlung füllen Sie dann mit der Creme Ihrer Wahl und verschließen sie mit einem runden Löffelbiskuit. Dann alles vorsichtig aus der Form lösen – manchmal reicht es, am Biskuitboden zu ziehen, manchmal muss man einmal beherzt schütteln. Die fertigen Wespennester im Kühlschrank erhärten lassen und später bei kühler Temperatur aufbewahren.

3. Kapitel

Sprache

24. Grund

Weil es weder Tschechoslowakei noch Tschechei heißt

»Wo leben Sie?«, fragt mich jemand.

»In Tschechien«, antworte ich.

»Wo?«

»Tschechien.«

»Ach, in der Tschechoslowakei!«

»Die sind inzwischen getrennt. Eigentlich schon seit 1993.«

»Klar. Ich mach nur Spaß. Das ist jetzt doch die Slowakei und die Tschechei.«

»Waren Sie schon mal in Tschechien?« Ich versuche es zu ignorieren, aber so ganz gelingt es mir doch nicht.

»Ja, Böhmen ist super! Ich war bestimmt schon zehnmal dort! Die haben echt das beste Bier, und so ein Mittagessen kostet total wenig. Und was machen Sie dort?«

Diese Frage ist so simpel, wie sie schwer zu beantworten ist. Ja, was mache ich den ganzen Tag? Aufstehen, duschen, frühstücken, Zeit schinden, arbeiten, eine Rechnung bezahlen, Wäsche waschen, Wäsche aufhängen, einkaufen, Training, Wäsche abnehmen, schlafen gehen.

»Arbeiten«, sage ich. Arbeit geht immer in Deutschland.

»Und können Sie auch Tschechoslowakisch?«, fragt mich der Mensch mit echtem Interesse. Eine Fangfrage?

»Genug Tschechisch, um zu überleben«, sage ich. Und dann kann ich mir nicht verkneifen: »Slowakisch verstehe ich so halbwegs, aber ich spreche es nicht.«

»Na, das ist ja nicht ganz einfach, nicht wahr!« Und dann: »Wie heißt es jetzt eigentlich ganz offiziell: Tschechische Republik?«

»Ja«, sage ich erleichtert, »das ist der volle Name.«

»Und Tschechei sagt man nicht mehr?«

»Genau. Tschechei war damals zur Zeit der Besatzung.«

»Als der Russe da war?«

»Nein, noch davor. Die deutsche Besatzung.« Mein Gehirn arbeitet auf Hochtouren, irgendeine Fluchtstrategie wird sich doch finden lassen. »Ich glaube, ich muss jetzt weiter. Ich hab noch was zu arbeiten.« Arbeit geht immer in Deutschland.

»Alles klar. Dann mal viel Spaß in …«

»Tschechien«, ergänze ich.

25. Grund

Weil es im Tschechischen ganze Sätze ohne Vokale gibt

Vor ein paar Jahren hatte ich mal einen Besucher aus Asien zu Besuch. Ich führte ihn durch die Altstadt und zeigte ihm die Prager Sehenswürdigkeiten. Währenddessen verfolgte er die Orte interessiert auf einem Stadtplan und versuchte sich zu orientieren. Dann plötzlich fragte er mich, wofür eigentlich die Abkürzung *TRH* stehe. Die habe er nämlich schon ein paarmal gesehen. »*Trh* ist keine Abkürzung«, erklärte ich, »sondern ein Wort. In Tschechien ist das ein Wort.«

Trh heißt »Markt«, und es ist eines von vielen tschechischen Wörtern, die ohne Selbstlaute auskommen. Wie machen das die Tschechen? Ganz einfach: Die Buchstaben R und L bilden eine besondere Klasse an Konsonanten, die so ähnlich wie Vokale funktionieren.

Wenn ich ein norddeutsches R ausspreche, hören die Tschechen nur ein unbestimmtes Summen aus meiner Kehle dringen, irgendwas zwischen Gurgeln und Ersticken. Allenfalls könnte es noch als ein CH gelten. Aber als R wird es gewöhnlich nicht erkannt.

Das tschechische RRR wird nämlich so scharf gerollt, wie wenn man mit einem Messer über ein Metallgitter streicht. Das hat leider eine nachteilige Wirkung auf solche von Weichheit lebenden Sprachen wie das Französische, wo der Wein nun aus *Borrrrrdo* kommt. Im Fall von Paris wurde das Problem ganz raffiniert gelöst, indem der tschechische Name überhaupt kein R mehr enthält: *Paříž*. Das klingt doch wirklich ganz französisch, oder?

Als ich angefangen hatte, Tschechisch zu lernen, bin ich fest davon ausgegangen, dass ich das tschechische R nie beherrschen würde. Das war einfach eine verlorene Sache. Natürlich habe ich im Stillen oft geübt, aber es klang immer wie das träge Lallen eines Betrunkenen. Doch langsam, nach vielleicht 15 Jahren beharrlichen Übens, häuften sich die Momente, in denen mir ein passables böhmisches RRR gelang.

Die tschechische Sprache verfügt über eine ganze Reihe vokalfreier Wörter, und wieder andere verlieren ihre Vokale je nach der Form, in der sie verwendet werden. Aus diesen vokalfreien Wörtern und Wortformen lassen sich sogar ganze vokalfreie Sätze bauen.

Der längste bekannte tschechische Satz ohne Vokale ist: *»Blb vlk pln žbrnd zdrhl hrd z mlh Brd skrz vrch Smrk v čtvrť srn Krč.«* Ins Deutsche könnte man es etwa so übersetzen: »Der blöde Wolf voller Fusel entwischte stolz aus den Nebeln von Brdy über den Gipfel Smrk nach Krč, dem Viertel der Rehe.«

Zugegeben, das ist kein Satz, den ich morgens nach dem Aufwachen meiner Freundin ins Ohr flüstern würde. Bevor ich noch in der Mitte angelangt wäre, hätte sie mich bereits mit einem Kissen erstickt. Er ist auch vom Inhalt her ein bisschen weit hergeholt und verwendet zudem drei Ortsnamen, die allerdings real existieren.

Sehr viel natürlicher klingt dagegen: *»Krt prd skrz drn zprv zhlt hrst zrn.«* Zu Deutsch: »Ein Maulwurf furzte durch das Gras, nachdem er zuvor eine Handvoll Körner verschluckt hatte.« Ich denke, dass dieser Satz durchaus so verwendet werden kann. Vielleicht sagt es der Gärtnerlehrling zu seinem Meister, um den anstößigen Geruch zu erklären.

Ganz ohne Vokale lassen sich sogar romantische Naturszenerien beschreiben. Stellen Sie sich den Weidmann und seine Geliebte vor, wie sie verträumt auf dem moosigen Waldboden liegen und einer Amsel lauschen. Da plötzlich hebt er den Arm, weist auf ein Gebüsch und sagt: *»Smrž pln skvrn zvlhl z mlh.«* Also: »Eine Morchel voller Flecken wurde feucht von den Nebeln.« Dies ist ein Satz, wie ihn das Leben schrieb!

Ganz am Schluss kommt der Klassiker, der so kurz ist, dass er als Parole für jede Tschechischklasse infrage kommt, ohne die man nicht in den Raum gelassen wird: *»Strč prst skrz krk.«* Übersetzt heißt das wörtlich: »Steck den Finger durch den Hals.« Wer dieser seltsamen Aufforderung nachkommt, hat zumindest bewiesen, dass er die Vokabeln gelernt hat.

26. Grund

Weil sich Freunde gegenseitig als »Ochse« ansprechen

Dies ist ein wahlloser Gesprächsmitschnitt von zwei jungen Tschechen, die sich in der Straßenbahn unterhalten:

»Gestern war ich bei Pavel zu Besuch. Dort haben wir uns die Kante gegeben. Ich sag dir, ich war so voll, Ochse.«

»Lernst du nicht für die Prüfung?«

»Das ist scheißegal, Ochse. Die letzte Prüfung lief so gut, dass ich mir jetzt keine Sorgen machen muss.«

»Duuuu Ochse!«

»Das ist mir alles so scheißegal, Ochse.«

»So möchte ich auch leben, Ochse! Du hast so ein verdammtes Glück, Ochse!«

Und so weiter.

Das kann geraume Zeit so weitergehen. Jedes Mal, wenn ich diese Gespräche höre, bin ich so fasziniert, dass ich an nichts anderes denken kann. Das Wort »Ochse« wird von manchen Tschechen wirklich hinter jedem Satz verwendet. Ochse heißt auf Tschechisch Vůl, wobei das V wie ein W ausgesprochen wird und das Kringelchen heißt, dass das ů lang ist: »Wuul«.

Eine der wichtigsten Eigenschaften der tschechischen Grammatik, die jeder Sprachlerner während der ersten Wochen des Sprachkurses zwangsläufig mit auf den Weg bekommt, ist diejenige, dass beim besten Willen keine der Tabellen aus dem Lehrbuch auf einen Spickzettel passt. Auch nicht auf Mikrofilm. Denn dafür sind sie einfach zu groß und komplex.

Fast schon möchte man die Korken knallen lassen, wenn eine Vokabel ausnahmsweise einmal in ihrer Grundform verwendet wird. Im Tschechischen kann nämlich so gut wie alles gebeugt werden. Das schließt Nummern mit ein, und es gibt sogar das Zahlwort »ein« in einer speziellen Form für Wörter, die nur in Mehrzahl auftreten.

Sagt Ihnen der Begriff »Vokativ« etwas? Wenn ja, dürfte Ihnen das Folgende bekannt vorkommen: Im Tschechischen gibt es Wörter und Namen, die gebeugt werden, wenn man jemanden anspricht. Wenn man etwa Martina ruft, ruft man sie *»Martino!«*. Jakub wird *»Jakube!«* gerufen und Zdeněk *»Zdenku!«*. Ganz recht, bei Zdeněk ist dabei ein Buchstabe verschwunden. Das steht in der Fußnote Nummer 247 unter der zwölften Tabelle.

Wenn sich zwei Tschechen nun als *Vůl*, also Ochse, ansprechen, verwenden sie dazu die grammatikalisch korrekte Form: *Vole*. Oder in der längeren Form: *»ty vole«*, was man als »ti wolle« ausspricht und so viel heißt wie »du Ochse«. Unter Ochsen siezt man sich natürlich nicht.

»Vole« ist definitiv ein Wort, das Sie nicht auf dem Spickzettel, sondern im Kopf haben sollten. Denn es handelt sich um einen der Eckpfeiler tschechischer Kommunikation auf Straßenniveau, vor allem mit jüngeren Ansprechpartnern. Vergessen Sie erst mal »ja« und »nein«, wenn Sie *»Vole«* noch nicht können.

Erstaunlich ist bei diesem Wort nicht nur die Häufigkeit, mit der es in einem kurzen Dialog auftreten kann, sondern allein schon die

Bedeutung. Vergegenwärtigen wir uns einmal die Details: Beim Ochsen handelt es sich nicht etwa um einen vollwertigen Bullen, sondern um die kastrierte Variante. Ein entmanntes Rindvieh.

Warum gerade Ochse? Bedeutung lebt von Differenz. Überlegen wir uns also mal, welche Alternativen statt »Du Ochse!« infrage gekommen wären: »Du Schmetterling!« – »Du Perlhuhn!« oder »Du Ratte!«. Aber nein, es musste der Ochse sein. Und das in einem Land, wo sich der Mann oft nach dem definiert, was er zwischen den Beinen hat. Kann es eine größere Kränkung für einen Mann geben, der seine äußeren Organe in Ordnung und in Ehren hält, als sich als kastrierter Stier bezeichnen lassen zu müssen?

Ich erkläre es mir so: Indem man es sich leisten kann, seine besten Freunde übel zu beleidigen, ohne dass irgendeine Gefahr droht, beweist man sich, wie gut man sich eigentlich versteht. Es ist vielleicht so, wie wenn ein Freund mitten im Gespräch plötzlich ein Messer aus der Tasche zieht. Kein Problem. Wir wissen, dass wir uns jetzt an seine Schulter lehnen und gefahrlos ein Nickerchen machen könnten. So sehr vertrauen wir ihm.

Natürlich funktioniert das aber nur unter Freunden. So gesehen empfehle ich, das Wort *Vole* lediglich in den *passiven* Wortschatz zu übernehmen, bis Sie seine korrekte Handhabung erlernt haben. Denn wer weiß, wie etwa der Polizist bei der Ausweiskontrolle reagiert, wenn wir ihn als *Ochse* bezeichnen. Vielleicht entpuppt sich dieses Wort dann doch als rotes Tuch und der Polizist als waschechter Bulle.

27. Grund

Weil selbst ausländische Namen ein -ová angehängt bekommen

Wer erinnert sich nicht an die Tennisspieler Martina Navrátilová und Ivan Lendl? Beide haben erheblich dazu beigetragen, dass die damalige Tschechoslowakei immer wieder in den Nachrichten auftauchte und allmählich zu einem Begriff wurde. So sehr vielleicht, dass auch heute noch vielen Menschen das Wort »Tschechoslowakei« geläufiger ist als »Tschechien«.

Und ganz nebenbei bekam die Welt auch eine kostenlose Lektion in tschechischer Kultur. Denn irgendwann musste es auffallen, dass so viele Frauennamen auf -ová endeten, während dies bei den Männern nicht der Fall war.

Dieses -ová ist ein traditionelles Anhängsel der meisten Nachnamen tschechischer Frauen. Und diese drei Buchstaben haben im Ausland schon oft für Verwirrung gesorgt. Stellen wir uns vor, ein tschechisches Ehepaar kommt nach Deutschland. Er trägt den Namen Novák, sie jedoch stellt sich als Nováková vor. Diese zwei Varianten werden hier als zwei verschiedene Namen aufgefasst. In Tschechien jedoch sind es zwei Formen desselben Namens.

In der Vergangenheit wurde die Sache zumeist so gelöst, dass Frau Nováková außerhalb Tschechiens als Frau Novák verkehrte. Dies wiederum führte zu Problemen, wenn Frau Novák mit ihrem nunmehr deutschen Pass in ihre frühere Heimat zurückkehrte. Dort mochte man sie etwa versehentlich in den Männerschlafsaal stecken. Und das alles nur, weil sie ihr -ová aufgegeben hatte.

Umgekehrt kann man in Tschechien sicher ein ganzes Einkaufszentrum zum Lachen bringen, indem man einen »Karel Nováková« ausrufen lässt. Die Tschechen nehmen es nämlich noch sehr genau mit den Geschlechterrollen, und das spiegelt sich auch in der Sprache wider.

Die tschechische Welt war ungefähr dann noch in Ordnung, als alle Frauen ihr -ová hatten, oder ein männliches -ý zu einem weiblichen -á geändert wurde. Doch dann kamen die Leute mit den komischen fremden Namen. Und da begannen die wirklichen Schwierigkeiten.

Ganz deutlich wird es in den Nachrichten: Die Rede ist etwa von Angela Merkelová und Michelle Obamová. Doch nicht nur dort. Kennen Sie etwa Marge Simpsonová? Nicht? Oder zumindest das Lied von Simon and Garfunkel, in dem von Frau Robinsonová die Rede ist. In meinen Ohren klingt es lustig, aber sprachlich gesehen ist es kein Problem. Diese Namen enden alle auf Konsonanten, daher wird das -ová einfach wie gewohnt angehängt.

Etwas schwieriger wird es bei Namen, die auf Vokale enden. Marilyn Monroeová ist so ein Fall, wo der Nachname allmählich wie Tarzans Ruf durch den Dschungel zu klingen beginnt. Ähnlich muss es wirken, wenn die britische Sprinterin Christine Ohuruoguová angekündigt wird. Niemand vermag es auszusprechen, aber immerhin wissen wir: Es ist eine Frau.

Aber wer um Himmels willen ist Lady Gagová? An diesem Namen ist jetzt alles tschechifiziert, und Frau Gagová kann bedenkenlos die böhmischen Lande betreten.

Französische Namen haben übrigens besonders zu leiden: Aus der Schauspielerin Miou-Miouová ist offenbar ein Kätzchen geworden. Und Brigitte Bardotová hat diesen schönen weichen Ausgang ihres Namens eingebüßt und klingt ein wenig härter, als man es von ihr gewohnt ist. Denn Tschechen sprechen *alle* Konsonanten aus, und das heißt wirklich: alle.

Doch nicht nur Französinnen trifft dieses Schicksal. Denn auch die koreanische Handballerin Seung Kon Woo muss sich der Namenswandlung unterziehen und wird nun zur unglaublichen Wooová.

Das alles mag noch so halbwegs nachvollziehbar erscheinen. An einem Punkt aber wird es offiziell absurd. Nämlich dann, wenn andere slawische Namen importiert werden. Nehmen wir etwa Raissa Maximowna Gorbatschowa. Wir wissen längst, dass sie die Frau von Herrn Gorbatschow war und als solche am Ende ein schönes slawisches -owa hatte. Was passiert nun, wenn ihr Name in Tschechien ankommt?

Man möchte meinen, dass *ein* weibliches Anhängsel reichen sollte. Aber nein. Denn das russische -owa endet auf einem kurzen »a«, während das tschechische -ová ein langes »á« aufweist. Das kurze »a« erfüllt leider nicht die notwendigen Voraussetzungen, um die Trägerin des Namens als Frau kenntlich zu machen. Denn es könnte ja sonst auch ein Mann sein. Denken Sie nur an Smetana oder Kafka, mit ihrem kurzen »a« am Ende. Also wird daraus -ovová, oder konkret: Raisa Gorbačovová.

Diesen Fall hatte konkret eine russische Bekannte erfahren, die jedoch glücklicherweise von einer Ausnahmeregelung für ausländische Namen Gebrauch machen konnte und ihren Namen unverändert behalten durfte. Nicht auszudenken, was passiert wäre, wenn sie mit einem -ovová nach Russland zurückgekehrt wäre, wo man ihr ein weiteres -ova verpasst hätte: Ivanovovova.

28. Grund

Weil deutsche Lehnwörter so seltsam klingen

Die deutsche und die tschechische Sprache haben sich in unmittelbarer Nachbarschaft entwickelt, und oft genug lebte ein und derselbe Mensch in verschiedenen Sprachräumen, sprach etwa zu Hause tschechisch und in der Arbeit deutsch. Es ist daher nicht verwunderlich, dass viele Wörter in die andere Sprache übernommen worden sind. Ich weiß jetzt nicht, ob die Deutschböhmen damals so viele tschechische Wörter verwendet haben wie ich heute, wenn ich mit mir selbst spreche. Aber zumindest sind die deutschen Lehnwörter im Tschechischen kaum zu übersehen.

Erstaunlicherweise haben viele Lehnwörter eine leicht verzerrte Bedeutung. So etwa hat das Wort *Ksicht* eine etwas negative Färbung. Mich erinnert es darin an das deutsche Wort *Visage*. Aus dem deutschen *Häuschen* oder *Häusel wurde* ein tschechisches *Hajzl*, was entweder ein Klo oder ein Arschloch ist. *Hajzl* gehört nicht zu den Wörtern, mit denen Sie um sich schmeißen sollten. Ebenso schwingt bei *Kšeft* oder *Kšeftovat* oft mit, dass es sich um ein anrüchiges Geschäft handelt, oder zumindest um Geldrafferei.

Eigentlich würde ich mir wünschen, dass auch mehr tschechische Wörter den Weg in den deutschen Wortschatz gefunden hätten. Aber der gegenseitige Einfluss beschränkte sich offenbar nur auf das Gebiet, wo der direkte Kontakt mit der anderen Sprache stattgefunden hatte, und so hört man Wörter wie *Palatschinken*, *Pawlatschen* und *Kolatschen* eher im österreichischen Sprachraum.

Jetzt möchten Sie sicher gerne wissen, wie es sich so anhört, wenn irgendwo in Brünn oder Pilsen jemand fließend tschechisch spricht, und auf einmal finden sich dort mitten im Redefluss Worte, die irgendwie an die deutsche Sprache erinnern. Das stellt mich allerdings vor das Problem, wie ich es vorführen könnte, ohne Sie mit einem tschechischen Text zu behelligen.

Aber hier kommt die Lösung: Versuchen wir es mit einem deutschen Text. Können Sie erraten, wovon in der folgenden Geschichte die Rede ist? Einige der Wörter werden vielleicht nur den Österreichern bekannt vorkommen.

Also, stellen Sie sich vor, ich komme in eine *Pajzl*, so eine richtige *Knaipa*, und nehme mir die *Kšiltovka* vom Kopf. Jeder kennt hier mein *Ksicht*, denn ich bin ein *Štamgast*. Natürlich bin ich ein *Fajnšmekr* und zudem ein *Fešák*. Zumindest sagt das der Wirt, aber vielleicht will er mir nur *šmajchlovat*, damit ich mehr bestelle. Denn von Mode hat er offensichtlich keine blasse *Ánunk*.

Ich werfe einen prüfenden Blick auf die andere *Kunšaft*. Heute ist hier eine *Fůra* Leute. Das Lokal macht das *Kšeft* des Jahres, das ist *sichr*. Also suche ich mir einen Tisch und nehme Platz.

Aber dann kommt schon die erste Enttäuschung: Der Kellner, so ein *Gastarbajtr*, erzählt mir, dass sie gerade das letzte Fass aufgebraucht hätten und dass er deshalb nur noch Bier im *Plech* habe. Dann doch lieber eine *Flaška*, sage ich.

Neben mir sitzt ein *Ajzemboňák*, ein *Mašinfíra*. Der trinkt, um seinen *Mindrák* und andere Komplexe zu vergessen. Hoffentlich bemerkt er mich nicht. Das letzte Mal hat er mir stundenlang sein Leid geklagt. So eine *Štrapác*!

Jetzt geht er hinaus und macht eine *Rauchpauza*. Die nächste halbe Stunde sitzt er also mit der *Fajfka* auf dem *Hajzl*, während andere Gäste warten müssen. Der Mann hat einfach keine *Kindrštube*! Ich frage mich, ob er überhaupt auf das Örtchen *trefit* kann, so sehr wie der schon schwankt? Hab ich *recht*?

Aber eigentlich ist er ein *fajnový* Typ, immer bereit zu *helfnout*, und er hat wirklich was drauf und ist kein *Hochštapler*. Neulich hat er mir den *Blinkr* mit einer *Šňůra* gerichtet, denn ein anderes *Vercajk* war nicht da. Und jetzt ist alles wieder in *Ordnunk*.

Aber was ist denn das? Das ist doch nicht möglich! Ein riesiger *Flek* auf dem Tischtuch. *Fujtajbl*! So ein *Drek*! Und man müsste es auch mal *bíglovat*, denn es ist rau wie *Šmirglpapír*.

Aber für den Kellner bin ich jetzt ein *Nýmand*, er geht *furt* an mir vorbei und ignoriert mich! Er lässt mich völlig im *Štych*. Das ist *Pech*, da ist *holt* nicht viel zu machen. Da hilf nur eins: *cálovat* und dann hinaus an die frische Luft auf einen *Špacír*, oder gleich ein bisschen *vandrovat*.

So, das war schon die ganze Geschichte. Ich hoffe, es hat Ihnen *Špás* gemacht.

Sind Sie immer noch nicht *fertik*? Sie haben wirklich *Sicflajš*, muss ich sagen. Jetzt ist aber wirklich *Šlus*, sonst wird das *Bichle* nie fertig. Und da können Sie sich *šprajcovat* wie Sie wollen.

29. Grund

Weil die deutschen Übersetzungen der Speisekarten jedes Witzbuch in den Schatten stellen

Wissen Sie, was eine *Wasserleiche Wurst mit Zwiebeln und Peperoni* ist? Zum einen eine tschechische Spezialität und zum anderen eine schlechte Übersetzung. Geschrieben hat das nicht etwa ein Schüler in der Klassenarbeit, sondern ein Betrieb, der hoffentlich nicht so kocht, wie hier übersetzt wurde.

Zu den sonderbarsten Erscheinungen in Tschechien gehört, dass Übersetzungen ins Deutsche sehr häufig zu wünschen übrig lassen, oder teilweise sogar unfreiwillig komisch sind. Liegt es daran, dass hier Deutschkenntnisse so rar sind? Das wohl kaum. Es gibt sogar viele Tschechen, die Deutsch wie Muttersprachler sprechen. Deutschland, Österreich und die Schweiz haben während des Kalten Krieges viele tschechische Flüchtlinge aufgenommen, deren Kinder dann zweisprachig aufgewachsen sind und die beide Sprachen nun perfekt beherrschen. Und auch die tschechischen Hochschulen lehren Deutsch auf sehr hohem Niveau, und viele Philologen sprechen sogar akzentfrei.

Woran also liegt es, dass selbst die Texte von tschechischen Banken zum Teil abenteuerliche Sätze aufweisen, ganz zu schweigen von den Touristikseiten vieler Städte oder Informationen der Bahn? In vielen Fällen ist der Schuldige ganz einfach die Bequemlichkeit. Irgendein Schlaumeier hat herausgefunden, dass Google auch übersetzen kann, und zwar kostenlos. In das eine Feld schreibt man den Satz, und in dem anderen erscheint dann etwas in einer fremden Sprache, was schon richtig sein wird. Denn Google findet immer, was man braucht.

Den anderen Grund habe ich vor vielen Jahren kennengelernt, als ich noch gelegentlich Übersetzungen ins Deutsche angefertigt hatte. Damals wurde ich von einer Agentur kontaktiert, die mir in einem fordernden Ton erklärte, sie müsse meine Kontaktdaten aktualisieren. Diese Agentur war unter den Übersetzern dafür berüchtigt, dass sie lächerlich geringe Honorare zahlte. Den Kunden gegenüber rühmte sie sich jedoch, einer der größten Anbieter zu sein – und vermutlich mit unwiderstehlichen Preisen.

In Tschechien werden Produkte nicht damit beworben, dass sie preiswert sind, sondern billig. Das ist ein kleiner, aber feiner Unterschied. Wenn sich Anbieter im Preis unterbieten, weil nur der billigste den Markt beherrscht, können sie nur dann überleben, wenn sie woanders sparen. In diesem Fall bei den Honoraren.

In Tschechien sind viele hervorragende Übersetzer oder Muttersprachler zu finden, aber sie kosten natürlich ihren Preis. Und wer kann schon von einer Bank, einem Wirtshaus für Touristen oder der Tschechischen Bahn erwarten, dass sie die drei Absätze zu einem professionellen Übersetzer schickt! Was das wieder kostet! Und wenn nicht Geld, so doch Mühe!

Ich sehe ein, dass viele kleinere Gasthöfe vielleicht nicht einmal das Geld haben, um sich ernst zu nehmende Übersetzungen zu leisten, denn sie haben es ja schon woanders ausgegeben, wo es wirklich wichtig ist. Denn heute zahlt man doch nicht mehr für geistige Produkte, die gibt es schließlich überall kostenlos im Internet! Also kaufen sie lieber noch einen Stuhl für den Gastraum. Einen Stuhl kann man anfassen, man kann sich draufsetzen, und man kann ihn sogar schützend vor den Kopf halten, wenn einmal die Bierkrüge fliegen. Versuchen Sie das mal mit einer Übersetzung!

Was ich diesen Gasthöfen empfehlen möchte, nachdem sie ihre »garantiert billigste« Übersetzung bekommen haben, ist zweierlei: Erstens, geben Sie diesen Text in die Rechtschreibprüfung ein, und sehen Sie nach, ob diese Wörter überhaupt existieren. Existieren sie nicht, dann ist da etwas faul. Zweitens, warten Sie auf den ersten hungrigen Studenten, der sich aus einem deutschsprachigen Land in Ihren Gastraum verirrt. Machen Sie ihm ein Angebot: Einmal Korrekturlesen des Menüs für ein kostenloses Essen und zwei Bier.

Das Bier gibt es natürlich erst nach der Arbeit. Und wenn Sie ihm nicht trauen, dann machen Sie noch eine zweite Runde mit einem anderen Gast. Spätestens an diesem Punkt werden sich die meisten Gastronomen an die Stirn tippen. Kostenlos! Für ein paar Wörter, die sowieso jeder versteht. Typisch deutscher Perfektionismus! Hauptsache, die Gäste wissen, was sie erwartet, oder?

Nun gut, Sie haben es nicht anders gewollt. Schreiten wir also zur Mahlzeit. Bitte nehmen Sie Platz.

Was können wir Ihnen anbieten? Das alles stammt aus echten Speisekarten:

Vorneweg hätten wir eine *Knoblauchsuppe mit gerestetet Brotschite.*

Heute empfiehlt der Chef vor allem *Gegrillte Forellen mit gekochten Kartoffeln in Butter erstickt.* Unter den heimischen Fischen ist auch der *Karpfen Stückchens von Teichwärter's Frau* sehr beliebt, es gibt ihn aber *nur auf Klient's Verlangen.* Der Klient, das sind Sie.

Unser Renner ist vor allem *Hänschenfleisch.* Der arme Junge hatte sich stundenlang gewehrt, aber dann haben wir ihn doch in den Ofen bekommen.

Feinschmeckern möchten wir das *Schweinelendchen mariniert im Kräuterchen, serviert mit Sahne-Pilzesauce, Kartoffelrösti* ans Herz legen. Auf Wunsch marinieren wir auch im Kümmelchen oder Öbstlein.

Auch die Vegetarier sollen nicht zu kurz kommen. Wie etwa wäre es mit *70 g Gebackener Ziegenkäse in der Heimmannschaft auf einem kleinen Blattsalat und Toast*? Bitte entscheiden Sie sich schnell, die Heimmannschaft hat nämlich bald Feierabend.

Oder bevorzugen Sie es vegan? Dann empfehlen wir Ihnen die *Schweinefleischwürfel von der Puppe auf dem Austernpilz.* Lassen Sie sich nicht von dem Namen verwirren. Die Puppe bestand aus rein pflanzlichen Zutaten.

Vielleicht sind Sie ein Anhänger von Slow Food? Bitte genießen Sie *150 Gramm zog langsam Rinderbäckchen in Rotwein mit Kartoffelpürree.*

Gerade die kleinen Gäste schätzen die *Kartoffelpuffer mit Himmel.* Den Himmel können sie getrost übrig lassen, wenn es dafür noch zu früh ist.

Wenn Sie Beilagen wünschen, dann suchen Sie bitte unter *Zubehör.* Wir hätten da die *Gebratenes Baby Kartoffeln* und, wenn Sie für Blödsinn zu haben sind, unsere *Quatsch Kartoffeln.*

Ich bin mir sicher, dass Sie unter dem reichhaltigen Angebot etwas Passendes finden.

Bevor ich es vergesse, weil es der Gesetzgeber verlangt: *Allergensliste ist im Bar und Rezeption zum Dispozitionen.*

Guten Appetit!

30. Grund

Weil hier das Wort »Roboter« erfunden wurde

Ich sitze in meiner Lieblingskneipe und habe mir noch ein Bier bestellt. Seit einiger Zeit arbeitet hier eine neue Aushilfe, so ein wortkarger Typ, der offenbar noch angelernt wird. Fast wäre er über die Stufen in den Gastraum gestolpert, aber irgendwie fängt er sich noch und schafft es sogar, hoch über dem Kopf die Gläser gerade zu halten, sodass nichts verschüttet wird. Und das, ohne hinzusehen.

Dann, als er zu mir an den Tisch tritt und das Glas präzise auf die Mitte des Bierdeckels stellt, bestätigt sich ein Verdacht, den ich schon lange habe. Hinter seinem rechten Ohr quillt aus einer winzigen Öffnung ein wenig Öl hervor. Maschinenöl, versteht sich. Und damit ist es eigentlich klar: Die Kneipe hat sich einen Roboter geleistet. Vermutlich einen von *Universal Robots.* Für mich heißt das vor allem, dass ich mir das Trinkgeld sparen kann.

So in etwa stelle ich mir ein Leben in Prag vor, wie es Karel Čapek in seinem Theaterstück *R.U.R. – Rossum's Universal Robots* beschrieben hat: Ein genialer Forscher und sein Sohn haben es geschafft, künstliche Wesen zu erstellen und in industriellem Maßstab zu fertigen. Deren Zweck bestand zunächst darin, dem Menschen die schwere Arbeit abzunehmen, und das bei geringeren Kosten.

Diese Roboter bilden den Höhepunkt der technologischen Entwicklung und stehen für Wissenschaft und Industrialisierung. Der Mensch war zum Schöpfer geworden, und darin übertraf er sogar seinen eigenen Schöpfer. Zugleich erfüllen sie eine gesellschaftliche Utopie, indem sie die Menschen von den Beschwerden der Arbeit befreien.

Aus heutiger Sicht würde man wohl davon sprechen, dass die Firma *Rossum's Universal Robots* Androiden geschaffen hat, da sie eine menschliche Erscheinungsform hatten. Gerade diese Tatsache führte nämlich dazu, dass die Menschen völlig verschieden auf sie reagierten: mit Abscheu, Mitleid oder Gleichgültigkeit. Letztendlich waren die Roboter für sie aber doch nie mehr als Gebrauchsgegenstände.

Das 1920 geschriebene und im Januar 1921 uraufgeführte Stück war nicht nur sehr einflussreich im Bereich von Literatur und Film, sondern aus heutiger Sicht eigentlich schon visionär. Berühmt geworden ist es jedoch, indem es weltweit einen neuen Begriff für Maschinenmenschen schuf: den des »Roboters«. Abgeleitet wurde er vom tschechischen Wort *robota*, was »Fronarbeit« heißt, und ausgedacht haben soll es sich Karels Bruder Josef, der ebenso künstlerisch aktiv war. Beide Brüder Čapek haben sogar viele Werke gemeinsam geschaffen.

Dieser Text ist nicht mehr urheberrechtlich geschützt und daher frei im Internet verfügbar. Jedem Science-Fiction-Fan kann ich die Lektüre nur wärmstens empfehlen! Es finden sich darin viele Parallelen zu dem Film *Metropolis* von 1927, zu *Blade Runner* und dem *Terminator*. Die Roboter wandeln sich von einem Segen zunehmend in eine tödliche Bedrohung für die Menschheit. Es kommt zur Revolte, der die Menschen nichts entgegenzusetzen haben. Letztendlich sind die Roboter dann doch auf die Hilfe der Menschen angewiesen, da ihre Lebensspanne auf rund 20 Jahre begrenzt ist und sie nicht das Geheimnis ihrer Herstellung kennen.

Das Drama wirft, so wie viele andere Science-Fiction-Werke auch, philosophische Fragen auf, die wie in einem Gedankenexperiment inszeniert und durchlebt werden. Ganz neu war damals die Frage, ob unsere hoch entwickelten Produkte eine eigene Intelligenz entwickeln können. Die Roboter von *R.U.R.* werden dabei von einem Schütteln erfasst, das zunächst einer Fehlfunktion ähnelt. Dieses Schütteln jedoch wird zunehmend zum Zeichen, dass die Maschinen ein eigenes Bewusstsein erlangt haben. Die am höchsten entwickelten Roboter beginnen schließlich nachts zu träumen und betrachten sich im Spiegel, und sie sind bereit, sich füreinander zu opfern. Sie haben es vielleicht schon geahnt: Hier bahnt sich Roboterromantik an!

Čapek ist zudem der Frage nachgegangen, wie künstliche Intelligenz den Menschen wahrnimmt, ob sie ihn als Herrscher anerkennt oder als Widersacher begreift. Auch die Frage, welche Rolle intelligente Waffen spielen werden, wird darin angesprochen, und sie ist heute aktueller als je zuvor.

Ich finde diese Fragen wirklich spannend, und es ist beeindruckend, dass darüber schon vor rund 100 Jahren nachgedacht wurde. Erstmals schien es nur noch eine Frage der Zeit zu sein, bis Maschinen alle menschlichen Fähigkeiten erwerben würden. Und vielleicht drückt das Werk von Čapek auch das Unbehagen aus, das viele Menschen heute beim *Internet der Dinge* empfinden, wo ich mich gegen meine rechthaberische Kaffeetasse durchsetzen muss und mich der Klositz an die Krankenversicherung verrät. Aber, Gott sei Dank, so weit sind wir noch nicht.

Habe ich jetzt eben mein Handy lachen gehört?

31. Grund

Weil mir böhmische Dörfer spanisch vorkommen

Böhmische Dörfer – was für eine passende Bezeichnung, denke ich mir, während wir im Zug einen Ort namens Nelahozeves passieren, dessen Namen ich schon nicht mehr zusammenbekomme, sobald das Schild verschwunden ist. Nicht viel besser sieht es aus mit Ortsnamen wie Oškobrh, Stehelčeves, Třebnouševes, Vrskmaň und Kropáčova Vrutice. Machen Sie doch mal den Versuch: Decken Sie diesen Absatz ab und probieren sie, wie viele Namen Sie behalten haben.

Wenn Sie nach der Landkarte durch Tschechien fahren, bieten die Ortsnamen oft nur wenig Orientierungshilfe. Hin und wieder finden sich bekannte Klänge. Chocomyšl etwa klingt doch verdächtig nach Schokomüsli, oder? Jetzt hören Sie sich aber mal den deutschen Namen von Chocomyšl an: Kotzomischl. Das klingt schon ganz anders.

Nicht alle tschechischen Ortsnamen sind lang und kompliziert. Da gibt es etwa die beiden Orte Aš (Asch) und Eš (Esche). Viel kürzer geht es nun wirklich nicht mehr. Aber diese Namen bilden seltene Ausnahmen.

Tschechien ist ganz wörtlich das Kernland der böhmischen Dörfer. Ortsnamen wie Mokrovousy, Onen Svět und Trhové Sviny sprechen für sich. Wer die Sprache versteht, kann sie sich gut merken. Für Reisende, die des Tschechischen unkundig sind, wirken sie aber oft nur so, als hätte man ein paar Buchstaben durcheinandergeworfen.

Für uns sind es böhmische Dörfer, aber welchen Ausdruck verwenden die Tschechen? Die werden doch wohl nicht ihre eigenen Dörfer als Metapher für etwas Unverständliches verwenden. Dort sagt man spanische Dörfer, oder im Original *španělské Vesnice*. Hier gelten wohl gerade spanische Ortsnamen als der Inbegriff des Unverständlichen.

Im Polnischen soll man etwas Undurchschaubares übrigens als *tschechischen Film* (*czeski film*) bezeichnen. Ein Pole hatte es mir mal so erklärt, dass tschechische Filme dort als verwickelt und hintergründig gelten. Nach einer anderen Erklärung gab es mal einen tschechoslowakischen Film, dessen Titel übersetzt *Niemand weiß etwas* heißt, sodass *tschechischer Film* einfach nur eine Anspielung auf diesen Titel sein könnte.

Heute in den Zeiten von Internet und Navi geht einem das Erlebnis der echten böhmischen Dörfer zunehmend verloren. Aber fahren Sie doch hin und wieder mit der Bahn, und da kann es leicht mal passieren, dass Sie in Böhmen nur *Nádraží* verstehen. Denn das heißt Bahnhof.

32. Grund

Weil die tschechische Sprache so kreativ sein kann

Hin und wieder erhalte ich eine Mail, in deren Betreff von der heutigen *Cvíčo* die Rede ist. Dieses Wort werden Sie in den meisten Wörterbüchern vergeblich suchen, denn es ist eine umgangssprachliche Wortbildung. Von denen gibt es im Tschechischen unzählig viele. In diesem Fall heißt es »Training«, und ein paar Bekannte fragen damit, ob es heute stattfindet.

Natürlich hätten sie auch das korrekte Wort *Cvíčení* wählen können, aber die tschechische Sprache ermöglicht es, Kurzformen zu verwenden. An der Kasse können Sie zum Beispiel oft *pade* hören. Das ist die Kurzform von *padesát* und heißt »fünfzig«. Wenn Ihnen dann eine Plastiktüte angeboten wird, wird aus der *Igelitová taška* nur noch die *Igelitka*. Das ist doch viel einfacher auszusprechen, oder?

Das Tschechische ist da unglaublich flexibel und enthüllt bei Wortneuschöpfungen eine seiner großen Stärken. Im Deutschen tut man sich da etwas schwerer.

Wie kann man etwa aus einer Eigenschaft eine Bezeichnung für eine Person machen? Wird jemand, der stark ist, zu einem »Stärkling«? Zu einem »Starkmann«? Im Deutschen muss man auf den »Kraftprotz« oder »Kraftmenschen« ausweichen, aber im Tschechischen lässt sich ohne Probleme aus dem Wort »stark« so etwas wie ein »Stärkling« konstruieren.

Im Wirtshaus werden Sie vielleicht einmal einen *Smažák* bestellen. Das ist ein *smažení syr* und somit ein paniertes Stück Käse. Das war lange Zeit die einzige vegetarische Hauptspeise auf tschechischen Speisekarten. Gewöhnlich wurden selbst dem Salat kleine Speckwürfel beigemischt, denn ein Essen ohne Fleisch war hier noch in den Neunzigern so etwas wie ein Bier ohne Alkohol, also ein Sakrileg.

Ebenso im Wirtshaus werden Sie das eine oder andere Mal auf einen *Podmírák* treffen. Das ist ein Bier, dessen Füllhöhe unter dem Füllstrich liegt. *Pod* ist »unter« und *Míra* das »Maß«. Was man sonst in einem Satz beschreiben müsste, passt hier ganz bequem in ein neues Wort. Im Deutschen wäre es wohl ein »Unterfüllhöheling«. Aber das klingt ziemlich sperrig.

Häufig werden auch Ortsnamen verkürzt, so etwa viele Prager Metrostationen. Aus dem *Karlsplatz* wird der *Karlák*, aus der *I.P. Pavlova* die *Ipéčka*, aus dem *Náměstí míru* (Platz des Friedens) der *Mírák*, und aus *Černý most* (Schwarze Brücke) der *Čerňák*, also der *Schwärzling*.

Das mag zu Beginn etwas verwirrend sein, aber schließlich macht es den Satzbau einfacher, denn ein einzelnes Wort ist einfacher zu verwenden als zwei Wörter. So gesehen habe auch ich mich darauf eingestellt und verabschiede mich nur noch mit *nashle* statt *na shledanou*.

33. Grund

Weil die tschechische Aussprache unbeirrbar ist

Sie halten die tschechische Sprache für schwer? Was halten Sie dann davon: Im Tschechischen wird alles exakt so ausgesprochen, wie es geschrieben wird. Zweideutigkeiten gibt es nicht. Es ist völlig anders als im Englischen, wo kein Vokal vor Überraschungen sicher ist, ja wo sogar dieselbe Schreibweise völlig verschiedene Aussprachen zulässt.

Im Deutschen sind wir es sogar gewohnt, Wörter bereits zu verstehen, wenn sie nur so halbwegs richtig sind. Manche Leute sprechen »Käse« wie »Keese« aus, und trotzdem wissen wir, worum es geht. Ob jemand den »Meester« oder den »Meischter« sprechen will, wir schicken ihn zum Chef. Kein Problem. Im Tschechischen dagegen brauchen Sie nur ein stimmhaftes S als ein stimmloses S auszusprechen, und schon ändert sich die Bedeutung.

Im Tschechischen ist selbst die Betonung festgelegt, nämlich immer auf der ersten Silbe. Vergleichen Sie das mal mit dem Deutschen. Ob Sie mit dem Auto einen Fußgänger um*fahren* oder ihn *um*fahren, das macht einen beträchtlichen Unterschied. Vielleicht gehören Sie zu den bewundernswerten Menschen, die Deutsch als Fremdsprache erlernt haben, und *nicht* gescheitert sind. Respekt! Sie haben nicht nur die Betonung erlernt, sondern auch die richtigen Artikel. Im Tschechischen dagegen gibt es keine Artikel.

Alles wäre in Butter, wenn es nicht den Kontakt mit den anderen Sprachen gäbe. Denn bei Fremdwörtern und ausländischen Eigennamen kommt es zu einer schwierigen Wahl: Entweder spricht man sie so aus, wie man sie schreibt, oder man schreibt sie so, wie man sie spricht.

Hin und wieder treffe ich auf Ortsnamen, die nach ihrer Originalaussprache geschrieben werden. Nehmen wir etwa die Stadt Hamburg. Die Tschechen hören da am Ende kein G, sondern ein K.

Darum lautet der offizielle tschechische Name für die Hansestadt *Hamburk*. Aus der Stadt Tannwald wird *Tanvald*. Aus dem Sweater wird *Svetr*, aus Jeans wird *Džíny* oder *Džínsy*. Die Aussprache bleibt so halbwegs erhalten.

Ein bisschen seltsam finde ich das Wort *Kovboj*, den Cowboy. *Kovbojs* finden Sie etwa im Buch *Vinnetou* von *Karel May*. Ja, der Schriftsteller ist wirklich zu *Karel* geworden. Warum, ist mir nicht ganz klar, aber so ist es einfach.

Jetzt werden Sie sich wohl fragen, warum ich die tschechische Aussprache so persönlich nehme. Ganz einfach: weil sie so persönlich ist! Der persönlichste aller Fälle tritt nämlich dann ein, wenn Tschechen meinen Vornamen aussprechen sollen. Und dabei enthält mein Namen eigentlich keine Laute, die dem Tschechischen unbekannt sind. Er schreibt sich nur so seltsam.

Zunächst einmal haben wir zu Beginn ein C-H, das auch im Tschechischen existiert. Allerdings wird es auch am Wortanfang nie als K gesprochen. Mein Name beginnt also in Tschechien mit einem Laut, der wie ein raues Kratzen am Gaumen kling.

Die Mitte meines Namens ist ganz in Ordnung, aber ganz schlimm wird es noch einmal am Ende. Wenn ich bei der Post ein Paket abhole und die Angestellte meinen Namen liest, versagt ihr an dieser Stelle stets die Stimme, weil sie keine Ahnung hat, wie sie die letzten beiden Buchstaben aussprechen soll. Dieses P-H wird nicht etwa als F gesprochen, sondern als ein P mit einem anschließenden H. Denn die Tschechen sprechen alles so, wie sie es schreiben.

Ich habe darum versucht, mich mit der englischen Kurzform *Chris* einzuführen, aber auch hier behielt das krächzende CH die Oberhand. Dann schließlich bin ich dazu übergegangen, das tschechische Äquivalent zu verwenden: *Kryštof*, also gesprochen als *Krischtof*.

Krischtof klingt für mich entschieden schwäbisch. Nichts gegen die Schwaben, aber ich hätte einfach gerne meinen Namen zurück. Aber damit ist wohl nicht zu rechnen. Und eigentlich habe ich mich auch schon daran gewöhnt, dass ich mehrere Namen habe.

34. Grund

Weil im tschechischen Alphabet das CH ein eigener Buchstabe ist

Wenn ich meinen Vornamen Christoph auf einer alphabetischen Liste suche, dann läuft das immer so ab: Erst kommen die Namen mit A, dann die Namen mit B und dann die Namen mit C. Aber dort ist er nicht. Ach ja, jetzt fällt es mir wieder ein: In Tschechien ist vieles ein bisschen anders. Unter anderem das Alphabet. Und das geht so: A, B, C, D, E, F, G, H, CH, I, J und so weiter. Mein Name ist also zwischen H und I.

Warum das so ist, lässt sich leicht erklären: Das CH wird hier als eigener Buchstabe verstanden. Wenn Tschechen buchstabieren, sagen sie nicht »c – h« sondern »ch« wie im Wort »ach«. Und auch das H wird sehr deutlich ausgesprochen. Aus diesem Grund sind hier H und CH sehr ähnliche Laute, und deshalb wohl wurden sie im Alphabet hintereinander gestellt.

Das CH sieht vor allem in Kreuzworträtseln seltsam aus, denn man schreibt es in ein einziges Feld. Westböhmische Stadt mit drei Buchstaben? *Cheb*. Das ist übrigens dieselbe Stadt, die auf Deutsch Eger heißt.

Vielleicht werden Sie jetzt fragen, was denn dann mit dem SCH passiert. Sind das dann zwei Buchstaben? Ganz einfach: Die Tschechen haben für unser SCH einen eigenen Buchstaben, das Š. Und das haben Sie bestimmt schon einmal gesehen, auch wenn es die meisten deutschsprachigen Nachbarn noch nie bemerkt haben. Der Name der Automarke *Škoda* beginnt nämlich damit, und das Häkchen versteckt sich dort ganz klein über dem S. Und wo wir schon dabei sind: Das »o« von *Škoda* wird kurz ausgesprochen. Also sagen Sie: *Schkodda*.

Das Wort *škoda* heißt übrigens »schade« oder »Schaden«. Ich habe mir oft gedacht, dass man für ein Auto sicher einen besseren

Namen hätte finden können. »Ich habe mir einen neuen Schaden gekauft.« Es klingt für mich immer komisch. Aber die Hauptsache ist ja, dass er gut fährt.

35. Grund

Weil das tschechische EuroCity-Personal dreisprachig ist

Manchmal benutze ich einen der EuroCity-Züge, die von Prag oder sogar Budapest bis nach Berlin oder Hamburg und weiter fahren. Die tschechischen Wagen sind bequem und modern, und sie bieten selbst auf deutscher Seite kostenloses WLAN an, auch wenn hier die Datenmenge begrenzt ist. Das Beste ist natürlich, dass ich mit einem tschechischen Frühbucherticket fahren kann, dem *First Minute Europe*, das sich online kaufen lässt und sehr billig ist.

Auf deutscher Seite hören die Fahrgäste manchmal neben der deutschen auch eine englische Ansage. Schließlich handelt es sich um einen EuroCity, und das »Euro« in dem Namen steht nicht etwa für die Währung, sondern dafür, dass hier europäische Grenzen überquert werden. Erfahrungsgemäß fahren hier auch viele Touristen aus anderen Kontinenten, die das gute Bahnnetz nutzen, um nacheinander die europäischen Metropolen zu besuchen. Zwischen solchen Strecken wie Berlin und Prag ist das Flugzeug einfach ungeeignet, nicht nur aus Gründen des Umweltschutzes und der Kosten, sondern auch, weil Bahnhöfe gewöhnlich sehr viel näher liegen als Flughäfen. Bis man erst mal am Flughafen ist, dauert es schon eine ganze Weile, und man muss eine Stunde vorher da sein. Dann kommt der Flieger kaum auf Reiseflughöhe und beginnt schon wieder den Landeanflug.

Wenn wir mit dem EuroCity die Grenze nach Tschechien überqueren, komme ich oft ins Staunen: Insofern nicht die automatische

Ansage vom Band abgespult wird, ist hier zu hören, wie jemand ganz passabel dreisprachig die Fahrgäste begrüßt und die Stationen ankündigt. Selbst wenn Sie die (oft etwas nervig lange) Ansage vom Band mit dem markanten Dialekt vorgespielt bekommen, werden Sie spätestens bei der Fahrkartenkontrolle erleben, wie hier Vielsprachigkeit verstanden wird. Die wird nämlich nicht von den Fahrgästen erwartet, sondern vom Personal geleistet.

Das schließt natürlich auch die Bedienung des Speisewagens und der fahrbaren Minibar mit ein. Gut, das Vokabular reicht vermutlich gerade für Bier, Snacks und den Zahlvorgang, aber auch so ist es beachtlich. Ich habe meine Zweifel, ob deutsches oder österreichisches Personal diese Phrasen in einer slawischen Sprache hinbekäme.

Ganz selten mal findet sich im Zug auch ein deutscher Schaffner, der sich eine tschechische Ansage zutraut. Sie ist nicht perfekt, aber das muss sie ja auch nicht sein. Es ist eine schöne Geste und gar nicht mal nur als Dienst am Kunden, sondern auch zwischen den Ländern, oder von dem großen Land gegenüber dem kleinen. Ich bin immer froh, wenn Deutsche in Tschechien zumindest ein paar Höflichkeitsfloskeln beherrschen. Aber natürlich ist ein »Danke« auf Deutsch (oder Englisch) immer noch besser, als ganz stumm zu bleiben.

4. Kapitel

Alltag

36. Grund

Weil Tschechen in der Straßenbahn ihren Sitzplatz anbieten

Warum soll ich es schönreden. Irgendwann trifft es wohl jeden, und so ist es auch mir passiert: Mir wurde ein Sitzplatz angeboten.

Ich hatte gerade eine volle Straßenbahn betreten. Da plötzlich sprang ein junges Mädchen auf und bot mir seinen Sitzplatz an. Warum mir? Für einen Moment war ich wie gelähmt und versuchte zu begreifen, was soeben passiert war. Einerseits war ich wirklich gerührt von der Aufmerksamkeit. Andererseits aber war ich auch ein wenig beschämt. Sah ich wirklich so aus, als ob ich es nötig hätte?

Irgendwie gelang es mir, das Angebot dankend abzulehnen. Mit einem schnellen Blick an mir herab vergewisserte ich mich, dass ich nicht schwanger war. Sie müssen wissen, dass in Tschechien auch manche Männer schwanger werden, mit dem feinen Unterschied jedoch, dass die Geburt nie stattfindet.

Nachdem der visuelle Schwangerschaftstest negativ ausgefallen war und ich weder einen Gips trug, noch an Stöcken ging, blieb eigentlich nur als letzte Möglichkeit, dass ich an diesem Tag wohl eher alt ausgesehen hatte. Vielleicht war es an der Zeit, meine Garderobe zu überdenken und mich dynamischer zu bewegen.

In tschechischen Städten ist es üblich, dass man seinen Sitzplatz für Fahrgäste frei macht, die nicht mehr gut zu Fuß sind. Es gibt zwar zudem noch die ausgeschilderten Plätze, auf die sie einen bevorzugten Anspruch haben, aber dennoch bietet man auch gewöhnliche Plätze an, wenn sonst nichts mehr frei ist. Und es gehört natürlich auch dazu, dass sich der Empfänger dafür bedankt.

Ich finde, dass es eine nette Geste ist. Erstaunlicherweise macht es auch das Leben desjenigen leichter, der seinen Platz hergibt. Die Sache ist viel einfacher geregelt, als wenn man jedes Mal die Lage analysieren muss.

In Deutschland zum Beispiel läuft es im Kopf in etwa so ab: »Schau mal, wer da kommt. Diese Frau dort mit den Taschen wird sich wohl hinsetzen mögen. Sie könnte vom Alter her meine Tante sein. Jetzt stellt sie die Taschen ab. Will sie nun einen Sitz? Aber eigentlich sieht sie auch gar nicht so alt aus. Eher so mittelalt. Eigentlich sogar ganz stämmig. Also kann sie noch ein Weilchen stehen. Und wenn sie erschöpft ist, kann sie ja zu einem der Sitze für alte Leute gehen und zum Beispiel diesen unsympathischen Typen dort runterwerfen. Wenn sie schon sitzen will, muss sie was sagen! Andererseits, würde ich jemanden ansprechen? Aber jetzt ist es schon fast zu spät. Jetzt sähe es blöd aus. Also, jetzt muss ich mich wirklich entscheiden! Hey, fährt da draußen nicht ein Oldtimer vorbei? Toll!«

Natürlich muss man auch immer achtgeben, nicht in ein Fettnäpfchen zu treten. Wie viele Männer in den besten Jahren mögen heimlich mit den Tränen gekämpft haben und wie viele Frauen ihren Diätplan neu gestaltet, nur weil ihnen leichtfertig ein Platz angeboten wurde! Zum Platzanbieten gehört also ein wenig Übung und Fingerspitzengefühl, und sicher auch etwas Glück. Aber gerade das macht das Miteinander eben auch spannender.

37. Grund

Weil die Behörden das Lächeln gelernt haben

Es gibt zahlreiche Anekdoten davon, dass Behördenvertreter widersprüchliche Informationen abgeben oder sehr kleinlich auf die Einhaltung von Regeln beharren, die nicht immer einfach zu durchschauen sind. Und es ist oft genug passiert, dass ich denselben Vorgang mehrmals ausführen musste, weil irgendeine Unterlage falsch oder eine Regelung unklar war. Zu meiner großen Freude kann ich aber doch feststellen, dass die Fälle, in denen ich unfreundlich abgefertigt werde, wirklich zur Seltenheit geworden sind.

Dabei komme ich als EU-Ausländer, der hier seinen Hauptwohnsitz hat, oft mit ungewöhnlichen Anfragen. Beispielsweise habe ich das Recht, hier bei Kommunalwahlen und bei Europawahlen zu wählen. Dazu allerdings muss ich mich in ein besonderes Wählerverzeichnis eintragen lassen, und dafür gibt es getrennte Verzeichnisse für die Kommunal- und die Europawahlen.

Wenn also die nächste Wahl heranrückt, habe ich bereits vergessen, wo ich wie gemeldet bin. Als vernetzter und eher bequemer Mensch schicke ich einfach eine E-Mail an die zuständige Angestellte. Nach nur 16 Minuten habe ich bereits die Antwort, die mir freundlich, klar und einfach bestätigt, dass alles in Ordnung ist.

Vor allem habe ich zunehmend das Gefühl, dass es Behördenvertreter zu würdigen wissen, wenn ein Antragsteller sich bemüht, das Tschechische zu erlernen. Früher war das genau umgekehrt: Wer auf holpriger Grammatik daherkam, war ein Ärgernis, und vielleicht wusste man auch, dass er sich nicht wehren konnte.

Tschechien gehört vielleicht auch zu den Ländern, wo die Sprache einen gewissen Schutzwall um die eigene Welt herum darstellt. Wer diese Mauern zu überwinden sucht, kann durchaus einmal als Bedrohung empfunden werden. Nicht zuletzt wurde in der Vergangenheit oft nach der Sprache entschieden, wer Freund und wer Feind war.

Sicher spielt es auch eine Rolle, dass auch tschechische Behördenvertreter zunehmend selbst ins Ausland reisen. Sie sehen, wie es in anderen Ländern zugeht, und sie befinden sich nun selbst in der Rolle derjenigen, die sprachlich nicht mithalten können. Gerade in der Rolle der Schwächeren lernt man es zu schätzen, wenn man freundlich behandelt wird.

Vor vielen Jahren stand ich einmal an einer Kreuzung im Prager Zentrum. Die Fußgängerampel war rot, aber weit und breit war kein Auto zu sehen. Also schickte ich mich an, hinüberzugehen, als ich hinter mir eine Stimme hörte: »Ich weiß, dass jetzt kein Auto kommt, aber bitte warten Sie trotzdem noch auf Grün.« Ich drehte mich um, und da stand ein Polizist, den ich völlig übersehen hatte.

Dieser nachsichtige, ja verständnisvolle Einspruch hatte mich geradezu beschämt. In vielen anderen Ländern hätte der Ordnungshüter mit sichtbarem Genuss einen Batzen Geld von mir kassiert. Und oft sind es gerade diese kleinen Erlebnisse, die das Bild von einem Land prägen.

38. Grund

Weil es mir gelungen ist, den Sokol zu unterwandern

Ob jung oder alt, ob schlank oder Schrank, heutzutage ist jeder willkommen, sich in Tschechien sportlich zu betätigen. Als ich im Jahr 2003 in Prag nach einem passenden Aikido-Verein suchte, wurde ich überall sehr freundlich empfangen. Das einzige Problem stellte eigentlich nur die Sprache dar. Vor allem, wenn der Trainer slowakisch sprach. Meine Suche dauerte eine Weile, bis ich meine Vereinsheimat gefunden hatte.

Inzwischen bin ich Mitglied in einer Art Dachverband, dessen Name jedem Tschechen und vielleicht auch jedem Tschechien-Reisenden ein Begriff ist. Er lautet *Sokol*, was auf Deutsch »Falke« bedeutet. Jede Stadt dürfte ihren eigenen *Sokol* haben. Die Gebäude sind recht gut zu erkennen, zumeist handelt es sich um altmodische Turnhallen, auf denen *Sokolovna* steht oder sogar ein Falke thront, und oft stehen sie ein wenig separat wie eine besonders wichtige Einrichtung.

Diese Gebäude sind etwas ganz Besonderes. Viele wirken wie altehrwürdige Schulgebäude, andere sind im Innern ausgestattet wie Ballhäuser. Allerdings ist doch zu merken, dass für viele Jahrzehnte das Geld gefehlt hatte, denn alles ist gezeichnet von Staub und alten, vergilbten Farben. Unter den Treppen und auf dem Dachboden werden uralte Geräte gelagert, und in vielen Räumen sind kleine Büros eingemietet, oder Fitnessstudios, Masseure und sogar Kneipen.

Schon wenn ich eintrete, umfängt mich der Geruch von uralten, verrotteten Trainingsklamotten und hundertmal durchschwitzten Schuhen. An den Schautafeln ist zu sehen, dass irgendeine Altherren- oder Kindergruppe einen ehrenvollen dritten Platz belegt hat, und die örtliche Judogruppe wirbt mit den Fotos von tschechischen Medaillengewinnern. Die Umkleideräume sind alt und muffig, und in dem Trainingsraum knallt immer mal wieder derselbe Trafo bei den Lampen durch, und der ganze Raum ist rauchgefüllt.

Als ich noch neu war, hatte ich das Gefühl, in diesen Räumen kaum atmen zu können. Das war etwas anderes als in den Unisportzentren, wo alles hell und neu war und sich in den Fluren Athleten und Athletinnen beim Getränkeautomaten trafen, um zu flirten. Getränkeautomaten kann man hier vergessen. Man füllt sich die Plastikflaschen am Waschbecken. Damals kostete es mich noch Überwindung, mich in diese düsteren und freudlosen Räume zu begeben.

Aber dann, nach vielen Wochen, Monaten und Jahren, geschah etwas Seltsames: Langsam begann ich diese merkwürdige Atmosphäre lieb zu gewinnen. Die negative Prägung vom Schulsport wurde wohl allmählich verdrängt durch etwas Neues, was ich mir selbst vorgenommen hatte und was nicht mit Noten und Konkurrenz, sondern mit Achtung und Selbstachtung zu tun hatte.

Offizieller Teil des Mobiliars ist Karel, der Hausmeister. Wenn vorne die Tür zu ist, läutet man bei seiner Wohnung. Je später der Abend und je näher das Wochenende, desto länger braucht er, um zur Tür zu schlurfen. In einem Eck des großen Gebäudes hat er seine Dienstwohnung. Er ist immer freundlich und eher schüchtern und wirkt stets etwas verschlafen und unaufmerksam, was auch damit zu tun haben mag, dass sich im Erdgeschoss desselben Gebäudes ein Wirtshaus befindet.

Irgendwann berichteten mir lachend meine Vereinskollegen, dass er mich mal als »der Deutsche« bezeichnet habe, wohl weil er meinen Namen nicht kannte. Das ist zwar korrekt, aber woher war

Die prächtig verzierte Fassade des Gemeindehauses in Prag.

Oben: Der Dom der heiligen Barbara in Kutná Hora (Kuttenberg), ein lohnender Ausflug von Prag.
Unten: Die markante Silhouette von Burg Hazmburk (Hasenburg) überragt das Böhmische Mittelgebirge.

Oben: Český Krumlov (Krumau) an der Moldau gehört mit seiner Altstadt und dem Schloss zu den schönsten Orten des Landes. **Unten:** Blick von der Ruine Děvičky (Maidenburg) in Südmähren auf den Ort Pavlov.

Oben: Windmühle in Kuželov im Südosten des Landes am Rand der Weißen Karpaten.
Unten: Traditionelles Bauernhaus im mittelböhmischen Vysoký Chlumec.

Oben: Das Mekka der Tagestouristen aus Prag: Burg Karlstein, auf Tschechisch: Karlštejn.
Unten: Die Burg Loket (Elbogen) liegt malerisch auf einem Felsen über der Eger.

Oben: Blick über die abendlichen Dächer von Prag.
Unten: Der Veitsdom bildet den Kern der Prager Burg.

Oben: Wachablösung vor der Prager Burg.
Unten: Blick auf die Kathedrale St. Peter und Paul in Brünn.

Oben: Häuser am zentralen Marktplatz von Telč (Teltsch).
Unten: Die Mantelbrücke beim Schloss von Český Krumlov (Krumau).

Oben: St.-Nikolaus-Kirche in Znojmo (Znaim).
Unten: Früheres Handwerkerhaus in Kuks auf der Hangseite, wo einmal das Schloss stand.

Oben links: Die Skulpturen des Künstlers David Černý sind oft bewusst provokativ. **Oben rechts:** Präsident Masaryks Skulpturen dagegen strahlen immer staatsmännische Würde aus. **Unten:** Denkmal für die Opfer des Kommunismus.

Oben: Sonnenaufgang in Kuks, wo die Elbe noch ganz schmal ist.
Unten: Früherer Hochofen in Ostrava im Nationalen Kulturdenkmal Vítkovice.

Oben: Im Beinhaus von Kutná Hora (Kuttenberg) liegen die Knochen von rund 40.000 Verstorbenen.
Unten: Bibliothek des Klosters Strahov in Prag.

Oben: Die Spanische Synagoge in Prag beeindruckt durch ihre aufwendige Gestaltung.
Unten: Wenzelsdom im mährischen Olmütz (Olomouc).

Oben: Ein farbenfroher Anblick und ein Publikumsmagnet: die Alchimistengasse oder Goldmachergasse.
Unten: Das Prebischtor ist eine natürliche Sandsteinbrücke in der Böhmischen Schweiz.

Oben: Barocker Vrtba-Garten auf der Prager Kleinseite.
Unten: Schloss Hluboká (Frauenberg) bei Budweis (České Budějovice).

Astronomische Uhr am Prager Altstädter Rathaus.

ihm bekannt, dass ich aus Deutschland komme? Sollte er es aus dem Sekretariat erfahren haben? Spielte es überhaupt eine Rolle?

An dieser Stelle muss ich einen Ausflug in die Geschichte des *Sokol* machen. Wenn Sie sich tschechische Stadtpläne ansehen, werden Sie unter den Straßennamen einen finden, der immer wieder auftaucht: *Tyršova*, also »Tyršstraße«. In Prag liegt sie bezeichnenderweise gleich an der *Sokolská*, und das deshalb, weil Tyrš die wohl wichtigste Person war, dem der *Sokol* seine Existenz verdankt. Miroslav Tyrš hat einmal als Friedrich Emmanuel Tiersch das Licht der Welt erblickt, was zu Recht ein wenig deutsch klingt. Schon als junger Mann hatte er sich jedoch entschlossen, für die tschechische Emanzipation einzutreten, und dafür hat er sogar seine eigene Identität umgekrempelt.

Nach dem Modell der deutschen Turnerbewegung, die auch eine starke politische Mission hatte, entwarf er im Jahr 1862 ein tschechisches Äquivalent nach dem Motto: »*Ein Tscheche, ein Sokol.*« Nach antiken Vorbildern sollten die Mitglieder Leibesübungen durchführen. Körperliche Ertüchtigung galt nicht zuletzt als Grundlage für eine Überlebensfähigkeit des tschechischen Volkes, vor allem da es sich um eine kleine Nation handelte.

Ab Ende der 1860er-Jahre kam es zu Konflikten zwischen dem *Sokol* und dem *Deutschen Prager Männerturnverein*. Allerdings gibt es umgekehrt auch Zeugnisse davon, dass man gemeinsam an Veranstaltungen teilnahm und sich respektierte. Auf jeden Fall entstand der *Sokol* in einer Zeit, in der die Trennung nach Sprachgruppen einen wesentlichen Teil seines Selbstverständnisses ausmachte.

Sowohl während des Protektorats als auch zur Zeit des Kommunismus wurde der *Sokol* aufgelöst, weil er als Bedrohung empfunden wurde oder nicht in das System passte. Erst im Jahr 1990, nach der Samtenen Revolution also, wurde der Verband neu gegründet. Seitdem ist er aus dem öffentlichen Leben Tschechiens nicht mehr wegzudenken.

Einmal wurde ich zum »Freiwilligen« gemacht, um zusammen mit einem Kollegen den Verein bei der Hauptversammlung unseres *Sokol* zu vertreten. Bis dahin hatte ich gedacht, dass Vereinsmeierei ein deutsches Privileg sei. Hier verlief nun alles korrekt nach Vorschrift. Die Mitglieder sprachen sich dabei gegenseitig mit »Schwester« oder »Bruder« an. Es wirkte etwas gekünstelt, aber dann wiederum ist es ein Fortschritt, da man sonst vielleicht »Herr Ingenieur« und »Frau Doktor« sagen müsste.

Unser örtlicher *Sokol* ist relativ klein. Die meisten der Anwesenden waren schon fortgeschrittenen Alters, und manche mochten den *Sokol* in guten wie in schlechten Zeiten begleitet haben. Den Vorsitz hatte ein Herr inne, der eine solche Würde ausstrahlte, dass man nach ihm auf der Stelle ein Standbild hätte anfertigen können. Unter den etwas jüngeren Leuten saßen dort die *Nohejballisten*, die also Volleyball wie Fußball spielen (*Noha* heißt Bein oder Fuß) und zwischendurch viel Bier trinken, die Basketballer und auch die Bekannten vom Judo-Verein, mit denen wir den Raum und die Matten teilen.

Da saß ich also als volles Mitglied – »Ein Tscheche, ein Sokol … und noch ein Deutscher ganz hinten im Eck« – und stimmte mit ab. Und irgendwie fühlte ich, dass diese gelungene »Unterwanderung« des *Sokol* keineswegs ein Verdienst war, den ich mir hämisch an die Brust heften konnte, sondern eher ein gutes Zeichen, dass dies heute einfach möglich ist, ohne sich gleich in völkischen Krämpfen aufzuzehren.

Ich bin wirklich froh, dass ich die Tradition des *Sokol* in der modernen Form mit weiterführen darf, in der ich sie vorgefunden habe, befreit von früheren Zwängen und Fehlern der Vergangenheit und geläutert durch eine wechselhafte Geschichte, die nicht immer leicht gewesen ist.

39. Grund

Weil ich von der Wohnungssuche noch meinen Enkeln erzählen kann

Als ich das erste Mal beschlossen hatte, längere Zeit in Prag zu leben, stieß ich sogleich auf ein elementares Problem: Ich brauchte eine Bleibe. Das war im Jahr 1997, also etwa auf halber Strecke zwischen der Samtenen Revolution und der Einführung von Recht und Ordnung nach Brüsseler Art.

Gleich zu Beginn hatte ich ungeheures Glück. Über Bekannte bekam ich ein Zimmer bei einer Familie vermittelt, und dieser erste Eindruck hatte mein Bild von Tschechien nachhaltig geprägt. Die Familie mit zwei halbwüchsigen Söhnen, einem Opa und einem Dackel war unglaublich nett und geduldig, und dies obwohl ich im tschechischen Leben wirklich ein Neuling war.

Zudem war mein Tschechisch grauenhaft. Wenn ich einen Satz bilden wollte, musste ich die Außenwelt völlig ausblenden und in meinem Kopf die große Grammatikmaschine anwerfen. Die rumpelte und ratterte, dann kamen nach einer Weile hinten die Worte herausgefallen, und nicht immer die richtigen. Als ich mich dann in die Welt der Menschen zurückbegab, wurde mir bewusst, dass meine Gesprächspartner Ewigkeiten auf meine Antwort gewartet hatten. Ein Bekannter sprach mich sogar darauf an und riet mir, für verschiedene Situationen fertige Antworten auswendig zu lernen.

In dem Häuschen entfaltete sich das ganze Leben um die Küche und das Wohnzimmer herum, wo zumeist ein Fernseher lief. Ich bin absolut kein Fernsehmensch, und wenn ich etwa in einem Hotelzimmer doch einmal den Fernseher einschalte, fällt mir spätestens beim ersten Werbeblock oder bei einer Spielshow ein, warum ich den Fernseher aus meiner Wohnung verbannt habe. Einzig beim Sprachlernen muss ich bekennen, dass ich Filmen und Serien einen guten Teil meines umgangssprachlichen Wortschatzes verdanke.

Ich kann mich nicht erinnern, meine Gastgeber jemals schlecht gelaunt oder ungeduldig erlebt zu haben. Ich wurde eingeladen, mich zu ihnen auf das Sofa zu setzen und etwa die *Simpsonovi* mit anzusehen, bis vielleicht der Dackel winselnd ein Kissen aus dem oberen Teil der Schrankwand erbettelte, das er dann zwischen uns und dem Fernseher als Alternativprogramm begattete.

Ich hatte ein Zimmer im ersten Stock. Irgendwo dort lebte auch der Opa, den ich auch immer nur lächelnd in Erinnerung habe. Eines Tages äußerte er sich sehr schüchtern über die schönen Briefmarken, die ich auf meiner Post von Familie und Freunden bekommen hatte. Seit ich wusste, dass er ein begeisterter Sammler war, legte ich ihm alle meine Briefmarken heraus, was ihm große Freude bereitete, mit Ausnahme der einen Briefmarke, die er stundenlang vergeblich vom Papier zu lösen versuchte, weil sie nämlich aufgedruckt war.

Obwohl mir irgendwann eingefallen war, dass ich vielleicht auch Miete zahlen sollte, hatte ich doch das Gefühl, den Gastgebern unnötig zur Last zu fallen. Ich fühlte, dass es an der Zeit war, aus diesem Zuhause auszuziehen und mir etwas Eigenes zu suchen. Das jedoch erwies sich als weitaus schwieriger, als ich erwartet hatte.

Auf dem tschechischen Mietmarkt galt damals noch uneingeschränkt das Faustrecht. Es herrschte zudem ein Mangel an bezahlbaren Wohnungen, sodass Mieter generell schlechte Karten hatten. Nach nur wenigen Wochen Suche hatte ich bereits ein ganzes Sammelsurium an Kuriositäten kennengelernt.

Ich erinnere mich, dass ich einmal ein Zimmer nahe des Wenzelsplatzes besichtigte. Die Vermieterin war eine etwas altmodische Dame, die in einer salonartigen Stadtwohnung residierte. Die Räume stammten sicher noch aus der ersten Republik.

Die Dame des Hauses war ganz reizend und schien mich zu mögen, und sie sprach sogar ein gutes, wenn auch unzeitgemäßes Deutsch. »Der Wenzelsplatz ist gar nicht weit«, betonte sie und wies in die Richtung. Und seufzend fügte sie hinzu: »Man hört sogar bis hierher die Schüsse.« Welche Schüsse, dachte ich. Zunächst hatte ich die Dame für etwas überspannt gehalten, doch dann fiel mir ein, dass ja das *Hotel Jalta* nicht weit lag, wo sich Tschetschenen und Kosovo-Albaner im selben Sommer ein kurzes Feuergefecht geliefert hatten.

Das waren noch die wilden 90er-Jahre gewesen, als vor dem Hauptpostamt falsche Telefonkarten verkauft wurden und jedes Lokal im Zentrum zwei verschiedene Preislisten hatte: eine auf Tschechisch und eine für die ahnungslosen Gäste mit den dicken Portemonnaies. Damals bekam man manchmal zum Bier unaufgefordert einen Schnaps auf den Tisch gestellt, und was dann auf der Rechnung den Mammutanteil ausmachte, das war eben dieser Schnaps.

Die Zeiten haben sich geändert, und der Wenzelsplatz ist heute so sicher wie das Vergnügungsviertel von Lummerland. Und die EU verbietet es, zweierlei Preise zu berechnen.

Heute wäre mir die Umgebung des Wenzelsplatzes einfach zu laut und zu teuer. Es gibt dort auch nichts, was ich als Einheimischer nutzen würde. Die Nähe von Modeläden, Fast-Food Restaurants und Souvenirläden und der Anblick von betrunkenen Touristen hat für mich einfach keinen Reiz.

Manche Vermieter zogen ihr Angebot zurück, als sie am Telefon hörten, dass da jemand mit fremdländischem Akzent sprach. Als eine Freundin bei derselben Nummer anrief, war die Wohnung wieder frei. Andere drucksten herum, als sie erfuhren, dass ich vorhatte, einen vorübergehenden Wohnsitz zu beantragen. Vermutlich hatten sie Angst davor, dass ich dann als Nächstes einen festen Hauptwohnsitz zugesprochen bekäme und dann zu viele Rechte als Mieter hätte. So standen wir vor dem Haus in Brünn, waren noch gar nicht hineingegangen, und da gestand mir die Eigentümerin wie ein Schulmädchen, das die Hausaufgaben vergessen hatte, dass sie mir die Wohnung lieber doch nicht zeigen wollte.

Woanders hatte ich eine Wohnung gefunden, für die der Vormieter einen Nachmieter suchte. Ich bekam vom Vermieter die Zusage und wenig später die Absage. Sie hätten jetzt nämlich jemand anderen gefunden. Und der musste irgendwie überzeugender aufgetreten sein als ich, der früher da gewesen war.

Dann schließlich schien ich Glück zu haben. Ein Vermieter führte mir seine Wohnung vor, sie war noch frei, und der Preis erschien mir gut. Ich bemerkte die knallgelben Vorhänge und Tischdeckchen, aber das ließe sich dann noch korrigieren. Nur jetzt nicht zu pingelig sein. Der Vermieter stellte mir auch seine Frau und seine Tochter vor, die wirklich hübsch war. Und im Wohnungsflur gab es bemerkenswerterweise eine Klingel, mit der ich jemanden rufen könnte, wenn ich es bräuchte. Das alles war mir etwas fremd, aber so geht es eben zu in anderen Ländern.

Somit wurden wir uns einig, und ich brachte schon einmal zwei Reisetaschen mit meinem Besitz, kaufte etwas zu essen und entfernte alle Dinge mit den grellen Farben. Dann begab ich mich auf eine abendliche Veranstaltung.

Als ich zurückkam, war die Haustür verschlossen und innen steckte ein Schlüssel. War ich zu spät gekommen? Verwundert läutete ich. Noch verwunderter war ich jedoch, als dort neben meinen Reisetaschen der Vermieter stand und mit einer weinerlichen Stimme, die ich mein Lebtag nicht vergessen werde, aufzählte, was ich alles falsch gemacht hätte. Zum Beispiel hatte ich die Vorhänge abgenommen und leere Joghurtbecher auf dem Tisch stehen gelassen. Es war offenbar ein Rauswurf von der tief enttäuschten Art, und die hübsche Tochter hatte man jetzt wohl besser versteckt, nachdem ich mein wahres Gesicht gezeigt hatte.

Also ließ ich mir das Geld zurückzahlen, nahm meine Sachen und ging zurück zu der Familie, von deren Haus ich noch einen Schlüssel hatte. Ich wurde herzlich zurück begrüßt, und das Erlebnis stieß auch bei ihnen auf Unglauben und Belustigung.

Mieterbund? Gerichtsweg? Die wichtigsten Mittel, um seine Rechte durchzusetzen, waren damals immer noch eine laute Stimme und gute Beziehungen. Und ich verfügte über keines von beiden.

40. Grund

Weil hier noch nicht jeder Fahrrad fährt

Fahrradfahren in Prag ist eine ganz eigene Erfahrung. In den Neunzigern ging es noch darum, Schlaglöcher und Kühlergrille zu vermeiden und die Verwünschungen erzürnter Autofahrer zu ertragen. Ich selbst habe es nie mitgemacht, sondern nur vom Straßenrand aus mitbekommen. Für diese Mission wollte ich nicht mein Leben riskieren. Genug Leute haben für ihren Mut oder ihren Leichtsinn einen hohen Preis bezahlen müssen.

Heute herrschen zum Glück andere Zeiten. Die meisten Autofahrer sind es gewohnt, selbst Fußgängern die Vorfahrt zu gewähren, und auch Fahrradfahrer werden zunehmend als berechtigte Verkehrsteilnehmer anerkannt.

Beigetragen hat dazu nicht zuletzt auch der Ausbau von Fahrradwegen oder zumindest Radfahrstreifen. Gerade diese Streifen sind jedoch gewöhnlich nur durch eine gestrichelte Linie abgetrennt. Das heißt, dass die Autos durchaus hinüberfahren dürfen, insofern sie den Radverkehr nicht behindern. Was genau das heißt, kann allerdings sehr unterschiedlich ausgelegt werden.

Aus eigener Erfahrung kann ich sagen, dass diese Streifen zwischen rasenden und parkenden Autos nicht zum Gefühl der Sicherheit beitragen. Jederzeit kann vor mir jemand auf meinen Streifen ausscheren, um an einem stehenden Wagen vorbeizufahren, oder rechts öffnet sich plötzlich eine Tür, und ich stehe nach einer Vollbremsung Aug in Aug mit einem Fahrer, der das erste Mal im Leben einen Radfahrer zu sehen scheint.

Am schlimmsten ist jedoch, dass diese Streifen dort fehlen, wo sie am meisten gebraucht werden: Nämlich an Einfahrten, Kreuzungen oder Kreiseln. Entweder wird man schräg in den Autoverkehr hineingeleitet, oder der Streifen löst sich einfach in Luft auf. Stellen Sie sich vor, Sie überqueren auf einer schmalen Hängebrücke einen Abgrund mit einem reißenden Wildwasser in der Tiefe. Und nachdem Sie schon die Hälfte hinter sich gebracht haben, kommt plötzlich die Erkenntnis: Moment mal, war da nicht eben noch ein Geländer? So fühlt es sich an, wenn man auf einmal zwischen die Autos geschoben wird.

Mit dem steigenden Fahrradverkehr nimmt natürlich auch die Anzahl rücksichtsloser Fahrradfahrer zu. Typischerweise sind es etwa Leute, die glauben, es sei nicht von ihnen zu erwarten, für Fußgänger an einem Zebrastreifen zu halten. Schließlich könne man auch schwungvoll zwischen ihnen hindurchfahren, und dies umso schneller, je enger es wird. Glücklicherweise ist dieses Problem aber noch verhältnismäßig gering. Radfahrer bilden immer noch einen seltenen Anblick.

Für mich war der Umzug nach Tschechien eine enorme Umstellung. Wenn ich unabhängig von Bussen und Bahnen unterwegs sein wollte, konnte ich mich nicht mehr so einfach auf mein Fahrrad schwingen. Zu Fuß durch die Gegend zu gehen ist zwar auch toll, aber nur wenn ich genug Zeit habe. Früher bin ich mit dem Fahrrad zur Uni, zum Training, zu Freunden oder einkaufen gefahren, oder einfach mal in die benachbarten Orte, um mich dort umzusehen. Gehen Sie mal dieselbe Strecke entlang einer Ausfallstraße zu Fuß, die Sie auf dem Rad in 20 Minuten erledigen. Sie werden vor Langeweile einschlafen.

Im Prager Stadtverkehr hat sich Fahrradfahren einfach nicht bewährt. Es ist zu gefährlich, zu stressig, es gibt wenig sichere Abstellplätze, und dann bin ich auch oft mit der Straßenbahn schneller dort und kann unterwegs noch lesen oder die Mitfahrer beobachten. Ganz anders aber ist es bei den Radwegen durch Parks und vor der Stadt, etwa die Flüsse entlang. Von diesen Ausflügen schwärme ich heute noch!

Wenn Sie sich in Prag ein Fahrrad leihen können, versuchen Sie einmal den Radweg, der nordöstlich des Hauptbahnhofs beginnt und auf einer ehemaligen Bahnstrecke entlangführt. Sie fahren über

Brücken und an Hinterhöfen und Biergärten entlang, und dann durchqueren Sie sogar einen eigenen Tunnel. Was früher ein Eisenbahntunnel war, ist nun ein Fahrradtunnel. Das hat doch nicht jede Stadt zu bieten, oder?

41. Grund

Weil man bei Toiletten vorsichtig eintritt

Es war auf einer Veranstaltung in Prag. Irgendetwas wurde gefeiert, ich weiß nicht mehr was. Es gab einen Saal, in dem die Bands spielten, und zwischendurch konnte man zwischen Bar und Buffet pendeln. Irgendwann merkte ich, dass es Zeit wurde, mich nach den Toiletten umzusehen. Sie waren zum Glück leicht zu finden, hinter dem Bühnenraum, einen Gang entlang, eine Abzweigung, und dann durch eine Tür.

Und dann geschah es: Ich machte den Kardinalfehler der tschechischen Klobenutzung: Ich öffnete schwungvoll die Tür. Kaum war sie offen, wurde sie schon wieder von innen zugerissen. Wie einen Schnappschuss hatte ich nur für eine Sekunde wahrgenommen, was sich im Innern befand.

Hinter der Tür lag die Kabine, und dort saß, mit heruntergelassenen Hosen und einem gequälten Gesichtsausdruck, ein Mädchen. Klar, ein Großteil der tschechischen Klokabinen lässt sich nicht abschließen. Und das ist genau der Grund, warum man an geschlossene Klotüren nur sehr vorsichtig herantreten und mit der gebührenden Rücksicht anklopfen oder rufen sollte, bevor man eintritt.

Schlimmer ist es eigentlich, wenn man sich selbst im Innern befindet. Sie können von Glück sprechen, wenn die Tür nach innen aufgeht. Falls sie nicht gerade unerreichbar fern liegt, lässt sich dann das Gummi der Schuhsohle in einen Türstopper verwandeln, indem man den Schuh in das Eck zwischen Tür und Boden presst. Das funktioniert meistens sehr gut. Wenn die Tür jedoch nach außen aufgeht, hilft es nur, mit aller Kraft die Türklinke nach oben zu drücken, in der Hoffnung, dass sich von draußen nicht gleich ein Bär darauf stützt.

Warum eigentlich fehlen so oft die Schlüssel? Darüber habe ich oft nachgedacht und bin zu keinem vernünftigen Ergebnis gekommen. Hat das Metall einen solchen Wert, dass sich sein Diebstahl lohnt? Oder soll verhindert werden, dass sich jemand einschließt und nicht mehr heraus will? Und warum werden nicht einfach Riegel mit Drehknopf eingebaut, oder irgendein billiges Häkchen aus dem Baumarkt, mit dem sich die Wucht des Andrangs von draußen zumindest verringern ließe?

Ich fürchte, wir werden es nie erfahren.

42. Grund

Weil man auch am Sonntag einkaufen kann

Ich kann mich nicht erinnern, wann ich das letzte Mal eine geregelte Arbeitswoche hatte. Zumeist war ich mehr oder weniger als Selbstständiger tätig, oder in der gemeinnützigen Organisation, die ich mit aufgebaut habe. Das lief dann darauf hinaus, dass ich so etwas wie ein kleines Familiengewerbe am Hals hatte, und dazu kamen noch etliche andere Arbeiten, die ich über das Internet erledigt habe.

Das soll jetzt nicht heißen, dass ich mich beklage, denn die Arbeit hat mir überwiegend Spaß gemacht und mir auch viele Freiheiten erlaubt. Daneben habe ich auch immer wieder etwas Neues ausprobieren können, und ich habe viel gelernt.

Wenn Sie in einem ähnlichen Beruf arbeiten, kennen Sie vielleicht diese Situation: Sie haben über Ihrer Arbeit völlig die Zeit vergessen, aber jetzt geht es einfach nicht mehr weiter. Oder Sie haben etwas abgeschlossen, erschöpft, aber zufrieden schieben Sie die Sachen beiseite und haben das Gefühl, aus einer Art Hypnose zu erwachen. Bis eben war die Außenwelt völlig verschwunden gewesen, aber jetzt taucht sie langsam wieder auf.

Jetzt wäre etwas zu essen gut, denken Sie und gehen zum Kühlschrank. In dem Moment, in dem Sie die Tür öffnen, werden Sie fast vom Sog hineingerissen, so leer ist er. Also schnell die Einkaufstasche gepackt, das Geld, und ab auf die Straße.

Mit einem mulmigen Gefühl bemerken Sie dann vor der Tür, dass es sehr still ist. Unheilvoll still. Und erst jetzt fällt Ihnen ein, dass ja Sonntag ist.

Sonntag in einer mitteleuropäischen Kleinstadt: Die Männer sind beim Fußballverein, die freiwillige Feuerwehr wäscht ihre Autos, und in den Gärten wird gegrillt.

Früher, als ich noch in Deutschland lebte, ging die Geschichte so weiter: Irgendwo gab es eine Tankstelle oder einen Bahnhof, und dort befand sich ein kleiner, aber teurer Supermarkt, in dem man typischen Reiseproviant wie etwa Weizenmehl Type 405 oder Tiefkühlpizzen kaufen konnte. Und der hatte auch am Sonntag offen. Also machte ich mich auf die Reise zu dem Reiseversorger, wo ich manchmal den einen oder anderen Kollegen traf, oder jemanden, der übermüdet von der Nachtschicht kam, oder tatsächlich einen Reisenden.

In Tschechien läuft das so: Dienstleister, Behörden und Banken haben am Wochenende geschlossen, und das Wochenende beginnt oft schon am Freitagmittag, indem die Türen geschlossen werden und dann – zumindest offiziell – in den Hinterzimmern der übrig gebliebene Papierkram erledigt wird. Viele Läden und auch die Post öffnen noch einmal am Samstagvormittag. Und dann ist wirklich Wochenende.

Das heißt aber noch nicht, dass alle Städte am Sonntag ins künstliche Koma fallen. Denn viele tschechische Lebensmittelläden, Drogerien und Einkaufszentren haben sieben Tage in der Woche geöffnet. Am Wochenende herrscht zumeist ein etwas ruhigerer Betrieb, die

Regale werden nicht so schnell nachgefüllt, aber das verlangt ja auch keiner.

Als ich noch relativ neu war in Tschechien, hatte ich immer ein schlechtes Gewissen, dass da jetzt jemand arbeiten musste, damit ich einkaufen gehen konnte. Dann aber fiel mir auf, dass ich ja selbst gerade von der Arbeit kam. Im Grunde wird andauernd irgendwo gearbeitet, das reicht von der Eisenbahn bis hin zu Polizei und Krankenhäusern. Und wenn am Montagmorgen die Zeitungen erscheinen, wurden sie schon am Sonntag geschrieben und über Nacht gedruckt.

Inzwischen habe ich mich so gut an die sonntags geöffneten Supermärkte gewöhnt, dass sie für mich einfach zur Normalität gehören. Es hat auch eine soziale Funktion. Ich habe einen Grund, hinauszugehen, und sei es nur zum Spätladen ums Eck. Vielleicht merke ich dann unterwegs, dass ich eigentlich überhaupt nichts brauche, drehe eine Runde am Fluss entlang und gehe wieder heim.

43. Grund

Weil sich in Prag Touristen und Einheimische näher kommen

Irgendwo in der Nähe meiner Wohnung müssen wohl ein paar Billighotels sein, die sich besonders für Klassenfahrten eignen. Wenn ich mit der Straßenbahn vorbeifahre, ist dort immer eine Haltestelle, wo die Teenager bereits dicht gedrängt stehen. Ich werfe den kurzen Blick des Kenners auf die Gruppe vor den Türen und denke mir: Da müssen wir jetzt durch.

Und schon öffnen sie sich, und die Schüler drängen herein. Alle durch eine Öffnung, versteht sich, und mit der Eile eines Rentners, der zum Blumengießen geht. Wenn dann das erste Drittel endlich im Wagen ist, ertönt bereits das Signal des Fahrers, der gerne weiterfahren möchte. Irgendwann sind dann alle im Innern angelangt. Jetzt ist es Zeit für das Bowling, denke ich. Der Wagen fährt an, und eine Gruppe von Schülern fällt kreischend aufeinander, weil ja überhaupt nicht damit zu rechnen war, dass eine Straßenbahn anfahren würde. Schnell rappeln sie sich wieder auf und hangeln zu den freien Sitzen. Irgendwie schaffen sie es dabei immer, dass zu wenig Sitze da sind. Da müssen dann ein paar Mädchen auf den Beinen der Jungs sitzen, aber sie ertragen dieses Opfer mit bewundernswerter Stärke.

Von dem ersten Moment an, seit sich die Gruppe im Innern befindet, ist der Raum von lauten Stimmen erfüllt. Manchmal ist es Englisch mit einem deutlich britischen Akzent, der allem widerspricht, was ich im Englischunterricht als Aussprache gelernt habe. Oder es ist Deutsch. Aha, Hamburg, denke ich. Und heute ist es Sachsen. Und diesmal die Oberpfalz.

»Wooooaaaah!« Das war der Schrei eine Blondine, die dort mit dem Gesichtsausdruck sitzt, als würde sie gerade auf einer Achterbahn in die Tiefe rasen. Diagnose: Sie ist das erste Mal ohne Eltern verreist und hat jetzt eine, und wirklich nur eine Chance, um ihr eigenes Leben zu leben und sich voll zu entfalten und endlich zu machen, was sie wirklich will. Was genau sie will, weiß sie selbst noch nicht, aber der Entschluss steht bereits.

Wir erreichen die nächste Haltestelle. Jetzt ist es Zeit für die Panikattacke, denke ich. »Müssen wir hier raus?« – »Nein, das ist irgendwas mit ›Straußmayer‹ oder so ähnlich.« – »Was? Wir müssen raus?« – »DREI STATIONEN!«, ruft jemand hinter mir, so laut, dass mir die Trommelfelle schlackern. »Drei Stationen«, geht es wie ein Echo durch die Bahn.

Endlich haben wir die zweite Station hinter uns gebracht, und die Ansage kündigt die nächste an. Jetzt ist es Zeit für die Generalmobilmachung, denke ich. »Aussteigen!«, ruft jemand. »Hey, aussteigen!« Die ganze Bahn weiß es bereits. »Aussteigen, Alter!« Der angesprochene »Alte« ist höchstens 16 Jahre alt. »Aaaaaussteigeeeeen!«

Und die Tschechen haben ein neues Wort gelernt. Es heißt »aussteigen«, und es ist das deutsche Wort des Tages. Dann endlich gehen die Türen auf, und die johlende Menge ergießt sich ins Freie.

Die nächsten Momente sind so surreal, dass ich glaube, ich hätte gerade die Grenze zu einer neuen Daseinsform durchstoßen: Es ist still. Einfach nur still. Das sanfte Summen des Elektromotors ist zu hören, als die Bahn gemächlich an Fahrt gewinnt. Irgendwo streckt sich ein Hund, und ich höre seine Krallen auf dem Boden scharren. Und dann sind da zwei Frauen, die sich leise unterhalten. Es ist eine leichte, eine heitere Unterhaltung. Und draußen scheint die Sonne.

44. Grund

Weil Bahnreisende und Schaffner so gelassen mit Konflikten umgehen

Es passiert in Tschechien wie in anderen Ländern auch: Jemand hat im Zug einen Platz reserviert und dort sitzt schon jemand, weil oben das Papierschildchen fehlte. Oder jemand hat einen Platz beansprucht, aber dann war es der falsche Wagen. Oder jemand kommt zu seinem Platz, aber erst nachdem die Reservierung schon verfallen ist.

Die Sache wird eigentlich immer so gelöst, dass niemand sein Gesicht verliert. Man macht auf seinen Anspruch aufmerksam, indem man freundlich darum bittet. In Deutschland höre ich oft einfach: »Das ist mein Platz!« Fertig. Oder jemand probiert es einfach mal mit Frechheit und hofft darauf, dass der andere konfliktscheu ist und um des Friedens willen nachgibt. In Tschechien habe ich in über 15 Jahren noch nicht erlebt, dass jemand unhöflich daherkam oder gleich auf Konfrontationskurs ging.

Umgekehrt habe ich auch nie erlebt, dass tschechische Schaffner ausrasten oder genüsslich ihre Macht ausspielen. Schwarzfahrer etwa haben die Wahl: Sie lösen nach, oder sie steigen an der nächsten Station aus. Das geht natürlich nicht immer ohne Wortgefechte vonstatten, aber ich habe nicht das Gefühl, dass der Schaffner seine Position auskostet.

Vor ein paar Monaten war ich im EuroCity unterwegs gewesen und hatte dafür eine Fahrkarte mit Ermäßigung gebucht. Als die Schaffnerin meine Fahrkarte einscannte, stellte sie fest, dass die Ermäßigung meiner *InKarta* schon abgelaufen war. War jetzt mit einer Strafe zu rechnen, oder damit, dass ich den vollen Preis bezahlen müsste? Ähnliche Fälle aus Deutschland kamen mir in den Sinn, an die ich mich nicht gerne erinnere. Aber es kam völlig anders.

Ohne sich irgendwie aufzuplustern oder auch nur die Stimme zu heben, schlug mir die Schaffnerin vor, jetzt im Zug die fehlende Ermäßigung online nachzukaufen. Vielleicht hatte sie gesehen, dass ich einen Laptop dabeihatte, und im EuroCity gibt es WLAN. Ich willigte ein, denn das war allemal die angenehmste Lösung, und auch überhaupt nicht teuer. Die Schaffnerin ging derweil weiter, und damit war es schon erledigt. Die Sache war ruhig und freundlich geregelt worden, mit Respekt und ohne Aggressionen.

45. Grund

Weil Tschechen Outdoor-Fans sind

Es gibt viele Länder, in denen jeder, der etwas auf sich hält, in motorisierten Verkehrsmitteln unterwegs ist. Wer zu Fuß geht oder überhaupt seine Muskeln beansprucht, hat es offenbar im Leben nicht weit gebracht, denkt man sich dort.

Ich bin da völlig anders. Wenn es die Zeit erlaubt und der Weg nicht gerade an einer Autobahn oder einem todlangweiligen Industriegebiet entlangführt, gehe ich zu Fuß. Statt an einer Haltestelle 15 Minuten auf die Straßenbahn zu warten, gehe ich lieber noch eine Station weiter, einfach zum Zeitvertreib. Und natürlich steige ich lieber auf einen Berg zu Fuß, als dass ich die Seilbahn benutze oder mich im klimatisierten Shuttle-Service fahren lasse. Und ganz nebenbei spare ich mir das Geld für die Fahrt, sodass sich auch noch das Angenehme mit dem Nützlichen verbinden lässt.

Mit dieser Einstellung bin ich in Tschechien perfekt zu Hause, denn die Tschechen sind ganz überwiegend Outdoor-Fans. Und auch sie genießen es umso mehr, wenn sie mit dem Einsatz der eigenen Körperkräfte und einer etwas rustikaleren Brotzeit im Freien ein paar Kronen sparen können. Vielleicht hat man das in den schlechten Zeiten gelernt, als man sich vieles nicht leisten konnte, und nun behält man die Gewohnheiten bei, die man lieb gewonnen hat.

Ein typischer Anblick auf Bahnhöfen und Busbahnhöfen vor Wochenenden sind junge Leute mit Rucksäcken und Liegematten und je nach Jahreszeit auch Skiern. Bei schönem Wetter sind die Wege voller Wanderer und Radfahrer und die Gewässer voller Paddler, und in der Pilzsaison sieht man Rentner mit Körben die Wälder durchstreifen. Und übrigens zähle ich unter die Aktivitäten im Freien auch alles, was man so im Biergarten oder auf Freisitzen machen kann.

Konzerte finden ebenso unter freiem Himmel statt wie ganze Festivals, und sogar Kinoabende werden in Sommernächten draußen veranstaltet. Im Prager Park *Stromovka* finden sich in lauen Nächten zahlreiche Grüppchen, die grillen oder einfach nur zusammensitzen und zur Gitarre singen. Für Kinder gibt es in den Sommermonaten betreute Ferienlager, sodass sich die Eltern auch mal erholen können.

Zu den weniger beliebten Outdoor-Aktivitäten würde ich mal die Rauchertischchen vor den Kneipen zählen, wenn ich die Mienen der Leute richtig deute, die sich dort selbst im Sturzregen und bei klirrender Kälte mit der Dosis selbst gebrannter Abgase versorgen. Aber auch sie gehören mittlerweile zum Standardrepertoire des tschechischen öffentlichen Lebens.

Wenn Sie auch nur nach Prag fahren, dann nehmen Sie sich die Zeit, auch mal aus dem touristischen Zentrum herauszukommen.

Im Stadtgebiet finden sich viele dörflich anmutende Gemeinden mit landschaftlich sehr schönen Ecken, besonders an den Moldauzuflüssen entlang. Oder fahren Sie mit einem der Vorortzüge hinaus und gehen Sie in einen Wald oder durch ein Tal. Zum Beispiel gibt es da in Prag die Schlucht von *Divoká Šarka*, das Tal *Prokopské údolí*, das Feuchtgebiet von *Hostavice* (mit Brauerei in *Dolní Počernice*) oder, direkt vor den Stadtgrenzen, *Únětice* (ebenfalls mit Brauerei) und den sagenhaften Schlosspark von *Průhonice*. Die Wege sind bestens ausgeschildert, und hier und da findet sich immer auch ein Wirtshaus, wo Sie günstig mittagessen können.

46. Grund

Weil Sie hier ungestraft jammern dürfen

Stellen Sie sich vor, Sie treffen auf der Straße in Prag einen Bekannten, der sich gerade seinen Lottogewinn abgeholt hat, nachdem er letzte Woche seine Angebetete geheiratet hat und jetzt zusammen mit ihr in einer tollen Wohnung lebt. »Hallo«, sagen Sie zu ihm und schütteln ihm die Hand, wie es so üblich ist. »Wie geht's?« – »Hmm«, antwortet er und wiegt den Kopf, während er ein bisschen bitter lächelt, wie nur Böhmen es können. »Es könnte schlechter sein.«

Und das war nicht einmal gelogen.

Den größten Kontrast merke ich immer, wenn ich mit Freunden aus Nordamerika unterwegs bin. »Wie findest du das?«, frage ich sie über irgendeine belanglose Idee. »Gigantisch!«, sagen sie. »Umwerfend!« – »Fantastisch!« Wir treffen uns auf einen Kaffee, und später lese ich auf Facebook, dass es »ein tolles Treffen« gewesen war, und Alice war ein »großartiger Gastgeber«, und ihr Kuchen »ein Traum!«

Tschechen sind da eher wie Deutsche. Wenn man sagt, dass es einem gut geht, dann macht man sich nur Neider. Und wenn man jemanden lobt, dann strengt er sich nicht mehr an, sondern ruht sich auf seinen Lorbeeren aus. Das haben schon unsere Lehrer gewusst.

Und wie kann man etwas in den Himmel loben, wenn man noch gar nicht alles gesehen hat? Nicht auszudenken, wenn man dann später etwas trifft, was noch besser ist, aber man hat sein größtes Lob bereits woanders ausgegeben? Lob ist wie ein Zahlungsmittel. Man hat es nur begrenzt und will es nicht entwerten.

Vielleicht besteht mit dem Jammern auch ein wenig die Chance, dass sich jemand um einen kümmert. Da kann es regelrecht zu einem Wettbewerb der Leiden kommen:

»Wie war dein Wochenende?«

»Ich habe mich mal richtig ausgespannt. Und deins?«

»Ja … immer diese Erkältung.«

»Bei mir auch. Ich habe jeden Tag gehustet.«

»Ich habe sogar Tag und Nacht gehustet.«

»Entschuldige, da habe ich dich wohl angesteckt. Denn ich huste schon seit Wochen Tag und Nacht.«

Kennen Sie das aus Deutschland? So gesehen habe ich mich in Tschechien schnell eingelebt. Geht es ums Wetter, den Lebensstandard nach der Wende, die Politiker oder das Mittagsmenü ums Eck: Es ist immer erlaubt, ein wenig zu jammern. Wer jammert ist ein Experte, denn er hat schon Besseres erlebt und kann sich erlauben, hohe Maßstäbe anzulegen.

Aber Vorsicht! Das Jammern über tschechische Dinge ist nur den Tschechen vorbehalten! Geht es um Themen wie die Regierungspolitik, die Polizei, das Bier oder das Hockeyteam, dürfen Sie auf keinen Fall mit einstimmen! Kritik an nationalneuralgischen Punkten wird nicht gern gesehen und kann sogar zu einem sanften Rausschmiss führen: »Wenn es dir hier nicht gefällt, kannst du ja gehen!«

Aber keine Sorge! Niemand verlangt von Ihnen, dass Sie als Antwort schweigen müssen. Denn Sie können ja immer noch über Ihr eigenes Land jammern. Und vielleicht ist bei Ihnen alles noch schlechter.

47. Grund

Weil hier Bikesharing wirklich ein Gemeinschaftsprojekt ist

Manche Ideen erscheinen mir so realitätsfern, dass ich eigentlich von Beginn an abraten würde, sie überhaupt zu versuchen. Dazu gehörte auch das Projekt *Rekola*. Glücklicherweise bin ich aber kein Start-up-Berater, sonst hätte es nie zu dem Erfolg gefunden, den es heute vorweisen kann und den es klar verdient hat. Letztendlich ist es auch ein erfreulicher Beleg dafür, was hier in Tschechien und sogar in Prag möglich ist.

Begonnen hatte es 2013 auf der tschechischen Crowdfunding-Plattform *Hithit*. Zwei Studenten einer technischen Hochschule schlugen ein Bikesharing-Projekt vor, da sie es leid waren, auf dem Rad irgendwohin zu fahren und dann nicht zu wissen, wo sie das Rad lassen sollten. Abstellplätze sind in Prager Häusern und Einrichtungen sehr rar, und die Fahrradmitnahme in öffentlichen Verkehrsmitteln ist auch nur begrenzt möglich. Die Idee war also, das Fahrrad irgendwo abzusperren und für den nächsten Nutzer zu hinterlassen. Wenn nur genug Leute mitmachen, bleibt kein Rad lange an einem Ort stehen.

Bikesharing funktionierte zu dem Zeitpunkt bereits in anderen Ländern, aber zumeist benötigt man dafür eine komplizierte technische Infrastruktur mit einem elektronischen Schloss oder besondere Fahrradständer. *Rekola* jedoch wollte mit einfachen Zahlenschlössern auskommen, und die Fahrräder könnte man überall in einem bestimmten Bereich der Stadt abstellen.

Bestandteil des Konzeptes war zudem, dass alte Fahrräder wieder in Schwung gebracht würden, also recycelt. Daher stammte das »Re« von *Rekola*. Und *Kola* hat hier nichts mit Cola zu tun, sondern heißt einfach »Räder«.

Die Testphase verlief vielversprechend und die Anzahl der Zonen wurde auf weitere Bereiche der Stadt ausgedehnt. Um sich ein

Rekola-Rad auszuleihen, muss man zunächst registriert sein. Die Bedienung erfolgt per Handy-App, geht aber auch per SMS. Dazu gibt man die Nummer eines Fahrrads ein, und falls dieses gerade frei ist, bekommt man den Code für das Zahlenschloss. Die Rückgabe des Fahrrads wird ebenso über die App oder eine SMS geregelt, indem man den neuen Standort angibt.

Moment, dachte ich, das kann doch nicht funktionieren! Da kann sich doch jeder den Code merken und später das Fahrrad einfach unerlaubt mitnehmen. Überraschenderweise funktionierte es aber doch. Offenbar ist der Anteil ehrlicher Nutzer, die diese Idee unterstützen wollen, einfach so groß, dass eventuelle Verluste nicht ins Gewicht fallen.

Sicher spielt auch eine große Rolle, dass die *Rekola*-Räder alle rosa gestrichen sind, in einer Art Joghurtfarbe. Das schränkt schon den Kreis der legitimen und illegitimen Nutzer extrem ein. Für knallharte Männer ist es nämlich undenkbar, mit einem rosa Fahrrad gesehen zu werden, und selbst dann nicht, wenn sie es als Diebesbeute mitbringen. Da montiert man doch lieber ein Rohr vom nächsten Haus und bringt es zum Altmetallhändler.

Rekola läuft inzwischen in einer ganzen Reihe tschechischer Städte. Früher gab es bei *Rekola* immer mal wieder Räder mit technischen Problemen, und manche waren so klein, dass ich mir beim Treten mit den Knien fast schon selbst Kinnhaken gegeben habe. Aber seit ein paar Jahren sind die Räder im Top-Zustand. An einigen Orten kann man sogar Roller oder Skateboards ausleihen.

Im Jahr 2016 hatte *Rekola* 95.000 Leihvorgänge. Das ist eine beachtliche Zahl für ein Projekt, das nicht ohne Vertrauen und Ehrlichkeit funktionieren würde. Und es ist ein Lehrstück für Leute, die glauben, dass in Tschechien alles geklaut wird, was nicht niet- und nagelfest ist.

48. Grund

Weil tschechische Männer im Sommer mit Shorts und T-Shirt auskommen

Vor ein paar Jahren war ein Freund aus Deutschland zu Besuch, der gerade zuvor auf einer Art internationalem Camp in Böhmen gewesen war. »Ich weiß nicht«, grübelte er, »irgendwie sahen die Tschechen dort alle ähnlich aus. Aber ich komm nicht darauf, was es ist.«

Plötzlich kniff er die Augen zusammen, betrachtete mich scharf von oben bis unten und rief: »Ich hab's! Sie haben alle Shorts und T-Shirt getragen! Genau wie du jetzt!«

Ich blickte an mir herab. In der Tat. Das war mir gar nicht aufgefallen, aber auch ich hatte mich da wohl unwillkürlich assimiliert. Dabei ist es nicht so, dass hier keine andere Kleidung erhältlich wäre. Seit meiner Kindheit trage ich vor allem lange Jeans, und die gibt es auch hier.

Tschechien hat so etwas wie eine moderne Nationaltracht für Männer in den Sommermonaten entwickelt. Über die Shorts hängt gewöhnlich ein T-Shirt herab, das, je nach horizontaler Ausdehnung in der Bauchgegend, dem Körper eine mehr oder weniger gestreckte Form verleiht.

Als charakteristisches Sommeraccessoire gelten übrigens auch Sandalen, in denen man Socken trägt. Eigentlich hatte ich das früher immer für einen Ausdruck eines typisch deutschen Modebewusstseins gehalten, aber unsere Nachbarn scheinen diesbezüglich mit uns auf einer Stufe zu stehen. Es ist tröstlich, diesen letzten Platz nicht alleine besetzen zu müssen.

Tschechische Männer tragen auch in Prag oft Kleidung, die gut für Outdoor-Aktivitäten geeignet ist. Das können zum Beispiel Treckinghosen sein, oder eben Shorts. Dabei steht offensichtlich im Vordergrund, dass die Kleidung möglichst universell nutzbar ist, sowohl im Großstadtdschungel als auch auf der Wochenendhütte auf dem Land. Passend dazu trägt man Turnschuhe, die sich im Hausflur an- und abstreifen lassen, ohne dass man die Schnürsenkel öffnen muss. Während ich noch hastig meine Knoten und Schleifen binde, stehen die Freunde schon neben mir und sind längst fertig.

Während Tschechinnen zumeist auf ein makelloses Aussehen Wert legen, geht es den Männern fast durchweg darum, dass die Kleidung praktisch ist. Das mag wohl der Grund sein, warum ich mich hier unmerklich angepasst habe. Shorts und T-Shirt passen am Schreibtisch, im Zug oder auf dem Rasen im Park. Und in der Waschmaschine oder im Rucksack nehmen sie nur minimal Platz weg.

Nur bei den Schuhen bin ich meiner alten Gewohnheit treu geblieben. Und Socken in Sandalen trage ich auch heute nicht.

49. Grund

Weil in allen Farben gebaut wird

Vielleicht kennen Sie die Alchimistengasse, oder Goldmachergasse, wie sie auch genannt wird. Sie stellt einen Teil der Prager Burg dar und gehört zu den wichtigsten Attraktionen der tschechischen Hauptstadt. Das Gässchen ist nicht nur ein Ort der Mythen und eine der vielen Straßen, wo Franz Kafka einmal gewohnt hatte. Sie ist auch durch ihr pittoreskes Aussehen unverwechselbar: Die Gebäude sind niedrig, mit tiefen Dächern und großen Schornsteinen. Sie wirken ein wenig so durcheinander wie die Häuschen in vielen Kinderbüchern, und genau wie dort sind sie auch kunterbunt gestrichen.

Jetzt mögen Sie denken, dass es sich hier um eine Ausnahme handelt, weil eben die Alchimisten ein wenig exzentrisch waren und weil die Touristen gerne Postkarten kaufen, wo viel Farbe drauf ist. Aber da haben Sie noch kein tschechisches Dorf gesehen, oder eigentlich reicht bereits ein Vorort einer größeren Stadt, wo sich Eigenheim an Eigenheim reiht. Denn hier finden Sie exakt die Farben, die es im nächsten Baumarkt zu kaufen gibt. Und zwar: alle.

Das reicht von Pastelltönen bis hin zu überraschend kräftigen Farben. Ein Haus ist dottergelb, das nächste blassrot, dann eins in Blau oder Pink. Manche Häuser erwecken Erinnerungen an Heidelbeerjoghurt, das nächste an eine reife Zitrone. Und oft genug werden Farben kombiniert, so etwa eine Frontseite in schreiendem Grasgrün mit orangenem Eingangsbereich.

In jedem Ort stehen ein paar solche Einfamilienhäuser, wo der Bauherr die Farbe am Tresen wählen durfte, von einer Riesenpalette, versteht sich. Es erinnert mich an die tschechischen Kundenberater der 90er-Jahre, die oft mit gewagten Farbkombinationen aus Anzug und Krawatte daherkamen.

Einmal wohnte ich in einem Prager Vorort, wo Reihen an Häuschen standen, die alle die gleiche braun-graue Farbe hatten. Nur ein Haus war auffällig bunt gestrichen, und davor stand jeden Abend ein Taxi. Meine Bekannte, die hier hier schon lange lebte, lachte. Die Taxifahrer standen im Ruf, in den Neunzigern als Erste zu Geld gekommen zu sein, da ihre Kundschaft aus dem reichen Ausland kam und sich viele Fahrer eine freie Preisgestaltung erlaubten.

Ich möchte vermuten, dass auch bei der Farbwahl der Häuser zunächst die individuelle Freiheit ausgelebt wird, während sich die neue Farbtradition eines Ortes oder eines Platzes erst noch herausbilden muss. Und vielleicht werden in Zukunft auch Maler und Farbgeschäfte bei ihrer Beratung mehr Gewicht auf ein farbliches Miteinander der Nachbarhäuser legen, statt nur die Farbpaletten aufzufächern. Dabei hoffe ich aber auch, dass die Häuser nicht zu ihrem früheren Einheits-Braun-Grau zurückkehren. Gerade bei der Alchimistengasse wäre das sehr schade.

5. Kapitel

Reisen

50. Grund

Weil das Reisen mit der Bahn noch das Flair der alten Zeiten hat

Wenn Sie einmal im Prager Hauptbahnhof sind, sehen Sie sich auch das historische Gebäude an. Es ist nicht leicht zu finden, wenn man von den unteren Ebenen kommt. Gehen Sie in die mittlere Unterführung zu den Gleisen und blicken Sie dort, hinter der Schalterhalle, einfach mal nach oben. Dort sehen Sie die Halbkuppel des alten Gebäudes, das vom Architekten Josef Fanta gestaltet wurde. Sie können sogar in das obere Stockwerk hinaufgehen und dort einen Kaffee trinken.

Prägen Sie sich diesen Anblick gut ein, und fahren Sie dann nach Berlin, zum Hauptbahnhof. Nehmen Sie die Rolltreppen aus dem Betonkeller hinauf in eines der belebteren Stockwerke, und blicken Sie sich um.

Ich nehme an, dass Sie einen Unterschied feststellen werden. Dieser Unterschied drückt eigentlich perfekt aus, wie verschieden Bahnfahren sein kann. Früher hatte man den Zügen Kathedralen errichtet, aber jetzt baut man Einkaufszentren mit Zuganbindung.

Seit ich in Tschechien lebe, habe ich das Bahnfahren neu entdeckt. Dabei hatte meine Begeisterung für Züge schon in meiner Kindheit angefangen, als sie noch schwerfälliger waren, aber auch eine gewisse Ästhetik von Lack und Schmieröl hatten. Es dominierte das Maschinenhafte, schwere Stahlteile waren sichtbar verschweißt, und Paneele waren noch verschraubt statt eingerastet, die Fenster ließen sich öffnen, und die Vorhänge waren so schmuddelig, dass man sich zum Schlafen lieber in die aufgehängte Jacke lehnte.

Um von einem Wagen in den anderen zu gelangen, musste man noch schwere Türen aufstemmen und dann eine wogende Brücke überqueren, unter der man das Spiel der Schienen und Schwellen beobachten konnte. Im Winter, wenn man die Heizung aufdrehte, passierte zunächst gar nichts, und dann begann es erst ganz langsam in der Wand zu knacken, als sich die Rohre erwärmten. Es war dasselbe feierliche Gefühl, wie man einen Kachelofen einheizt.

Und damals gab es noch richtige Speisewagen. Heute fährt dort eine Edelkantine, die als solche zwar nicht schlecht sein muss, aber eben auch keinen Grund bietet, sie aufzusuchen. Genauso gut kann ich auch bis zur Ankunft warten und dann etwas Richtiges essen.

Der tschechische Speisewagen dagegen ist etwas völlig anderes. Das Angebot unterscheidet sich je nach Ziel der Fahrt, und das Essen wird in der Bordküche zubereitet. Wenn es Sie nicht stört, dass das Glas nur 0,3 Liter enthält, können Sie sogar ein frisch gezapftes Bier trinken. Und da das tschechische Einkommen wesentlich geringer ist als das der westlichen Nachbarn, gibt es auf tschechischem Gebiet bis zum letzten Bahnhof eine Happy Hour. Und die gilt für alle Gäste.

Wenn Sie in Tschechien einmal einen Tag länger bleiben können, fahren Sie doch einmal irgendwohin auf das Land hinaus, und zwar mit der Bahn. Von Prag aus können Sie etwa von Smíchov aus den Prager Semmering erkunden oder im Süden über die höchste steinerne Eisenbahnbrücke der Republik fahren.

Sie werden in winzigen Schienenbussen mit dröhnendem Motor über die Gleise schaukeln, und immer wieder ertönt das lang gezogene Hupen vor den Bahnübergängen. Bei jedem Stellwerk sehen Sie den Angestellten am offenen Fenster lehnen, und bei den größeren Stationen kommt der Vorsteher mit seiner Kelle heraus. Überhaupt scheint es hier sehr viel mehr Bahnangestellte zu geben. Denn die funktionieren auch bei Frost und Stromausfall.

Vielleicht werden Sie es irgendwo erleben, dass zwei oder drei dieser Bummelzüge nebeneinander vor dem Bahnhof warten, sodass die Reisenden kreuz und quer umsteigen können, während die Schaffner zusammenstehen, sich unterhalten und hin und wieder einem Reisenden den Zug zeigen, den er nehmen muss. Sie werden Bahnhöfe erleben, wo der zweite Bahnsteig nur über die Schienen des ersten Gleises erreichbar ist. Und Sie werden in kurvenreichen

Strecken durch bezaubernde Landschaften fahren, von denen Sie noch jahrelang träumen werden.

Und hin und wieder treffen Sie tief in der Provinz auf einen hochmodernen Zug mit tief gelegtem Eingang und Hebebühne, mit LCD-Displays und kostenlosem WLAN. Denn auch das ist hier zu finden.

Ich gebe zu, dass ich in Tschechien oft hin- und hergerissen bin. Auf manchen Strecken würde ich mir durchaus schnellere Züge wünschen, vor allem wenn die Strecke landschaftlich nicht viel hergibt. Um eine weite Ebene zu betrachten, muss ich nicht mit 80 km/h hindurchkriechen. Und wenn ich seit 15 Jahren fast monatlich dieselbe Strecke fahre, weiß ich es zu schätzen, wenn wir nicht an jeder Milchkanne halten.

Ehrlich gesagt ist es mir auch egal, wie modern ein Zug ist, wenn es schon bei den einfachen Dingen hapert. Es macht für mich keinen großen Unterschied, ob ich im tschechischen Schnellzug zwischen Reisenden und Taschen eingeklemmt bin oder ob ich im überfüllten ICE im Türbereich stehe. Und es ist mir egal, ob ich nachts auf der Baustelle in Pilsen mein Gleis suche oder in Hamburg ans andere Ende des Bahnsteigs laufen muss, weil ein Witzbold wieder einmal den ICE umgedreht hat. Da ist die Modernisierung genauso hilfreich, als würde man die Ansagen des Schaffners neuerdings in Stereo ausstrahlen.

In Tschechien gibt es alle Arten, mit der Bahn zu reisen: im Supercity, in Privatbahnen oder im Bummelzug zwischen Dörfern, wo es außer einer Handvoll Häuser und einer Bushaltestelle nur noch den Bahnhof gibt. Vielleicht haben Sie auch die Gelegenheit, dort im stillsten Dorf der Republik umzusteigen, mit einer Stunde Wartezeit, während Sie sich ausrechnen, ob sich jetzt das Warten auf den Anschluss lohnt oder ob Sie besser zu Fuß weitergehen sollten.

Das ist mir neulich passiert, und ich habe mich entschlossen zu warten. Und das war auch gut so. Denn hin und wieder ist es wichtig, sich zu erinnern, dass die Zeit dort in der Provinz langsamer läuft und dass man das Land und seine Menschen eigentlich erst dann wirklich wahrzunehmen vermag, wenn man sich auf ihre Geschwindigkeit einlässt.

51. Grund

Weil es ein Prag jenseits der Geheimtipps gibt

Prag wird gerne in Bildern beschrieben. Das *Goldene Prag* etwa spielt auf die legendäre Ära der Goldmacher an und evoziert Bilder von der goldenen Verzierung auf den Dächern des Nationaltheaters und des Nationalmuseums. Das *Prag der hundert Türme* ist eine treffende Bezeichnung für die zahllosen Kirchtürme, Stadttore, Erker und Spitzdächer von der Burg bis weit jenseits der Magistrale. Von der *Stadt der hundert Brücken*, wie es auch genannt wurde, würde ich jetzt persönlich nicht sprechen, zumal einige der Brücken so renovierungsbedürftig sind, dass sie hin und wieder gesperrt werden müssen. Ein Steg zum Stadtteil Troja ist sogar mitsamt den Fußgängern darauf eingestürzt.

Mit Bloggerkollegen und Reisejournalisten verbindet mich zumeist ein Band der Sympathie, weiß ich doch, wie schwer es manchmal ist, über eine Stadt, die seit Jahrzehnten die Liste der Reiseziele anführt, heute noch etwas Originelles zu schreiben. Wenn dann aber zum x-ten Mal – und für X können Sie eine beliebig hohe Zahl einsetzen – dieselbe abgedroschene Liste als »Geheimtipps« verkauft wird, dann kann ich ein verzweifeltes Aufschluchzen leider nicht mehr unterdrücken.

Viele Tipps gelten natürlich noch immer, auch wenn sie seit 20 Jahren nicht mehr geheim sind. Ins Allgemeine übertragen könnte man vielleicht sagen: Gehen Sie hinaus aus dem inneren Zentrum, gehen Sie in Parks und auf einen Hügel, genießen Sie den Ausblick, gehen Sie auch hinter die Burg und hinter den Hauptbahnhof, und besuchen Sie dieses und jenes Restaurant oder Café, das sich in einem zentrumsnahen, aber nicht von Sehenswürdigkeiten geplagten Stadtteil befindet, eben in der goldenen Mitte zwischen Altstadt und Plattenbausiedlung. Nehmen Sie sich einen dieser kostenlosen Stadtpläne vom touristischen Zentrum, wie Sie ihn in allen Hotels finden, und dann gehen Sie einfach in das erste Viertel, das sich außerhalb dieses Plans befindet. Wenn Sie ein paar Mal europäische Städte bereist haben, machen Sie das ohnehin automatisch richtig.

Wie lauten nun meine persönlichen Geheimtipps? Ich habe keine, denn es gibt keine mehr. Auf der einen Seite hat Prag ein paar Attraktionen für Reisegruppen und für Leute, die alle europäischen Metropolen in einem zweiwöchigen Dauerstress sehen wollen. Und auf der anderen Seite findet sich eine Fülle von Alternativen für Reisende, die mehr in die Tiefe gehen wollen, denen es mehr um das persönliche Erleben als um eine Abhakliste geht und die selbst nicht davor zurückschrecken, irgendwo mal auf Einheimische zu treffen. Dank des Internets finden wir zu jedem Geschmack Listen von Restaurants oder Festivals oder Museen oder Parks, oder wir suchen auf dem Online-Stadtplan nach den hübschen, bunten Icons, oder wir gehen einfach darauflos oder fahren in der Straßenbahn ein Stück mit den Pragern.

Kürzlich habe ich den Artikel einer amerikanischen Autorin gelesen, die offenbar serienmäßig Städte bereist, um dann von jedem dieser Orte als ausgewiesene Expertin zu berichten. Das »wahre Prag« schloss nicht nur das Prager Atelier einer New Yorker Künstlerin mit ein, sondern auch ein Lokal in Vinohrady, einem Viertel, das in den Neunzigern noch als das *Montmartre Prags* galt, bis es das typische Ende im Lebenszyklus eines jeden Insider-Viertels ereilte: Es wurde als Geheimtipp so bekannt, bis schließlich die Mietpreise unerschwinglich wurden.

Vor ein paar Jahrzehnten waren die westlichen Währungen noch so stark, dass man hier von einer Handvoll Erspartem monatelang von Bier und Bagels leben konnte, ohne sich mit Gedanken über

Erwerbsarbeit belasten zu müssen. Diese Expatriates lebten zumeist unter sich und entwickelten ihre eigene Infrastruktur aus amerikanischen Coffeeshops und britischen Supermärkten, wo sie englisch sprechen, heimische Produkte kaufen und für ein paar Stunden die Prager Variante von Kundenservice vergessen konnten. Und das alles mit einem Tschechischvokabular, das von der letzten Seite ihres Reiseführers stammte.

Schon nach zwei Wochen unter ihresgleichen waren sie dann in der Lage, in Expat-Kneipen und in Straßenbahnen mit lauter Stimme die tschechische Mentalität vollständig zu erklären und das Land in die geopolitische Gesamtlage einzuordnen. Über den früheren Dissidenten und späteren Präsidenten Václav Havel wussten sie auch so ziemlich alles, mit Ausnahme der korrekten Aussprache seines Namens.

So wie die Welt der Expats einmal aus der Welt der Touristen hervorgegangen war, so sind beide schließlich wieder ineinander aufgegangen. Wer in den Neunzigern gekommen und jetzt noch hier ist, der ist zumeist an einem seiner tschechischen Partner hängen geblieben und wurde von den Schwiegereltern adoptiert. Lebenspartner und Schwiegereltern sind überhaupt die meistunterschätzte treibende Kraft hinter Migrationsbewegungen, und dies sowohl als Pull-, wie auch als Push-Faktor. Heute ist kaum noch auszumachen, ob jemand nur für das Wochenende in Prag ist, oder für ein Semester an einer englischsprachigen Uni, oder für fünf oder 20 Jahre als Büroangestellter.

Heute ist Tschechien vor allem für russischsprachige Reisende und Zuwanderer interessant, da es das westlichste aller slawischsprachigen Länder ist, in dem das Leben so klappt, wie man es sich auch daheim wünschen würde. Doch auf den touristischen Markt drängen bereits die Chinesen, die zunehmend von spezialisierten Reiseveranstaltern als wirtschaftlicher Faktor entdeckt worden sind. Die Kunst besteht offenbar in der Lösung der paradoxen Aufgabe, wie man die Gäste durch ein Land führt, ohne sie mit diesem Land überhaupt in Kontakt treten zu lassen. Da Authentizität vermutlich kein Kriterium darstellt und ohnehin nur für Probleme sorgt, empfehle ich den Aufbau eines tschechischen Freilichtmuseums vor den Toren Prags.

Und jetzt ist es doch Zeit für einen Tipp: Lassen Sie sich Prag nicht vergraulen, sondern betrachten Sie die anderen, also die wirklich schlimmen Touristen einfach als zusätzliche Attraktion. Und sehen Sie sich auch die weniger bekannte Orte an. Wo Sie die finden, das erfahren Sie überall, nur nicht hier.

52. Grund

Weil die interessantesten Gassen versteckt verlaufen

Das Wetter in Mitteleuropa kann dermaßen schmuddelig sein, dass uns jeder Schritt ins Freie Überwindung kostet. Da ist es verständlich, dass ein Großteil der sehenswerten Gassen gar nicht unter freiem Himmel verläuft. Historische Passagen prägen das Bild des Zentrums gerade in Prag, aber auch andere tschechische Städte können schöne Exemplare vorweisen, wie etwa die *Alfa-Passage* am zentralen Platz *Náměstí Svobody* in Brünn.

Heute übernehmen oft Einkaufszentren eine ähnliche Funktion. Die alten Passagen sind aber dennoch etwas völlig anderes. Zum einen fühle ich mich in ihnen nicht wie ein Kunde, sondern wie ein Passant. Ich kann dort hindurchgehen, ohne das Gefühl zu haben, dass irgendeine Firma etwas von mir will. Zum anderen sind sie einfach architektonisch völlig anders gestaltet. Hier geht es nicht vornehmlich um die Präsentation von Produkten und Marken, denn die Gänge und Hallen bilden an sich schon eine Attraktion, die oft sogar im Vordergrund steht.

Während moderne Einkaufszentren oft über ein Multiplexkino verfügen, gibt es interessanterweise auch bei den tschechischen Passagen etwas Ähnliches: Auffällig viele von ihnen besitzen nämlich ein eigenes Theater, manche sogar mehrere. Nicht nur dieser Eigenheit ist es geschuldet, dass ich für die Prager Passagen von Beginn an eine große Schwäche habe.

Passagen sind einfach sehr viel geheimnisvoller als die Glaswände eines Shoppingcenters. Ich genieße das Gefühl, durch die Häuser hindurchgehen zu können, dabei mehrere Gänge hintereinanderzureihen und dann in völlig anderen Straßenzügen herauszukommen. Einige Exemplare sind wahre Schmuckstücke, während andere, wie die *Štěpánská pasáž*, verkommen und schmuddelig wirken.

Die Prager Passagen häufen sich um den Graben (Na Příkopě), am Wenzelsplatz (Václavské náměstí) und dann in Richtung Národní třída und Karlsplatz (Karlovo náměstí). Ein paar kleinere finden sich auch beim *Kulaťák*, wie er im Volksmund heißt, also am Kreisverkehr des Vítězné náměstí in Dejvice und an anderen Orten. Suchen Sie einfach nach den gestrichelten Linien auf dem Stadtplan von *Mapy.cz*, der auch auf Deutsch verfügbar ist und von Wanderrouten bis hin zu Sehenswürdigkeiten alle Informationen enthält.

Die vielleicht kurioseste aller Prager Passagen hat keinen Namen. Sie befindet sich zwischen dem Franziskanergarten, der Palackého-Straße und der Vodičkova. Von der Vodičkova kommend gelange ich zunächst durch das Atrium eines modernen Einkaufszentrums, *Myšák Gallery*. Nach hinten hinaus mündet es in einen langen Gang, von dem aus ich schließlich nach links abbiege.

Im nächsten Raum befallen mich Zweifel, ob ich nicht vom Weg abgekommen bin. Die Umgebung erinnert an ein etwas altmodisch anmutendes Krankenhaus: Der untere Teil der weißen Wände ist minzgrün gestrichen, und Schilder weisen den Weg zu Treppenhäusern. Ein von der Decke hängendes, rätselhaftes Schild verbietet das Abstellen fremder Fahrzeuge. Zu den Seiten hin befinden sich Räume für Blutentnahme, und im Obergeschoss haben Fachärzte ihre Räume. In der Tat führt dieser Weg durch eine Poliklinik!

Ähnlich versteckt ist eine Seite der *Jindřiská pasáž*, bei der man zunächst quer durch ein Bekleidungsgeschäft muss. Vom Wenzelsplatz kommend geht man an den Rolltreppen vorüber und zwischen den Kleiderständern hindurch bis zur hinteren Seite. Dort muss man an einem Wachmann vorbei und gelangt erst dann in die eigentliche Passage.

Der *Palác Lucerna*, also »Palast Laterne«, ist wohl das Vorzeigestück der Prager Passagen. Auch diese Passage befindet sich am Wenzelsplatz, und zwar in der Mitte bei der Straßenbahnhaltestelle. Bekannt geworden ist sie nicht nur durch ihre aufwendige Jugendstilausstattung, sondern auch deshalb, weil der Großvater des früheren Präsidenten Václav Havel daran mitgewirkt hatte. Das Gebäude sollte ursprünglich als Eishockey-Stadion dienen, aber diese Pläne wurden glücklicherweise fallen gelassen. Für heutige Ansprüche wäre der Raum viel zu eng geworden.

Zu einem Markenzeichen der *Lucerna*-Passage ist die von der Decke hängende Skulptur von David Černý geworden: Der Heilige Wenzel reitet dort auf einem umgedrehten Pferd. Die Originalstatue befindet sich draußen unterhalb des Nationalmuseums, allerdings sieht dort das Pferd noch etwas frischer aus.

Sehenswert sind neben der Haupthalle auch das Café im ersten Stock, ein Paternoster, der sich immer noch in Betrieb befindet, und das Dach, das sich hin und wieder besichtigen lässt und das wie das Deck eines großen Schiffes gestaltet worden ist.

Durch einen unauffälligen Seitengang kommt man von der *Lucerna*-Passage in die weitläufige Passage *U Nováků*, die aus mehreren Hallen und Eingängen besteht und deren Gänge das gesamte Gebäude zu untertunneln scheinen. Anders als nebenan herrscht hier eine Atmosphäre der Ruhe und Sachlichkeit, und die Läden und Cafés wirken so, als hätten sie hier hundert Jahre überdauert. Sehenswert ist etwa das Café mit der Buchhandlung von *Řehoř Samsa,* zu Deutsch Gregor Samsa, vor dem Sie auch draußen sitzen können, insofern sich das bei einer Passage überhaupt sagen lässt.

Gleich in der Nähe jenseits der Straßenbahngleise finden Sie die Passagen *Alfa* und *Světozor*. Die Alfa-Passage ist gut an dem Tesla-Logo in dem großen stirnseitigen Fenster zu erkennen (siehe Grund 91).

Nicht alle Passagen sind jedoch bunt und verspielt. Die Passage bei der Nationalbank am Graben (Na Příkopě) etwa ist sachlich und repräsentativ, mit dem Charme einer Schalterhalle. Sehr viel anders würde man es wohl auch von einem Geldinstitut nicht erwarten. Das Bodenmuster erinnert mich ein wenig an eine Leichtathletikanlage, so als seien hier schon die Bahnen vorgegeben, falls mal jemand zum Eingang sprinten muss.

Dies ist jedoch nicht die einzige Passage, die wir einer Bank verdanken. Am *Jungmanovo náměstí* sieht man einen repräsentativen Eingang, hinter dem sich die Passage des *Palác Adria* befindet. Der Name bezieht sich auf die italienische Versicherungsgesellschaft *Riunione Adriatica di Sicurtà*. Der Baustil nennt sich *Rondokubismus* oder *Tschechischer Art déco*. Der Name deutet bereits an, dass er als tschechische Eigenheit gilt, und Anfang der 1920er-Jahre bildete er den Nationalstil, bis er schließlich vom Funktionalismus abgelöst wurde.

Falls Sie sich einmal am Prager *Nationalmuseum* am oberen Wenzelsplatz in der misslichen Lage befinden sollten, ein paar Verfolger abschütteln zu müssen, versuchen Sie doch einmal die folgende Fluchtroute: Verschwinden Sie in die Passage des *Palác Fénix* und auf der anderen Seite durch die *Štěpánská-Passage*, dann vom Süden her in *U Nováků*, weiter durch zum *Palác Lucerna,* dort nach links und unter dem hängenden Pferd hindurch, springen Sie zwischen zwei Straßenbahnen über die Straße, gegenüber hinein zu *Světozor* und dann *Alfa*, dann scharf nach links durch den *Franziskanergarten* und hinein in die Poliklinik, hinten wieder hinaus, nach rechts und am Ende der Straße in das Haus *Rosetta*, in dem sich jetzt ein Laden befindet, einmal hindurch, ein Stück nach links in die *Olympik-Passage und quer hindurch*, die *Spálená-Straße* nach links und dann noch, denn sicher ist sicher, an der Haltestelle nach rechts in den schmalen Durchgang mit der Nummer 15 über dem Bogen. Dort auf dem Innenhof finden Sie ein Café, wo Sie endlich Ihren auffälligen Trenchcoat und den Hut ablegen können, und dann kommen Sie im Eck der Opatovická-Straße aus einer Garage wieder heraus. Von dort sind es nur noch ein paar verwinkelte Gässchen bis zur Moldau und der *Sofieninsel*, wo Sie in ein bereitstehendes Tretboot springen können, und dann sind Sie schon so gut wie in Hamburg oder New York. Diesen letzten Teil des Weges überlasse ich Ihrer Fantasie.

53. Grund

Weil Böhmen die schönsten Kurorte hat

Wer in Tschechien von Kurorten spricht, der meint vor allem das Westböhmisches Bäderdreieck. Das umfasst die Städte Karlsbad (Karlovy Vary), Marienbad (Mariánské Lázně) und Františkovy Lázně (Franzensbad). Allein landschaftlich bietet diese Gegend ein Märchenland vom Feinsten, und das reicht von anmutig bis wild romantisch. In dieser reizvollen Umgebung wurden Städte gebaut, die sich gegenseitig mit kunstvollen Bauwerken zu übertreffen suchten, die eine Leichtigkeit des Lebens verkörpern.

Die Kurarchitektur wurde vor allem für Gäste geschaffen, die hier die schönste Zeit ihres Lebens verbringen wollten. Kolonnaden, Trinkhallen, Pavillons, Hotels, Cafés und selbst die Kurparks waren Orte des gepflegten Müßiggangs. Daneben gab es aber auch Sanatorien, denn viele der Gäste kamen mit chronischen Erkrankungen, für die man sich früher kein besseres Heilmittel wusste als die Kraft des Heilwassers und der frischen Luft.

Diese Kurorte bieten auch heute noch eine seltsame Mischung aus Genuss und Siechtum. Hier findet sich alles, was für ein opulentes Leben notwendig scheint, wo man sein graues Dasein vergessen kann. Wenn die Sorge um das eigene Wohlbefinden erst mal befriedigt ist, bleibt nur noch, seine Langeweile zu vertreiben. Und auch dafür gibt es genügend Angebote und Gelegenheiten. Nicht zuletzt steht ja der »Kurschatten«* für ein zweites Leben, in dem man die Zwänge des Alltags abwerfen darf.

Ganz im starken Kontrast zu dem zur Schau gestellten Luxus sieht man aber auch genug Gäste, die dort aus Schnabeltassen lauwarmes Wasser trinken. Muss man sich die verbotenen Reize das Kurleben nun so vorstellen, dass sich die Verliebten hinter den Kolonnaden treffen, während sie hin und wieder einen verstohlenen Schluck aus der Schnabeltasse nehmen? Diese Frage muss wohl offen bleiben.

Das böhmische Bäderwesen hat eine lange Tradition, denn die heilsamen Quellen haben schon seit Jahrhunderten Gäste angezogen. Zunehmend kamen auch verschiedene Attraktionen hinzu, wie etwa Aussichtstürme, Ausflugsgaststätten oder ein solcher Blödsinn wie die *Singende Fontäne* in Marienbad, die in den 80er-Jahren gebaut wurde und die zu farbig angestrahlten Wasserstrahlen Musik aus Lautsprechern spielt. Wieso die Musik aus der Konserve als Gesang bezeichnet wird, leuchtet mir nicht so ganz ein. Aber den Gästen gefällt es und ich befinde mich mit meinem Urteil wohl in der Minderheit.

Der vielleicht schönste Kurort ist Karlsbad, auch wenn dieser Eindruck stark beeinträchtigt wird durch die Folgen seines überregionalen Rufes. Der Ort ist eigentlich nicht für Massentourismus geschaffen, was man vor allem während der Karlsbader Filmfestspiele (Internationales Filmfestival Karlovy Vary) merkt. Die Beliebtheit gerade bei reichen Besuchern aus dem Osten hat die Preise in die Höhe getrieben und das Angebot an Speisen und Dienstleistungen merklich verändert.

Karlsbad bleibt, wie auch Marienbad, aber vor allem durch die schöne Lage und die bezaubernd bunte und filigrane Architektur ein besonderer Ort. Schon zur Zeit der österreichisch-ungarischen

* *Für diejenigen, die nicht mit den Pikanterien des Kurlebens vertraut sind: Ein Kurschatten ist eine Geliebte oder ein Geliebter während der Zeit eines Kuraufenthalts.*

Monarchie war es ein beliebter Kurort, der vor allem durch seine warmen Quellen bekannt geworden ist, deren Temperatur bis zu 72°C reicht. Der Mineralgehalt ist oftmals so hoch, dass er deutlich den Geschmack verändert.

Von ein paar der Quellen habe ich aus reiner Neugierde getrunken. Allerdings hat mich nichts dazu gebracht, eine dieser seltsamen Schnabeltassen zu verwenden. Schnabeltassen sind für mich eigentlich nur dort sinnvoll, wo jemand im Liegen trinken muss, wie etwa in Krankenhäusern. Ich trinke ganz ungehobelt aus der hohlen Hand – wo die Temperatur es zulässt.

Karlsbad ist der Ort der *Oblaten* (siehe Grund 20), der teuren Glas- und Porzellanwaren, aber auch des berühmten *Becherovka*, des süßen Kräuterbitters in der grünen Flasche, der auch als »13. Karlsbader Quelle« bezeichnet wird. Daneben bildet auch der Verkauf von Mineralwasser eines der wichtigsten wirtschaftlichen Standbeine.

Neben den bürgerlichen Tagestouristen sehe ich hier hin und wieder Frauen in Pelzmänteln, die ihre Langeweile auf hohem Niveau pflegen. Speisekarten, Schilder und Immobilieninserate haben russische Übersetzungen oder sind überhaupt nur auf Kyrillisch verfügbar. Karlsbad hat ganz offensichtlich die vermögende Kundschaft aus Moskau und Sankt Petersburg für sich entdeckt.

Auch die Straßennamen klingen alle irgendwie ein bisschen osteuropäisch: *Moskevská*, *Krymská*, *Jaltská*, *Charkovská* bis hin zur *Straße Peters des Großen*. Diese slawischen Straßennamen sind ein häufiges Phänomen in Städten, wo eine ungeliebte deutsche Vergangenheit unter einer extra dicken Schicht verdeckt werden musste.

Karlsbad verfügt sogar über einen internationalen Flughafen, der momentan mit zwei Direktflügen aufwarten kann. Mich überrascht nicht, dass beide Verbindungen nach Moskau führen. Für einige Zeit kamen sogar Flugzeuge aus dem fernen Usbekistan, aber genauso wie eine Linie nach Deutschland hat sie sich nicht lange gehalten. Und auch der Bahnhof sieht recht futuristisch aus, während die an- und abfahrenden Züge dann doch wieder vom alten Eisen sind.

Die böhmischen Kurorte haben eine solche Menge berühmter Gäste gesehen, dass die Liste ein eigenes Kapitel füllen würde. Hier waren Ludwig van Beethoven, Johann Wolfgang von Goethe, Franz Kafka, Frédéric Chopin und Niccolò Paganini zu Gast, um nur einige Kunstschaffende zu nennen. Und auch die Mächtigen der Welt ließen sich hier blicken, so etwa Otto von Bismarck, Fürst von Metternich, Friedrich Schiller, Zar Peter der Große, Wilhelm I. und Marie-Louise von Österreich. Nicht zuletzt trafen sich hier in der unverfänglichen Bäderatmosphäre Diplomaten, um ungestört von Revolutionären die *Karlsbader Beschlüsse* auszuklügeln.

Neben diesen drei wichtigsten Städten im Bäderdreieck gibt es noch eine ganze Reihe anderer Kurorte, gewissermaßen die Bäder zweiter und dritter Klasse. Besonders interessant finde ich Sankt Joachimsthal, auf Tschechisch Jáchymov.

Joachimsthal wurde im 16. Jahrhundert gegründet, nachdem hier größere Silbervorkommen gefunden worden waren. Die Grafen Schlick ließen daraus Münzen prägen, die als *Joachimsthaler* berühmt wurden. Dieser Name machte verkürzt als *Thaler* oder *Taler* und im Englischen als *Dollar* Karriere.

Erst sehr viel später sollte die Stadt wieder in Erscheinung treten, allerdings eher im negativen Sinne. Von den 40er- bis Anfang der 60er-Jahre wurde hier nämlich Uranerz gefördert, zuletzt für das Atomwaffenprogramm der UdSSR. In diesen Bergwerken kamen politische und andere Gefangene als billige Arbeitskräfte zum Einsatz. Die Zwangsarbeiter mussten das Material unter gefährlichen Arbeitsbedingungen fördern und verarbeiten.

Die Stadt erwarb sich darüber hinaus einen Ruf als Kurort, allerdings ist die Wirksamkeit der radonhaltigen Quellen umstritten.

Wenn Sie auch nicht als Kurgast kommen, dann lohnt sich immer noch der Besuch, um einfach durch die Städte zu bummeln, sich ein Kurkonzert anzuhören oder sich in einem Café die Leute anzusehen, die hier vorübergehen.

54. Grund

Weil Prag am Wochenende den Touristen gehört

Haben Sie einmal ein Prager Wohnviertel an einem Sommerwochenende erlebt?

Es ist still. Bedrohlich still. Die sonst so begehrten Parkstreifen sind fast leer. Ganz am Ende der Straße, eigentlich schon am Horizont, sehen Sie einen Passanten vorübergehen. Seine Schritte hallen durch die Häuserschluchten und die Nebenstraßen. Hin und wieder fegt der Wind eine Staubwolke durch die Straßen, und dann trudelt eine aufgeblasene Plastiktüte über den Gehweg, die sich von einem überfüllten Container losgerissen hat.

Um einen vietnamesischen Laden haben sich ein paar Gestalten mit hohlen Blicken und aufgedunsenen Bäuchen versammelt, die dort bedächtig ihre Flaschen leeren. In der lähmenden Hitze sind sie zu träge, um auch nur den Kopf zu drehen. Und sie schweigen, denn es gibt nichts zu sagen, und niemand würde es verstehen.

Da plötzlich zerreißt ein lautes Hämmern und Knirschen die schläfrige Stille. Was auf die Nerven ähnlich wirkt wie ein gigantischer Zahnbohrer, ist das Werkzeug ukrainischer Bauarbeiter, die sieben Tage in der Woche von morgens bis abends Isolierplatten auf die alten Häuser heften.

Das sind die Tage, an denen die schönsten Cafés geschlossen sind und die besten Kneipen um 18 Uhr zumachen. Es sind die Tage, an denen nichts die innere Stimmung besser auszudrücken vermöchte als ein Rudel Hundehaufen, das sich auf dem Gehweg vor dem Haus versammelt hat, um geduldig auf die erste Schuhsohle zu warten, die sich in die weiche Masse hineinversenken wird.

Wer immer ein Auto hat oder sich eine Fahrkarte leisten kann, wer nicht am Boden festgenagelt ist oder völlig den Verstand verloren hat, verlässt am Freitagnachmittag die Stadt. Viele Tschechen fahren zu ihrer Familie, die irgendwo in einem furchtbar idyllischen Dörfchen jenseits der sieben Berge wohnt, wo das Bier noch bezahlbar ist und die Wurst mehr Fleisch als Stärke enthalten soll. Oder sie haben eine Hütte in den Bergen, neben einem atemberaubenden Wasserfall zwischen Wald und Felsen. Und die ganze Hütte haben sie selbst gebaut. Dort wird gegrillt und getrunken und geliebt, und jeder weiß, dass dort das eigentliche Leben stattfindet, während man in Prag doch nur zum Geldverdienen ist. Oder sie fahren mit Freunden wandern, oder klettern, oder saufen, oder treiben irgendeinen Sport. Oder sie schreiben ein Buch.

Am Sonntagnachmittag schließlich fluten die Prager in die Stadt zurück. Das erfordert viel Erfahrung, denn zum einen möchte niemand früher als unbedingt nötig losfahren, zum anderen aber auch nicht im Stau der großen Rückreisewelle enden. Wie ein geschickter Surfer gilt es, dem Kamm der Welle davonzufahren und alle Staus und unvermeidlichen Unfälle hinter sich zu lassen. Manche Leute fahren lieber früher und gönnen sich ein Mittagessen unterwegs, in einem Gasthaus, das als Geheimtipp gehandelt wird. Andere wiederum fahren später und dafür umso schneller.

Wer kein Auto hat, nimmt den Zug am Sonntagnachmittag. Zusammen mit verschwitzten Campern, die drei Tage mit einem Satz Kleidung ausgekommen sind, und slowakischen Studenten, die die Verpflegung für eine weitere Woche im Gepäck haben, zwischen Riesenrucksäcken und Riesenhunden, zwischen Laptops, ungarischen Knoblauchwürsten und einer wachsenden Anzahl leerer Bierdosen, die Beine in die Lücken zwischen Koffern eingezwängt, quält man sich nach Česká Třebova, nach Pardubice, wo die Verspätung schon 20 Minuten beträgt, nach Kolín, wo es schon 30 Minuten sind. Und nach jeder Station entsteht ein Geschiebe und Gedränge auf dem Gang, die Stehenden drücken sich ans Fenster, um jemanden durchzulassen, der einen prallen Rucksack hinter sich herzieht.

Auf dem Prager Hauptbahnhof dann ergießt sich das ganze Chaos auf den Bahnsteig, wogt zu den Treppen und fließt weiter zu den

Bahnsteigen der Metro. Unterwegs kommt es vielleicht zu einer Begegnung mit Touristen, die dort auf ihren Zug nach Wien oder Berlin warten und die glauben, sie hätten in diesen zwei Tagen die Stadt kennengelernt! Dass ich nicht lache!

55. Grund

Weil Tschechien voller Höhlen ist

Das Land hat nicht nur viel über der Erde zu bieten, denn unter der Oberfläche befinden sich ehemalige Bergwerke, Katakomben, Atombunker und Höhlen, von denen viele für Besucher hergerichtet worden sind. Gerade Höhlen sind für mich immer noch etwas ganz Besonderes. Vielleicht ist es nicht jedermanns Sache, eine Stunde lang tief unten im Berg durch felsige Gänge zu wandern, aber mich fasziniert es immer wieder aufs Neue.

Wenn Sie mal einen Tag Zeit haben, besuchen Sie doch die *Punkwahöhlen* in Mähren, nahe der Stadt Blansko. So richtig bekannt sind sie eigentlich durch einen gigantischen eingestürzten Höhlenraum, wo sich heute die Schlucht *Macocha* befindet. Aber keine Sorge, dieser Einsturz ist schon wieder eine geraume Zeit her, und in dem Umland baut man Häuser und Dörfer.

Am Rand der *Macocha* können Sie auf zwei Plattformen treten und von der höheren der beiden 138 Meter hinab in das riesige Loch schauen. Ganz unten in der Tiefe befinden sich zwei kleine Seen. Einer von ihnen führt zu einem fast 35 Kilometer langen Höhlensystem, das damit das längste der Republik ist. Am Grund der *Macocha* verläuft auch ein Stück des Weges durch die *Punkwahöhlen*, der hier kurz ans Freie tritt. Sie können also von oben in die *Macocha* hinab oder von unten in die Höhe blicken. Auch der Blick hinauf ist wirklich ein imposanter Anblick, denn dort unten stehen Sie unter einem riesigen felsigen Vordach.

Der erste Teil der Höhlentour führt durch verschiedene Hallen, in denen vor allem Tropfsteinformationen zu sehen sind. Viele von ihnen sehen aus, als seien dort die Rohre einer Puddingfabrik geplatzt, sodass jetzt die weiße Masse herausquillt und sich über den Boden ergießt. Dann gibt es da die wohl tragischsten aller Gesteine, nämlich einen Stalaktiten und darunter den Stalagmiten, denen nur noch wenig gefehlt hätte, um zusammenzuwachsen. Allerdings hat sich irgendwann die Decke ein Stück seitwärts bewegt, sodass sich die Spitzen selbst bei weiterem Wachstum verfehlen müssten, weshalb sie jetzt als *Romeo und Julia* bezeichnet werden.

Aus diesen Hallen und Gängen tritt man also am Boden der Schlucht ins Freie und fühlt sich wie eine Ameise auf dem Boden einer riesigen Tonne. Wenn Sie von unten genug auf das Stück Himmel gestarrt haben, dann gehen Sie weiter zu dem unterirdischen Fluss *Punkva*, auf dem Sie in Booten den zweiten Teil der Tour gefahren werden.

Die kurvige Fahrt durch die wassergefüllten Tunnelanlagen geht eigentlich relativ flott, und Sie sollten, wenn Sie am Rand sitzen, unbedingt die Hände im Innern halten und den Blick auf die herannahenden Felswände richten. Die ragen nämlich an einigen Stellen über die Bootswand hinweg, und Sie entkommen dem Zusammenstoß mit vermutlich ungleichen Chancen nur dadurch, dass Sie sich schnell auf die andere Seite legen.

Die *Macocha* heißt übrigens auch *Stiefmutterschlucht*, weil der Legende nach eine böse Frau ihren kleinen Stiefsohn hinabgeworfen haben soll. Der jedoch hat es überlebt und wurde gerettet, woraufhin nun die Stiefmutter in die Tiefe geworfen wurde.

Die *Macocha* ist jedoch nicht einmal der tiefste Abgrund des Landes. Die wassergefüllte Höhle *Hranická propast* ist so tief, dass niemand weiß, wie tief sie eigentlich ist. Als man einen Roboter den kleinen See hinabgeschickt hatte, musste man bei 404 Metern Tiefe abbrechen, weil das Kabel zu Ende war. Damit ist sie die tiefste wassergefüllte Schlucht der Welt. Dieser Versuch, die Tiefe zu bestimmen, erhielt übrigens einen witzigen Titel, mit Bezug auf das Internet: »Error 404 – Boden nicht gefunden«.

Die Höhlenverwaltung der Tschechischen Republik hat gleich 14 Höhlen aufgelistet, die für Besucher geöffnet sind. Die meisten befinden sich im östlichen Landesteil, also in Mähren und im tschechischen Teil von Schlesien.

Höhlen sind jedoch nicht nur sehenswerte Orte für Besichtigungen, sondern auch wichtige Fundorte von Steinwerkzeugen und Knochen, die von Tieren und Steinzeitmenschen stammen. In der *Tropfsteinhöhle Koněprusy*, rund eine halbe Stunde westlich von Prag, entdeckte man sogar eine Fälscherwerkstatt aus dem 15. Jahrhundert, in der Hussiten Münzen aus versilbertem Kupferblech geprägt hatten. Offenbar gab es kein besseres Versteck für die ortskundigen Fälscher als die Höhlen.

Wenn Sie sich also einmal vor den Behörden verstecken müssen, suchen Sie sich doch eine der vielen tschechischen Höhlen.

56. Grund

Weil Prag wunderschön ist

Nachdem ich diesen Titel geschrieben habe, gehe ich erst mal instinktiv in Deckung. Jetzt fliegen nämlich die Eier und Tomaten aus der Provinz. »Warum immer nur Prag?«, höre ich es aus den verschiedenen Ecken des Landes rufen. »Es ist nicht immer nur Prag«, rufe ich zurück, nachdem der erste Angriff abgeflaut ist. Aber es ist doch vor allem Prag. Prag ist eben doch Prag, so wie Rom Rom ist und New York New York.

Zur Besänftigung meines Gewissens und um den Dickschädeln im Egerland und hinter den Schloten von Ostrava die Argumente zu nehmen, habe ich ja auch etwas über die Provinz geschrieben. Aber nun muss es einfach heraus, das Bekenntnis: Für mich ist Prag immer noch die schönste, die geheimnisvollste und aufregendste aller tschechischen Städte.

Ich würde nicht einmal daran denken, diese 111 Gründe überhaupt anzufangen, wenn sich anstelle von Prag ein riesiger Baggersee befände und Brünn die Hauptstadt wäre. Dabei mag ich Brünn, aber Prag ist eben doch Prag. Und Brünn ist Brünn.

Vielleicht liegt es daran, dass Prag zu allen Zeiten mit dem Bewusstsein gebaut worden ist, ein Schmuckstück zu schaffen. Nun gut, vielleicht nicht zu allen Zeiten, aber auch die Plattenbauten erfüllen ihren Zweck und sind das Zuhause vieler Menschen geworden, die es sich hier gemütlich gemacht haben. Und Brünn hat auch endlose Plattenbausiedlungen.

Allein schon der Blick über die Moldau auf die Burg sucht wirklich seinesgleichen unter Städten dieser Größe. Das gilt insbesondere in der Morgen- oder Abendstimmung. Ich genieße es immer, mit der Bahn von Pilsen zum Prager Hauptbahnhof zu fahren und dann auf der Brücke einen Blick auf die Burg über der Kleinseite zu werfen.

Aber es muss gar nicht mal das touristische Zentrum sein. In vielen Prager Stadtteilen kann man wunderbar durch die Gassen streifen. *Karlín* hat eine völlig andere Atmosphäre als *Na Bateriích*, aber beide sind faszinierend. In *Vršovice* komme ich in den Park *Heroldovy sady*, wo auf einmal die Giebel der Häuser über den Bäumen auftauchen und mir einfach nur der Atem wegbleibt. Ähnlich ist der Blick im Park *Stromovka* hinauf zum *Statthalter-Lustschloss*.

Oder nehmen Sie einfach diese Myriaden an kleinen Cafés und Kneipen, die alle irgendwie liebevoll gestaltet wurden. Dazu gehört der Bauernmarkt am *Řezáčovo náměstí* oder der Blick von der *Letná-Höhe* hinab auf die Stadtkulisse. Oder besuchen Sie die Gegend um die *Prager Burg* bei Nacht und im Schnee. Es ist oft einfach unwirklich.

Natürlich hat auch Brünn sehr viele Schönheiten zu bieten. Aber Prag ist eben doch Prag.

57. Grund

Weil Tschechien zunehmend barrierefrei wird

Eines Tages, als ich abends in dem Nahverkehrszug zwischen dem Prager Hauptbahnhof und dem Vorort Radotín unterwegs war, kam eine alte Dame zu mir und bat mich darum, ihr bei der nächsten Station beim Aussteigen zu helfen. Kein Problem, dachte ich und ging mit ihr zum Ausgang. Sie wirkte in der Tat klein und zerbrechlich.

Dann aber kam die Überraschung: Die Türen waren nur mit einem extremen Kraftaufwand zu öffnen, etwa so als wollte ich zwei Kommoden auseinanderziehen. Mit einer Hand zog ich einen Griff, mit der anderen drückte ich den anderen, und da bewegten sie sich endlich so weit, dass die Dame aussteigen konnte.

Wenn das einem Mann Ende 20 schon so schwerfiel, wie sollten dann alte Leute oder Kinder damit fertig werden! Und dabei waren die Türen nicht offiziell defekt, denn es war einfach ein bekanntes Manko dieser seltenen Baureihe. Manche Reisende hatten deshalb nur die Wahl, dass sie jemanden um Hilfe baten oder auf den nächsten Zug warteten.

Diese Episode hatte sich in den Neunzigern abgespielt, und die besagten Wagen sind heute bereits außer Betrieb. Sie illustriert das Problem, dass wir Barrieren zumeist erst dann wahrnehmen, wenn sie uns selbst zu schaffen machen.

Ich muss mich da an die eigene Nase fassen, da ich noch gut zu Fuß bin und mich oft von alten Gebäuden oder Zügen verzaubern lasse, von engen Gassen, Treppchen und altmodischer Technik. Der Reiz Tschechiens gegenüber Deutschland besteht für mich zumeist in Aspekten, die sich mit »althergebracht« zusammenfassen lassen. Vieles ist hier einfach nicht perfekt, sondern alt und bewährt. Ja, für wen hat es sich eigentlich bewährt? Haben wir da nicht diejenigen vergessen, die unsichtbar sind, eben weil sie nicht überall hinkommen?

Ich gehöre noch zu denjenigen Leuten, die früher mal Zivildienst geleistet haben. Das war keine leichte Zeit gewesen, aber ich habe erst dadurch den Alltag von Alten, Kranken und Behinderten miterlebt, und ich habe dabei gelernt, dass Behinderung nur eine Frage der Anforderungen ist, die an uns gestellt werden.

Eine Barriere fängt für manche Menschen bereits bei Webseiten und Apps an, an der zum Beispiel schon viele ältere Reisende scheitern. Dass man auf die drei Striche klicken kann und sich ein Menü öffnet, hat man vor 50 Jahren einfach nicht gelernt.

Gerade in den letzten zehn Jahren hat sich da in Tschechien sehr viel verbessert. Die alten Prager Metrostationen aus der Zeit der ČSSR, als Barrierefreiheit noch keinen Architekten oder Stadtrat interessiert hatte, werden nach und nach umgebaut, sodass man nun auch mit Rollstuhl oder Kinderwagen auf die Bahnsteige kommt. Prag hat sogar weltweit einen der höchsten Anteile an barrierefreien Straßenbahnen. Nach und nach werden auch die Haltestellen umgebaut, sodass die Rollstühle von der Hebebühne aus nicht ins Leere stürzen. Bis 2025 soll der gesamte Prager Nahverkehr barrierefrei sein.

Viele Veränderungen sind selbst in Provinzstädtchen zu sehen. Aber natürlich ist es auch heute so, dass ich nur diejenigen Barrieren bemerke, an die ich selbst stoße. Ich hoffe aber, dass die Planer und Entscheidungsträger mit den Interessenverbänden der Betroffenen zusammenarbeiten. Irgendwann werde ich wohl selbst davon profitieren.

58. Grund

Weil es ein Märchenland voll Burgen und Schlösser ist

Irgendwo habe ich mal gelesen, dass die Tschechische Republik das Land mit der höchsten Anzahl von Burgen und Schlössern sei. Ich weiß nicht, ob da wirklich jemand nachgezählt hat, aber es würde mich nicht wundern, wenn es so ist. Es genügt schon der Blick auf die Landkarte, um zu sehen, dass unzählige Orte und sogar Stadtteile eigene Schlösschen, Burgen und Ruinen haben.

Am bedeutendsten sind wohl die *Prager Burg* im Stadtteil Hradschin (Hradčany) und der *Vyšehrad*. Die *Prager Burg* ist von beiden die bekanntere. Dazu trägt zum einen bei, dass hier der Präsident seinen Sitz hat, weshalb die Burg auch eine eigene Burgwache hat, bei der man sich die Wachablösung ansehen kann. Zudem befinden sich im Innern der *Veitsdom* und die *Goldmachergasse*, die an sich schon eigene Attraktionen darstellen.

Dieses Buch ist kein Reiseführer. Alle Details und Empfehlungen über Schlösser und Burgen finden Sie auch in Fachbüchern oder auf entsprechenden Internetseiten. Welche Rolle spielen die tschechischen Burgen und Schlösser nun für mich als jemanden, der sich langsam vom Besucher zum Einwohner gewandelt hat?

Die *Prager Burg* wird in Tschechien fast synonym für das Staatsoberhaupt verwendet. Für dessen Amtssitz konnte sicher kein besserer Ort gefunden werden, denn das eindrucksvolle Gebäude ist von fast allen Stadtteilen aus zu sehen. Wenn ich auf meinen Balkon trete, sehe ich in der Ferne die Spitzen des *Veitsdoms* in den Himmel ragen. In die Burg selbst gehe ich nur, wenn ich Besucher herumführe.

Hin und wieder halte ich mich aber hinter der Burg auf, denn dort bietet sich eine wirklich malerische Umgebung. In den *Hirschgraben*, gleich nördlich der Burg, gelangt man vom oberen oder unteren Ende, oder in der Mitte von der Brücke am Nordeingang der Burg aus.* Der Weg durch das Tal lohnt sich, denn er bietet einen atemberaubenden Blick hinauf auf die mächtigen Mauern.

Im Frühling dann empfiehlt sich der Weg in den prachtvollen *Königlichen Garten (Královská zahrada)* mit dem *Lustschloss der*

* *Je nach Einschätzung der Sicherheitslage durch den Burgherrn finden allerdings Sicherheitskontrollen statt.*

Königin Anna, der sich auf Höhe der Burg jenseits des *Hirschgrabens* befindet. Und schließlich gehe ich gerne am westlichen Ende des *Hirschgrabens* ein paar Meter weiter in die *Neuweltgasse*, auf Tschechisch *Nový svět*.

Das ist eine verwinkelte, kopfsteingepflasterte Gasse, in die sich trotz der Nähe zur Burg nur wenige Touristen verirren. Zum westlichen Ende hin befindet sich ein reizendes Café mit demselben Namen, wo Sie zum Garten hin auf dem Balkon sitzen können, oder auf kleinen Tischchen direkt vor dem alten Haus. Das Café ist übrigens schon so bekannt, dass Sie es nun ruhig auch weitersagen dürfen. Wenn Sie Glück haben, ist noch in einer der Nischen ein Platz frei, ansonsten drehen Sie halt noch eine Runde.

Wenn Sie die Gasse zu ihrem westlichsten Ende gehen, finden Sie dort das Hotel *U Raka* im typischen Blockhausstil der früheren deutschsprachigen Regionen des Landes. Wenn Sie mit dem Vorsatz gekommen sind, ein Foto vor einem Häuschen im Märchenland zu schießen, haben Sie hier den Ort gefunden. Idyllischer geht es wirklich nicht mehr.

Wer zur Besichtigung nach Prag kommt, macht zumeist auch eine Tour zur Burg *Karlstein (Karlštejn)*, rund eine halbe Stunde in Richtung Pilsen. Diese Burg ist gut mit der Bahn und einem anschließenden Fußweg zu erreichen. Wenn *Neuschwanstein* der Inbegriff des Märchenschlosses ist, dann ist *Karlstein* dasselbe als Märchenburg.

Ein weiteres Muss für alle Böhmenreisende ist der Weg nach Böhmisch Krumau (Český Krumlov), das nicht nur zu den überhaupt schönsten Städtchen der Republik gehört, sondern zudem auch über den zweitgrößten Burgkomplex verfügt. Krumau ist ebenso in jedem Reiseführer zu finden, und wenn Sie die Gelegenheit haben, von Prag aus hinauszufahren, kann ich die Reise nur wärmstens empfehlen, und vielleicht sogar mit einer Extra-Übernachtung.

Hier ist nicht der richtige Ort, um eine Liste aller Schlösser und Burgen zu erstellen. Zwei Exemplare finde ich aber so bemerkenswert, dass ich sie noch erwähnen will, und beide liegen außerhalb Prags: das eine, weil es so malerisch ist, und das andere, weil es eigentlich weder Burg noch Schloss ist.

Loket

Eine kurze Fahrt von dem Kurort Karlsbad entfernt liegt das Städtchen Elbogen, auf Tschechisch Loket. Dieser kleine, hübsche Ort thront auf einem Granitfelsen über dem Flüsschen Eger (Ohře). Das Wasser umfließt dabei den Stadtkern fast von allen Seiten, sodass er wie auf einer Halbinsel liegt. Die Altstadt ist auf dem Land daher nur vom Norden her zugänglich. Gleich zu Beginn macht die Eger dabei einen scharfen Knick, sodass sie hier wirklich wie ein Ellbogen aussieht.

Loket ist ein lohnendes Ziel für Tagesausflüge aus Karlsbad. Im Gegensatz zu dem Gedränge in der Kurstadt ist dieser Ort aber ruhig und gelassen. Nirgendwo herrschte Stress, und die Bewohner sind freundlich und zuvorkommend. Viele der Gäste sind per Fahrrad angereist oder mieten sich Boote. Niemand kommt wie in Karlsbad zum Shoppen oder für einen Hauch von Luxus.

Bezaubernd ist nicht nur die kleine Altstadt, die sich auf dem Berg um die Burg herum legt und zu der auch eine Brauerei gehört, sondern auch der Weg auf dem gegenüberliegenden Ufer um die Stadt herum. Dieser Anblick der eng beieinanderstehenden Häuschen mit der Burg auf dem Felsen ist an Zauber kaum noch zu überbieten.

Die Burg lässt sich auch besichtigen, aber die Folterkammern sind mir nur mit einem unfreiwillig komischen Übersetzungsfehler in Erinnerung geblieben. Ein Folterinstrument namens *Eiserne Jungfrau* sei laut deutschem Hinweisschild früher auch als »Rachenmittel« gegen persönliche Gegner eingesetzt worden. Das muss noch vor der Zeit von Mundwasser gewesen sein.

Kuks

Ein Stück hinter Königgrätz liegt das Dörfchen Kuks. Das Schloss, das dort einmal stand, existiert leider nicht mehr. Es befindet sich dort auch keine Ruine, sondern nur eine Leerstelle.

Kuks liegt in einem flachen Tal an der dünnen, weil noch jungen Elbe. Der Wasserlauf ist wie ein Spiegel, eine Symmetrieachse. Von dem einen Hang führt ein schnurgerader Weg hinunter, über eine Brücke und dann den anderen Hang wieder hinauf. Auf der südlichen Seite des Tales ragt ein großes Gebäude empor, das viele Besucher für das Schloss halten. Das wahre Schloss jedoch stand gegenüber auf dem nördlichen Hang und musste leider nach einem Brand abgetragen werden, sodass Sie es sich dort vorstellen müssen.

Kuks ist nicht nur ein außergewöhnlicher Ort vor einer bezaubernden landschaftlichen Kulisse. Es ist eine steingewordene Manifestation einer barocken Lebensphilosophie. Ganz im Stil des barocken Denkens vereinte sich hier eine diesseitige Lebensfreude mit einem fortwährenden Memento Mori, also Hinweise auf die menschliche Vergänglichkeit.

Gegründet wurde dieser Komplex um die Wende zum 18. Jahrhundert von Franz Anton Reichsgraf von Sporck, dem Sohn eines verdienten Feldherrn aus Westfalen. Es überrascht nicht, dass Sporck ein Verehrer des Theaters war. Das gesamte Tal diente ihm als Kulisse, um seine Auffassung von Leben und Tod zum Ausdruck zu bringen, seine Unabhängigkeit zu demonstrieren und nicht zuletzt auch seine persönlichen Feinde zu demütigen. Seine Lieblingsfeinde waren nämlich die Jesuiten, die nicht weit von hier ihr Domizil hatten.

Kuks ist entlang einer Nord-Süde-Achse angelegt, die das Tal durchquert und metaphorisch den zeitlichen Verlauf eines menschlichen Lebens in die räumliche Dimension umsetzt. Das Leben begann hier mit der Taufe. Auf dem Nordhang stand über einer Quelle die Kapelle *Maria Himmelfahrt*. Eine Stufe tiefer folgten das gräfliche Schloss und Kurgebäude, in denen die Gäste wohnten. Der Lebensweg führte dann eine Freitreppe hinab, an deren Seiten Wasser hinabplätscherte. Unten standen weitere Kurgebäude, die an das Elbufer anschlossen. Auf dem Platz vor der Brücke schließlich wurden Bälle veranstaltet.

Die Brücke über das Flüsslein stand wohl für die Lebensmitte. Auf der anderen Seite ging es wieder bergauf. Hier fanden Pferderennen statt, und in einem Pavillon widmete sich der Graf dem Kartenspiel. Die Rennbahn war von 40 Zwergstatuen gesäumt, die die Gesichter seiner Widersacher trugen, die hier dem Spott der Gäste preisgegeben waren. Juristische Auseinandersetzungen zählten neben dem Kartenspiel und der Jagd zu den Leidenschaften des Hausherrn.

Der Lebensweg führte sodann weiter den Hang hinauf auf das Hospital zu, mit der Kirche und einer darunterliegenden Gruft. Das Hospital diente der Wohlfahrt und beherbergte Kriegsveteranen und alte Menschen. Hinter dem massiven Gebäude, das heute den Anblick des gesamten Tals dominiert, folgte ein Garten und, als letzte Station, ein Friedhof. Zu beiden Seiten des Hospitals blickten mahnend die Tugenden und Laster über das Tal – Statuen des bedeutenden Bildhauers Matthias Bernhard Braun.

Sporck soll zuweilen in den Nächten, wenn er in seinem Schloss Karten gespielt hatte, seine Gäste auf den Balkon geführt haben. Von dort blickten sie quer über das Tal direkt in den tunnelartigen Eingang der Gruft, wo in der Ferne das Ewige Licht zu sehen gewesen war. »Seht dort, liebe Gäste«, mag er gesagt haben, »in dieser Gruft werde ich einmal liegen. Und weil ich weiß, wie bemessen das Leben ist, weiß ich auch, es zu genießen.« Und dann spielten sie noch eine Runde.

59. Grund

Weil Prag so viele Dörfer enthält

Bei Prag denken die meisten Leute wohl an die Altstadt und die Kleinseite, an die Karlsbrücke und den Hradschin, an Jugendstilfassaden und mondäne Paläste. Wer in die Außenbezirke hinaus fährt, sieht auch Plattenbausiedlungen, in denen der Alltag der meisten Prager stattfindet. Es gibt dort ganze Viertel, wo moderne Bürogebäude großer Konzerne aufgereiht stehen, wo werktags das Leben pocht und sich nach Feierabend Fuchs und Hase Gute Nacht sagen.

Was ich aber interessanter finde, wovon aber kaum ein Besucher und sicher auch wenig Bewohner etwas mitbekommen, das sind die Ortsteile, die aus eingemeindeten Dörfern bestehen. Manchmal ist nur noch der Name geblieben, aber zumeist findet sich noch irgendwo, vielleicht jenseits einer Schnellstraße oder hinter Hochhäusern verborgen, ein Stück des historischen Ortskerns. Von der Straße führt ein Pfad hinweg, und plötzlich geht man zwischen winzigen Häuschen oder trifft auf einen früheren Fischteich oder eine Kirche.

Der Stadtteil Hostivář etwa schließt einen Stausee und ein stattliches Industriegebiet mit ein. Der Name ist den Pragern vor allem deshalb bekannt, weil dort Straßenbahnlinien enden. Wer aber von dem See aus dem Bach Botič folgt, der kommt durch eine sehr ländlich anmutende Gegend. Das Wasser windet sich schließlich direkt zwischen Häusern hindurch, und über einen kurzen Verbindungsweg gelangt man zu der *Kirche Johannes des Täufers* mit einem freistehenden hölzernen Glockenturm.

Als ich das erste Mal auf diesem kleinen Platz stand, hatte ich den Eindruck, ich sei bereits aus der Stadt hinausgewandert. Dabei befindet sich dieser Ort nicht weit von riesigen Plattenbauten.

Ein Stück weiter führt der Botič fast schon durch urwaldartiges Gelände, wo man über Baumwurzeln und Stämme steigen muss, um auf dem Pfad voranzukommen. Dann fließt der Bach am *Schloss*

Záběhlice vorbei und mündet in einen größeren Fischteich, an dessen Ufer die *Kirche der Jungfrau Maria* steht. Schließlich wird die Gegend städtischer, industrieller, aber immer wieder stoße ich auf Stadtteile mit ihrem ganz eigenen Charakter.

In diesen dörflichen Ortsteilen ist es immer erstaunlich ruhig, und immer wenn ich dort spazieren gehe, liegt irgendwo auf einer Mauer eine Katze, die sich sonnt und zu faul ist, um Reißaus zu nehmen. So auch im alten Ortskern von Písnice, in dem sich ein paar Weiher hintereinanderreihen und wo sich ein Kätzchen fotografieren lässt, während ein paar Anwohner lachend bemerken, dass es sich gerne als Diva gebärde. Písnice ist vielen Leuten nur deshalb bekannt, weil dort ein riesiger Vietnamesenmarkt namens *SAPA* liegt – das »Little Hanoi« von Prag. Kaum einer macht noch die paar Schritte weiter in den alten Ort.

Gleich hinter Písnice beginnt die *Schlucht von Modřany*, was sicher aufregender klingt, als es ist, aber das Tal mit dem Bach ist ein Naturschutzgebiet und auf jeden Fall eine Wanderung wert. Auf dem Gelände befindet sich übrigens auch der einzige natürliche Wasserfall von Prag. Wer den Weg durch Bäume und Gestrüpp nicht scheut, kann die Kuriosität mit einiger Mühe erreichen. Dann jedoch muss man schon sehr genau hinsehen, um den Wasserfall überhaupt erkennen zu können. Aus einer Höhe von etwas mehr als zwei Metern fällt ein doch etwas dünnes Bächlein herab. Da hatte ich mir doch etwas mehr erhofft.

Es gibt Dörfer mit seltsamen Namen wie Hrdlořezy. Die Übersetzung lautet in etwa »Kehlschnitte«, der korrekte deutsche Name war jedoch Kehlen. An manchen Orten steht ein Schlösschen oder eine Mühle. Viele Dörfer wie etwa Prosek sind auf eine gigantische Größe angewachsen, und man muss schon eine Weile suchen, um den früheren Ortskern zu entdecken. Oft ist auch nicht mehr geblieben als ein paar Gebäude, die von historischer Bedeutung waren.

Gerade an Wochenenden genieße ich es, mir einfach ein noch unbekanntes Stück Prags herauszusuchen und dort die Straßen zu erkunden. Zumeist bin ich dann auch nicht weit von einer Gaststätte oder einem Café entfernt, sodass sich der Ausflug angemessen abschließen lässt, bevor ich wieder heim fahre. Und zu Hause habe ich das Gefühl, aus Prag wieder nach Prag zurückgekehrt zu sein. Prag hat eben viele unbekannte Seiten.

60. Grund

Weil viele Marktplätze untertunnelt sind

Vermutlich jede tschechische Stadt hat einen historischen Marktplatz, und viele Orte sogar mehrere. Oft handelt es sich um ein großes Rechteck oder ein lang gezogenes Dreieck, und in manchen Fällen bildet er einen Ring um einen Block Häuser herum. Typisch für diese Plätze sind die Laubengänge in den angrenzenden Gebäuden. Hier wurde früher Handel betrieben, und die überdachten Gänge müssen wohl voller Leben und Treiben gewesen sein.

Diese Marktplätze hatten jedoch neben der wirtschaftlichen auch eine soziale und repräsentative Funktion. Hier lebten nur Bürger, die es sich leisten konnten, und gewöhnlich wurde viel Geld in die Fassaden investiert.

Telč (Teltsch) im Süden der Republik bietet vielleicht eines der schönsten Beispiele für eine solche Innenstadt. Nicht umsonst trägt die Stadt den Titel *Weltkulturerbe der Vereinten Nationen.* Sie ist wirklich eine bezaubernde Bilderbuchstadt, umgeben von weitläufigen Fischteichen und Parks. Im Zentrum habe ich deshalb fortwährend das Gefühl, mich auf einer Insel zu befinden.

Die Häuser zeichnen sich zumeist durch ihre schmalen Fassaden aus. Die große Diele, das Maßhaus, diente als Verkaufsraum oder Werkstatt, und sogar gebraut wurde hier erstaunlich häufig, insofern der Besitzer das Braurecht hatte. Darüber lagen Wohnräume und zwischen dem Vorder- und dem Rückgebäude eine Rauchküche.

Noch Teil des Zentrums ist die Synagoge, die zwar erhalten, aber nicht mehr in Gebrauch ist. Der Weg von dieser inselartigen Innenstadt hinaus ist auf wenige Zufahrten beschränkt, und der Schweizer Gemeinde Belp schließlich verdankt die Stadt einen langen Holzsteg, von dem man einen herrlichen Blick auf die Altstadt und das Schloss hat.

Wie auch viele andere tschechische Städte bietet Telč Besichtigungen des Untergrunds an. Es handelt sich hierbei um Gänge und Räume, die von den Kellern der umliegenden Häuser weiter entwickelt wurden und die miteinander vernetzt sind. Ein Gang führte sogar direkt ins Schloss. Allerdings ist der nicht mehr benutzbar, weil er heute durch den Bierkeller eines Gasthofs führen würde, und dort würden wohl die meisten Besucher verloren gehen.

Diese Räume waren kühl und vor extremen Temperaturschwankungen geschützt, weshalb sie als Lagerräume genutzt wurden. Daneben konnte man auch ungesehen von einem Haus ins andere gelangen, oder aus der Stadt hinaus. Auf diese Weise waren sie natürlich auch als Flucht- und Versorgungswege vorgesehen, falls oben einmal feindliche Heere die Stadt belagert hatten oder das Haus in Flammen stand.

Ich kann mir vorstellen, dass man in den Gängen auch vor den Häschern des Königs entwischen oder der Frau seines Nachbarn einen Besuch abstatten konnte. Unten traf man dann vielleicht auf ihren Ehemann, der gerade in umgekehrter Richtung unterwegs war. Aber das ist jetzt alles reine Spekulation.

Die meisten Gänge unter dem Telčer Marktplatz sind so niedrig, dass ich nur mit gebeugtem Rücken hindurchkomme, wenn ich nicht in der Hocke umherwatscheln will. Hier und dort wurden Requisiten aus einem Trödelladen platziert. Es ist keine echte Gruseltour, aber vielleicht kann man ja seine Kinder hineinschicken, damit sie etwas Tolles entdecken, während man oben bei einem Bier Wetten abschließt, ob sie es zurück schaffen.

Viele Gänge enden als Sackgassen oder an verschlossenen Gittern. Mich erstaunt, dass hier kein Grundwasser steht, da der Ort ja von

Wasser umgeben ist. Als ich aus dem Gang wieder ins Freie trete, muss ich meinen Rücken behutsam auseinanderbiegen. Dort unten zu leben wäre eine Strafe.

Im böhmischen Mělník, wo die Moldau in die Elbe mündet, sind die Gänge direkt an einen Brunnen angeschlossen, und in Znojmo (Znaim) umfasst der Untergrund sage und schreibe 27 km auf vier Ebenen. Das ist schon eine ganze Parallelstadt, etwa so wie in vielen Science-Fiction-Filmen mit ihren düsteren Zukunftsvisionen. In Jihlava (Iglau) erreichen die Gänge zumindest 25 km, und auch Brünn (Brno) und andere Städte haben ihre Katakomben.

Früher sollen einige der Gänge, die dicht unter der Oberfläche lagen, durchaus auch mal eingebrochen sein. Und jederzeit kann es wieder passieren. Wo eben noch laut johlend ein Junggesellenabschied gefeiert wurde, befindet sich jetzt ein tiefes Loch. Man braucht es nur noch zuzuschütten.

61. Grund

Weil man so billig durch das Land reisen kann

Manchmal fällt mir in Prag die Decke auf den Kopf, und ich fahre in eines der umliegenden Städtchen hinaus. Wenn ich keine Lust auf lange Reisen habe, bieten sich etwa Kutná Hora (Kuttenberg) oder Mělník an. In 40 bis 50 Minuten bin ich dort und abends wieder zurück.

In Kutná Hora wurde früher einmal Silber aus der Tiefe geholt, weshalb es die Stadt zu einigem Reichtum gebracht hatte. Mit ihrer Kathedrale gehört sie zum Weltkulturerbe der UNESCO, und ihre Gassen am Südhang sorgen für eine mediterrane Atmosphäre. Mělník liegt in nördlicher Richtung, und zwar dort, wo die Moldau in die Elbe mündet. Sehenswert ist außerdem das Café in dem Turm über dem Stadttor, wo die Speisen und Getränke mit dem Seilaufzug hinauf und hinab geschickt werden.

Während ich in vielen anderen Ländern vor jeder Fahrt erst mal die Kosten überschlagen müsste, ist das in Tschechien überhaupt kein Problem. Der Überlandbus nach Mělník kostet rund 1,80 Euro und nach Kutná Hora 2,60 Euro. Wenn ich im Schnellzug nach Pilsen (Plzeň) fahre, kostet mich das rund drei bis vier Euro. Und die Sitzplatzreservierung ist schon mit dabei.

Bei der Tschechischen Bahn muss man zumeist online buchen, um in den Genuss der günstigen Preise zu kommen. Und auch frühes Buchen zahlt sich oft aus. Bei den kleineren Busverbindungen kauft man die Fahrkarte einfach beim Fahrer. Das heißt, dass Sie oft schon 15 Minuten vor Abfahrt an der Haltestelle sein müssen, wenn Sie einen Sitzplatz wollen.

Zudem fahren in Tschechien zahlreiche Privatbahnen und Fernbusse, für die Sie Fahrkarten online buchen können. Für umgerechnet rund 20 Euro fahre ich in Tschechien einmal quer durch die Republik.

Natürlich können zu dem Preis keine Hochgeschwindigkeitszüge erwartet werden. Die tschechischen Züge fahren nur maximal 160 km/h, obwohl viele Lokomotiven und Wagengarnituren mehr schaffen würden. Und in den Bussen ohne Reservierung kann es passieren, dass Sie die Fahrt halb stehend, halb am Haltegriff hängend verbringen. Aber das passiert eigentlich nur zu den Stoßzeiten.

62. Grund

Weil es überall WLAN gibt

Ich würde mich jetzt nicht als »Digitalen Nomaden« bezeichnen, aber es ist doch unzweifelhaft, dass ich vom Internet ähnlich abhängig bin wie vom allmorgendlichen Kaffee. Das fängt mit ganz simplen E-Mails und Chats an, die für mich umso wichtiger sind, als der Großteil von Familie und Freunden weit weg lebt. Und es reicht bis zum Wetterbericht, zur Verbindungsauskunft der Prager Verkehrsbetriebe bis hin zum Online-Ticket der diversen Verkehrsbetriebe. Und dann habe ich ja noch meine Blogs und die andere Arbeit, die ohne Internet nicht auskommen.

Das mobile Datennetz in Tschechien ist ungefähr genauso rückständig wie das in den Nachbarländern. Deutschland hält ja sehr viel auf seinen Ruf als Technologiestandort, aber wenn ich bei meinen Eltern zu Besuch bin und auf dem Handy-Display nur ein schüchternes »E« neben einem sehr kurzen Balken aufflackern sehe, weiß ich, dass ich genauso gut mein altes Modem aus den Neunzigern hervorkramen und in die Telefonbuchse stöpseln könnte. Entlang vieler wichtiger Bahnstrecken gibt es sogar komplette Sendelöcher. Aber auch in Tschechien scheinen ganze Landesteile von der digitalen Entwicklung abgekoppelt zu sein.

Deshalb bin ich froh, dass in Tschechien so viele Betriebe kostenloses WLAN anbieten. WLAN heißt hier »Wifi«, und es wird zumeist so ausgesprochen, wie man es schreibt: nämlich mit »i«. In Prag braucht man sich nur in ein Café, Restaurant oder Kaufhaus zu begeben und unter den verfügbaren Netzwerken zu suchen. In aller Regel wird man in Kürze fündig. Manchmal muss man noch das Passwort erfragen. Das funktioniert in der urböhmischen Kneipe genauso wie im vietnamesischen Bistro oder im Bitcoin-Café.

Das ist etwas völlig anderes, als ich aus Deutschland gewohnt bin. Vielleicht darf ich dort unterwegs für 30 Minuten meine Mails durchgehen. Danach muss ich mich mit einem Kundenkonto anmelden. Oder ich werde gleich dazu aufgefordert, meine Kreditkarte zu zücken. Die vielen Reisenden scheint man vergessen zu haben, denn wer sich nur kurz in Deutschland aufhält, wird sich wohl kaum einen monatlichen Tarif kaufen wollen. Aber auch dort ist der Fortschritt nicht aufzuhalten, und immer mehr Betriebe können heute ihren Gästen eine unkomplizierte Internetverbindung anbieten.

Kostenloses WLAN ist in Tschechien sogar in vielen Bussen und Bahnen verfügbar. Und dieser Service reicht sogar über die Grenze: Denn die tschechischen EuroCity-Wagen, die bis nach Berlin und weiter fahren, bieten sogar auf der deutschen Seite der Grenze eine Internetverbindung.

63. Grund

Weil Tschechien sicher ist

Neulich habe ich einen Lieferwagen auf dem Zebrastreifen mit der bloßen Hand angehalten. Der Fahrer, langhaarig und unrasiert wie der Mann in der Werbung für eine tschechische Bank, blickte starr durch mich hindurch, aber irgendwie musste er wohl den Druck meiner Hand gefühlt haben, der von meinem ausgestreckten Arm ausging und der sich über die Motorhaube auf die Karosserie, das Gaspedal und auf seinen Fuß übertrug. Plötzlich stand der Wagen, und ich konnte unbehelligt auf die andere Straßenseite wechseln. Nichts war mir passiert.

Diese kleinen Erlebnisse dienen der Ermahnung, dass auch Zebrastreifen keine roten Teppiche darstellen und schon gar nicht als Versprechen zu verstehen sind. Nicht umsonst sind sie ja gestreift, was wohl für das Wechselhafte steht: Mal funktionieren sie, mal nicht. Am ehesten sind sie mit dem Postamt vergleichbar: Man zieht eine Nummer und wartet, bis man drankommt.

Wenn man von den Gefahren des Reisens in Tschechien spricht, ist zumeist nicht die Rede von Fahrern, die Fußgänger als Teil des Straßenbelags verstehen. Oft geht es um Taxifahrer, die für die Fahrt vom Flughafen ins Zentrum einen Betrag abrechnen, in dem die Reinigung des Flugzeugs mit inbegriffen zu sein scheint. Es geht auch um das berüchtigte Gedränge an den Metrotüren, wenn die hinteren Leute hinauswollen und diejenigen an der Tür erstaunlich begriffsstutzig stehen bleiben, bis sich ganz plötzlich der Stau in Luft aufgelöst hat, und mit ihm das Portemonnaie und die Kamera.

Diese Beispiele stammen, wohlgemerkt, aus Prag. Dieses Schmuckstück von einer Stadt zieht natürlich Massen an Touristen an, und diese wiederum locken böse Geister an, die hier ihr Unwesen treiben.

Wie aber ist das zu erklären: In den Prager Cafés ist es völlig normal, dass Gäste ihren Laptop auf dem Tisch stehen lassen, wenn sie aufs Klo gehen. Und wenn ich meine Stamm-Pension im nordböhmischen Hořice buche, dann werfe ich bei der Abreise den Schlüssel in den Briefkasten, weil die Betreiberin den Tag irgendwo anders verbringt. Ganz eindeutig basiert auch hier das Zusammenleben auf gegenseitigem Vertrauen, und anders wollen es die Leute auch gar nicht.

Reisen in Tschechien ist sicher, wenn Sie sich nicht naiv verhalten oder extrem Pech haben. Die Zeiten sind vorbei, als Sie überall Geldwechsler und Taxifahrer abwimmeln mussten, als für Ausländer ganz offiziell andere Preise galten und als die Autos und Handys der Touristen noch wertvoller waren als die der Einheimischen. Gewaltverbrechen sind selten. Die Mordrate pro Einwohnerzahl ist hier laut UNODC (dem Büro der Vereinten Nationen für Drogen- und Verbrechensbekämpfung) etwa halb so hoch wie in Deutschland, und immer noch geringer als in Österreich, das bereits für seine mordunlustige Bevölkerung bekannt ist.

Also, hüten Sie Ihre Wertsachen, wenn Sie sich an Orten befinden, wo viele Touristen herumlaufen, seien Sie misstrauisch im Gedränge, und parken Sie den Wagen besser in einer Garage oder auf einem bewachten Parkplatz, wenn Sie die Umgebung nicht kennen. Das sind so die Ratschläge, die wohl für jede europäische Großstadt gelten, und so auch in Tschechien.

64. Grund

Weil die Landschaft zu jeder Jahreszeit schön ist

Obwohl ich das Meer liebe, gibt es doch Zeiten im Winter, in denen es auf mich so viel Reiz ausübt wie eine schlammige Pfütze bei Regen. Die Rede ist natürlich von der deutschen Küste, die nicht gerade für ihre palmengesäumten Strände bekannt ist. Ich erinnere mich da an einen Besuch um die Weihnachtszeit an der Ostsee, in einem Badeort. Es war ein Abend, kalt, düster und zugig, und die sprichwörtlichen Gehwege waren alle hochgeklappt.

Manche Gegenden entfalten ihren Reiz nur bei bestimmten Wetterlagen oder zu bestimmten Jahreszeiten. In Tschechien ist das irgendwie anders. Hier gibt es weder ein Meer noch alpine Felsengipfel, alles ist hier Mittelgebirge, mal sanfter und mal wilder. Aber diese Dörfer und Städtchen, Hügel und Wege sind bei jeder Jahreszeit bezaubernd.

Das Ende des Winters ist hier ein richtiges Ereignis, das nicht nur mit ein paar schüchternen Krokussen beginnt und dann mit grünen Bäumen weitergeht. Es gibt nur wenige Orte, in denen der Frühling so kräftig hervorbricht wie in Böhmen und Mähren. Mitte April etwa prangt die Sakura-Allee vor dem Uni-Gebäude in Königgrätz voll üppiger, riesiger Dolden von Blüten in weißlichem Rosa, und auch viele andere Städte werden von Blüten förmlich überflutet.

Die Sommer sind hier wie in südlichen Ländern. Es ist heiß und trocken, man sitzt in den Hinterhöfen der Cafés oder verdrückt sich aus der Stadt ins Grüne. Das Land hat etwas Unwirkliches, wenn die Luft in der Hitze flimmert und die Dörfer mittags wie ausgestorben sind. An diesen Tagen ist es herrlich, die Kühle der Wälder zu genießen. An den vielen Hängen gibt es zahlreiche Bächlein und Wasserläufe, und Seen laden zum Baden ein.

In Prag ist das die Zeit, wo man abends noch in Parks oder auf dem Balkon sitzen kann. Manchmal baut sich die Schwüle zu einem abendlichen Sommergewitter auf, und über Nacht geht ein erfrischender Regen nieder, wie ein nächtliches Konzert.

Der Herbst ist die Zeit der Pastellfarben. Besonders der Oktober ist ein wunderbarer Monat, um Überlandfahrten zu unternehmen. Nicht nur, dass die Kronen der Bäume in kräftigem Gelb und Rot erstrahlen. Der morgendliche Dunst verwandelt alle Gegenstände in farbige Schemen, und die flache Sonne verzaubert die schlafenden Ortschaften.

Den Winter habe ich hier nur selten grau und matschig erlebt. Die Temperaturen fallen immer mal wieder auf minus zehn oder 15 Grad. Die hügelige Landschaft sieht gerade unter einer dicken Schicht Schnee extrem reizvoll aus, aber auch die Städte wirken gerade zur Vorweihnachtszeit wie Ansichtskarten aus dem Märchenland. Stellen Sie sich nur einen böhmischen Weihnachtsmarkt im Schnee vor!

In Prag kommt es bei Frost auch immer mal wieder zu nächtlichem Regen. Das führt zwar stets zu einem Verkehrschaos, und auch als Fußgänger habe ich dann meine Mühe, mich auf den Beinen zu halten. Allerdings sehen die vereisten Zweige der Bäume ganz zauberhaft aus, und von den Stromabnehmern der Straßenbahnen blitzt es, wenn sie auf der nächtlichen Fahrt die Eiskristalle abstreifen.

Gerade wenn Sie gerne fotografieren, werden Sie hier zu jeder Zeit schöne Motive finden: von Landschaft über historische Schlösse bis hin zu avantgardistischen Gebäuden. Mit einem Stativ und einer langen Belichtungszeit können Sie zudem wunderbare Nachtfotos schießen, etwa von Städten unter dem Schnee.

Und wenn es doch einmal kalt und verregnet ist, gönnen Sie sich einfach einen Tag unter einem schützenden Dach, etwa in einem Café oder Wirtshaus. Denn auch hier ist es schön und unvergesslich.

6. Kapitel

Kultur

65. Grund

Weil Gott ein Herz für Bienen hat

Wenn ich eine Definition von Inbrunst geben sollte, würde ich es mir ganz leicht machen und einfach das Lied von der *Biene Maja* vorspielen. Und welches Wort könnte dafür besser geeignet sein als »Mmmmaaajaaaaaa«.

Die Biene Maja – dieses Lied steht für die Stimme mit dem geheimnisvollen Akzent aus einem unbekannten Land, die eine ganze Generation von Kindern geprägt hat. Da hat doch tatsächlich jemand ein ganzes Lied auf Deutsch geschrieben, in dem kein einziges Ü vorkommt. Wie geschaffen für den tschechischen Sänger Karel Gott, dem man wirklich Respekt dafür zollen muss, in einer solch fremden Sprache berühmt geworden zu sein.

Karel Gott ist ein Mann voller Widersprüche. Es fängt schon damit an, dass er als gebürtiger Pilsener als die »goldene Stimme aus Prag« bezeichnet wird. Seine Karriere war beispiellos und begann bereits in jungen Jahren. Als goldene Kehle kam er in den Genuss vieler Freiheiten, die in der Zeit des Eisernen Vorhangs nicht jedem vergönnt waren. In den 60er-Jahren unternahm er Reisen nach Westeuropa und sogar bis nach Las Vegas. Im Jahr 1968 repräsentierte er Österreich beim *Grand Prix Eurovision de la Chanson*, was ihn als Mann kennzeichnet, der auf allen Bühnen zu singen weiß.

Während viele seiner Landsleute nach dem Prager Frühling als Verfolgte und Flüchtlinge im Westen blieben, kehrte Gott freiwillig in die Tschechoslowakei zurück. Offenbar war dies doch die Bühne, wo er sich zu Hause fühlte. Gott war zudem eine der vielen Persönlichkeiten des öffentlichen Lebens, die sich zur Zeit der Normalisierung hinter die Regierung stellten.

Seine guten Beziehungen zum kommunistischen Regime wurden ihm später zum Vorwurf gemacht, aber der Klang seiner Stimme scheint doch alle Kritiker verstummen zu lassen. Gott beteuert heute seine guten Intentionen und bezeichnet sich als Opfer von Manipulation.

Anders als in Deutschland, wo er vor allem als der Mann bekannt ist, der mit emotionalem Überdruck eine Biene besingt, wird er daheim gar nicht mal der volkstümlichen Knödelsparte zugerechnet. Er ist dort einfach ein extrem populärer Sänger des Mainstreams, der als einziger Interpret die tschechische Auszeichnung *Diamantene Schallplatte* verliehen bekam. Gott hatte sogar bereits zu Lebzeiten sein eigenes Museum namens *Gottland*, das jedoch nach drei Jahren aus finanziellen Gründen schließen musste. Da ist es dem Sänger offenbar besser ergangen.

In Tschechien gilt Gott nicht nur als stilsicherer Sänger, sondern auch als Mann mit Appeal, der sogar mit James Bond verglichen wurde. Als ich ihn in einer Show im weißen Smoking als Gentleman-Spion auftreten sah, hatte ich es zunächst für einen typischen Fall von tschechischem Humor gehalten, wo man sich auch mal selbst auf die Schippe nimmt. Aber dann ist mir aufgegangen, dass hier kein bisschen Ironie im Spiel war. Anders als bei uns ist der Mann dort eben nicht durch eine Kinderzeichentrickserie berühmt geworden.

Bezeichnenderweise hat Gott das Alphaville-Lied *Forever Young* aus den Achtzigern wiederbelebt und es zuerst als tschechische Version und dann unter dem Titel *Für immer jung* auch auf Deutsch herausgebracht. Im Jahr 2008 kam sogar eine Rap-Version heraus, die auf seinem Lied aufbaute. Diese generationenübergreifende Verbindung von Musikrichtungen hatte Gott wohl so wörtlich genommen, dass er noch im selben Jahr eine Frau geheiratet hat, die jünger war als seine ältere Tochter aus einer früheren Beziehung.

Karel Gott ist ein raumloses, ein zeitloses Phänomen. Er ist in den unterschiedlichsten Ländern zu Hause, gedeiht unter den verschiedensten Regierungen und erfreut sich der Zuneigung vieler Generationen.

Und so hat das atheistischste Land Europas nun doch noch seinen Gott bekommen, dem es offen huldigen darf. Es ist schön zu wissen, dass er seinen Landsleuten das zu geben vermochte, wonach ihre Seelen gedürstet haben. Mir jedoch reicht die Erinnerung an »Mmmmaaajaaaaaa«.

66. Grund

Weil hier die schönsten Kinderserien gedreht wurden

Als ich ein kleines Kind war, sah ich einmal im Fernsehen etwas ganz Merkwürdiges: Ein Mädchen reiste in einem Flugzeug und blickte durch das Fenster auf die Tragfläche. Dort draußen stand ein freundlicher Herr im Anzug mit einem runden Hut. Während des Fluges ging er auf dem Flügel umher und kam sogar ans Fenster.

So etwas ist doch gar nicht möglich!, hatte ich mir damals gedacht, denn so weit kannte ich mich schon mit Flugzeugen aus. Aber irgendwie war es trotzdem faszinierend. Später zeigte sich, dass dieser seltsame Herr zaubern konnte, indem er mit den Fingern auf seine Melone klopfte und die Krempe entlang strich. Es hatte etwas von *Mary Poppins*, aber es wirkte viel natürlicher, wie eine Selbstverständlichkeit. Die Vorstellung war unglaublich verlockend, denn wenn man diesen Herrn zum Freund hätte, wären eigentlich alle Probleme gelöst.

Damals hatte ich die Begegnung mit *Herrn Tau* gemacht, auf Tschechisch *Pan Tau*. Diesen Herrn Tau hatte ich als Kind immer für einen Engländer gehalten, vielleicht wegen seiner Kleidung und des Schirms, aber in Wirklichkeit war er ein Tscheche. Der wortkarge Gentleman war immer zu Unternehmungen und Streichen aufgelegt und half Kindern, die in der Welt der Erwachsenen Schwierigkeiten hatten. Zuweilen verwandelte er sich in eine Puppe und konnte auf diese Weise unauffällig umhergetragen werden.

Pan Tau war eine tschechoslowakisch-deutsche Koproduktion aus den 70er-Jahren, die bereits mit einem Pilotfilm im Jahr 1966 begonnen hatte. Der Gentleman auf der Tragfläche hatte mich damals so sehr beeindruckt, dass mir das Bild immer noch einfällt, wenn ich heute aus dem Flugzeugfenster auf eine Tragfläche blicke. Ich überlege mir, ob ich mich nach so langer Zeit auch an deutsche Kinderserien erinnere? Vermutlich nicht. Jedenfalls fällt mir keine ein. Dafür gleich eine ganze Reihe weiterer tschechoslowakischer Kinderserien.

In den 80er-Jahren wurden etwa der *Der Fliegende Ferdinand*, der im Original Čestmír hieß, *Luzie, der Schrecken der Straße*, *Die Märchenbraut* (im Original *Arabela*) und dann noch eine Serie mit rätselhaften Tintenfischen ausgestrahlt. Oft wurden darin Puppen oder Knetmasse animiert, und sie kamen ohne hollywoodreife Special Effects aus. Alle diese Serien hatten gemein, dass sie mit fantastischen Einfällen den grauen Alltag der Erwachsenen in eine bunte Welt verwandelten.

Ich denke, dass die tschechischen Filmemacher ihre Ideen einfach im realen Leben gefunden haben, in dem sie selbst den Drang verspürten, mit verrückten Einfällen eine beengende Normalität zu durchbrechen. Wir dürfen nicht vergessen, dass die 70er- und 80er-Jahre in der Tschechoslowakei die Zeit der Normalisierung waren.

Wenn ich mir die Produktion von Kinderserien in Deutschland vorstelle, sehe ich im Geist immer ein großes Lehrbuch der Pädagogik auf dem Tisch der Produzenten liegen. Als Kind bekam man gezeigt, wie man zu sein habe: Brav. Antiautoritär. Öko. Zielbewusst. Je nachdem, in welcher Zeit man lebte.

Viele der tschechischen Serien sind einfach irre lustig. Sie beginnen mit irgendwelchen verrückten Begebenheiten, die dann die Wirklichkeit durcheinanderbringen. Der Schüler Ferdinand Trenkel etwa riecht an einer Zauberblume und verwandelt sich in den Doppelgänger seines eigenen Vaters, behält jedoch seine kindliche Stimme und die Art, sich zu bewegen. Das führt natürlich zu komischen Szenen, wenn sich die beiden immer wieder zufällig begegnen und der Vater beginnt, an seinem Verstand zu zweifeln.

Auch beim *Fliegenden Ferdinand* handelte es sich um eine Koproduktion mit Deutschland, die in beiden Sprachen ausgestrahlt wurde. Deshalb wurden einige Szenen zweimal gedreht, mit verschiedenen Aufschriften. Der Friseur in der Serie heißt übrigens auch im Original *Blecha*, also *Floh*.

Jetzt habe ich mir noch einmal ein paar Episoden angesehen, und ich bin eine Weile hängen geblieben. Dabei gibt es Gags, die man vielleicht nur als Erwachsener versteht. So etwa fordert Frau Blecha ihren Mann auf, an der Blume der Gesundheit zu riechen. Er, entrüstet: »Na hör mal, was soll das heißen!« Sie: »Gestern hast du gesagt, deine Galle plagt dich!« Er: »Ach so. Die Galle meinst du.«

Diesen Serien verdanke ich wirklich viele schöne Momente meiner Kindheit. Ohne tschechische Kinderfilme wäre es damals ein gutes Stück ernster und grauer gewesen. Und wenn ich einmal einen Herrn mit Schirm und Melone und mit einer Nelke im Knopfloch freundlich zwinkern sehe, bin ich mir nicht so sicher, ob Herr Tau nicht doch existiert.

67. Grund

Weil Franz Kafka ein Prager war

Franz Kafka und Prag: Der Schriftsteller und die Stadt sind so eng miteinander verbunden, dass heute kaum mehr der eine ohne das andere gedacht werden kann. Kafka wurde nicht nur in Prag geboren, sondern hat hier bis auf wenige Ausnahmen sein gesamtes Leben verbracht und hier fast alles geschrieben, was von ihm überliefert ist.

Die Stadt mit ihren spezifischen Eigenheiten hatte einen wichtigen Einfluss auf sein Werk ausgeübt und fungiert zudem oft als

Hintergrund für seine Erzählungen, Briefe und Notizen. Das reicht von den Routen seiner Spaziergänge bis hin zu Bauwerken, die sich ungenannt als Schauplätze wiederfinden. Der Schriftsteller wurde zudem auch indirekt von den kulturellen Besonderheiten Prags beeinflusst. Er gehörte zur deutschsprachigen Bevölkerung im überwiegend tschechischen Prag, hatte aber rege Kontakte zu Tschechen. Und er beschäftigte sich als Jude zwischen Christen mit der Frage einer Selbstverortung zwischen traditioneller Religiosität und moderner Assimilation.

Umgekehrt wäre auch das heutige Prag nicht dasselbe, hätte hier nicht Kafka gelebt und gewirkt. Am deutlichsten ist das im Tourismusgewerbe zu sehen. Nach Kafka lässt sich so fast alles benennen. Da finden sich ein *Hostel Franz Kafka* und ein *Franz Kafka Apartment*, ein *Kafka Café*, ein *Kafka Snob Food*, eine *Absintherie Square Franz Kafka* und ein *Kafka Museum*. Sein Antlitz ziert Poster, Tassen, Taschen, T-Shirts, Kühlschrankmagnete und was immer sich noch bedrucken lässt.

Wenn Sie einmal der Touri-Karawane von der Dlouhá-Straße über den Altstädter Ring und die Karlsbrücke bis zur Burg hinauf folgen, werden Sie zwischen Marionetten, geschliffenem Glas und Spieluhren auch unzählige Kafka-Devotionalien finden. Wer die kauft, weiß oft noch nicht mal, worum es sich bei dem Herrn handelt: »War das nicht der kranke Typ, der sich in ein Ungeziefer verwandelt hat?« Gerade in den Schnäppchenläden ist Bildung oft nur Nebensache. Warum würden sich in Prag sonst russische Pelzmützen und Matrjoschkas verkaufen?

Bezeichnenderweise handelt es sich auf den Souvenirs immer um ein eher düsteres Bild des Schriftstellers, vereinsamt und geplagt von Depressionen, in Mantel und Hut, verfolgt von seinem eigenen Schatten, oder einfach das Gesicht, wie er den Betrachter anblickt, in harten Kontrasten und mit großen Ohren. Irgendwann ist dann auch egal, ob es einen Unterschied zwischen *Josef K.* und *Franz K.* gibt. Hauptsache er verkauft sich.

Kafkas Beziehung zu Prag erschöpfte sich jedoch keinesfalls in einsamen Spaziergängen durch regennasse Gassen. Er war in Kinos, Kaffeehäusern und Bordellen zu finden, er besaß ein Boot bei der Schwimmschule, denn er war sportlich. Für einige Zeit war er sogar Mitinhaber der *Prager Asbestwerke Hermann und Co.*, obwohl es ihm an unternehmerischem Geschick fehlte. Kafka wechselte so oft die Wohnung, dass das ganze Zentrum übersät ist von Häusern, wo er einmal gelebt hatte. Kafkas Grab schließlich ist auf dem jüdischen Friedhof an der Izraelská-Straße zu finden, ein Stück weit östlich des Zentrums.

Die Stadt hat dem Schriftsteller sogar zwei Denkmäler gewidmet. Das eine spielt auf seine frühe Erzählung *Beschreibung eines Kampfes* an. Es ist von Jaroslav Róna und zeigt einen Mann, der ein wenig wie Kafka aussieht und der auf einem leeren Anzug reitet. Das zweite ist ein großer, stählerner Kafka-Kopf von David Černý. Dieser Kopf besteht aus 42 Scheiben, die sich beständig verdrehen, sodass der stählerne Kafka unentwegt in etwas Formloses zerlegt und dann wieder zusammengesetzt wird.

Kafkas Werk nimmt sicherlich einen besonderen Platz in der Weltliteratur ein. Viele Besucher interessieren sich nicht zuletzt deshalb für Prag, weil sie seine Werke gelesen haben, und dieses Erlebnis bildet sicher ein starkes Motiv, um sich diese Stadt einmal persönlich anzusehen und die Atmosphäre hier zu fühlen.

68. Grund

Weil tschechische Städte die ideale Filmkulisse abgeben

Immer mal wieder passiert es, dass ganze Straßenzüge in Prag gesperrt sind. Auf den Anwohnerparkplätzen steht eine Kolonne weißer Lastwagen, auf dem Boden liegen Kabel, irgendwo läuft ein

Generator, und ein paar Wachleute verweisen Passanten auf die andere Straßenseite. Manchmal steht vor einem Haus auf einem Gerüst ein Scheinwerfer und leuchtet durch einen weißen Schirm in ein Fenster hinein.

Prag ist ein beliebter Drehort, und das nicht nur für Szenen, die das Flair der Altstadt oder der Jugendstilgebäude brauchen. Die Stadt verfügt über Studios, mit denen sich jede Kulisse nachbilden lässt, aber oft reicht es bereits, eine der Straßen oder Wohnungen zu verwenden. Gedreht wird hier alles – vom Musikvideo bis hin zum Reklamespot und zum abendfüllenden Spielfilm. Roman Polanski hat die Filmstudios im Prager Stadtteil Barrandov sogar als die besten der Welt bezeichnet.

Daher ist es auch nicht verwunderlich, dass ich immer mal wieder in Filmen und Serien ein Stück von Prag entdecke: »Das ist doch die Straße neben dem Messepalast!« Und in der nächsten Szene geht der Schauspieler bereits durch den Stadtteil Vinohrady. Wie ist er nur so schnell dorthin gekommen?

In vielen Filmen ist nicht sofort zu erkennen, dass es sich um tschechische Drehorte handelt. Im Bond-Film *Casino Royale* etwa musste der Prager Flughafen als *Miami International Airport* herhalten und das *Kloster Strahov* stellte das *Britische Unterhaus* dar, während in Karlsbad und dem malerischen Städtchen Loket (Elbogen) die Szenen in einem fiktiven Montenegro gedreht wurden.

Tschechische Städte fungieren oft in Action- und Spionagefilmen. Berühmt ist etwa *Mission: Impossible*, wo Tom Cruise ganz deutlich in Prag unterwegs ist. In der späteren Folge *Mission: Impossible – Phantom Protokoll* ist es schon nicht mehr so offensichtlich. Hier stellte die Prager Burg den Kreml dar. Für den Film *Die Bourne Identität* schließlich wurden Szenen, die eigentlich in Zürich spielten, in Prag gedreht.

In Tschechien wurden in *Blade II* Vampire gejagt und in *Van Helsing* Monster. Im Actionfilm *Wanted* rast Angelina Jolie durch die Prager Filmstudios. Schließlich fanden auch für *Spider-Man: Far From Home* Dreharbeiten in Prag und Liberec (Reichenberg) statt.

Unter den ruhigeren Filmen sticht vor allem *Amadeus* hervor, dessen Regisseur der gebürtige Tschechoslowake Miloš Forman ist, der mit der Umgebung gut vertraut war. Er verwendete Drehorte in Prag und Kroměříž, um das Wien des 18. Jahrhunderts nachzubilden. Barbra Streisand soll für ihren Film *Yentl* zunächst alleine mit einer Super-8-Kamera angereist sein, um Drehorte auszukundschaften, die wie Originalorte in Polen aussahen. Diese beiden Filme stammen aus den Achtzigern, waren also Kooperationen über den Eisernen Vorhang hinweg.

Die Liste der Filme ist natürlich noch viel länger, vor allem, wenn all die tschechischen Produktionen mit hinzugenommen werden.

Und dann ist da noch *Rockstar*. Sagt Ihnen das etwas? Ich vermute mal, dass Sie diesen Film nicht kennen dürften, aber in seinem Heimatland Indien war er ein Hit. Auch Bollywood ließ sich nämlich vom Zauber tschechischer Städte verführen und drehte Szenen in Prag und Liberec. Und nur in Filmen wie diesen können Sie das Schauspiel bewundern, wie zwei Verliebte über einen völlig menschenleeren Altstädter Ring sprinten, um dann zu zweit auf einer absolut einsamen Karlsbrücke zum Stehen zu kommen.

Willkommen in der Fantasiewelt der Filme!

69. Grund

Weil hier die Kunst relevant und innovativ ist

Es war vor ein paar Jahren im Prager Rock Café. Ich bin eigentlich kein häufiger Konzertgänger, dazu bin ich vielleicht zu bequem oder verstehe zu wenig von Musik, und große Menschenmengen sind mir ohnehin suspekt. In dem Fall war es eine Feier, mit Speisen, die Bar hatte geöffnet, und in einem separaten Raum traten Bands auf.

Irgendwann, vielleicht an dritter Stelle, betrat ein einzelner Musiker mit E-Gitarre die Bühne. Seine Erscheinung stand in einem starken Kontrast zu den vorherigen Bands, und ich dachte zunächst, jetzt sei wohl die Zeit für den Henker gekommen. Er war nämlich schwarz gekleidet und hatte sich eine ebenso schwarze Mütze über den Kopf gezogen, aus der nur die Augen und der Mund ausgeschnitten waren. Diese Maske hatte die typische Form einer Kochmütze mit dem typisch breiten oberen Ende. Der Mann schaltete eine Beatbox ein und ließ die Saiten der Gitarre dumpf aufklingen. Jetzt hätte ich ein tiefes Blöken nach Art vieler Heavy-Metal-Sänger erwartet, aber der Gesang klang eher wie Folk.

Die Musik wirkte zunächst deprimierend und sehr langsam, aber dann hatte sie etwas Hypnotisches. Sie bildete einen düsteren Hintergrund für die Texte, die wie poetische Bestandsaufnahmen wirkten, unprätentiös und eher sachlich. Es ging um Landschaften, apokalyptische Szenerien und das eigene Empfinden.

Vor mir hatte ich Jakub König, der unter dem Pseudonym *Kittchen* auftritt. Er stammt aus Nordböhmen, hatte zuvor in einer Band gespielt und ist daneben Blogger und Zeichner von Comics. Auf die Idee mit der Maske ist er wohl mehr oder wenig zufällig gekommen, aber sie passt sehr gut zu seinen Zeichnungen, so als habe er sich selbst ein zweites Ich geschaffen. In der Tat sagt er, dass er nur als *Kittchen* bestimmte Sachen ausdrücken könne.

In einem Fernsehinterview beschrieb er einmal, dass er von apokalyptischen Vorstellungen und der Macht von Atomexplosionen fasziniert sei, während er sich zugleich vor ihnen fürchte. Der postapokalyptische Koch ist übrigens selbst in dem Interview mit Maske aufgetreten. Er wirkte wie sein eigenes, düsteres Maskottchen, inmitten des hellen, geschäftigen Studios, und auch hier sprach er ganz normal, eben der Junge von nebenan.

Atompilze scheinen in der tschechischen Kunstszene allgemein die Fantasie anzuregen. Vielleicht liegt das daran, dass zur Zeit des Eisernen Vorhangs die Vorbereitung der Schüler auf den Ernstfall zum Lehrmaterial gehört hatte und dies Thema hier seitdem die Menschen beschäftigt.

Zu Berühmtheit gelangte so das Künstlerkollektiv *Ztohoven*, das im Jahr 2007 eine Live-Leitung des tschechischen öffentlich-rechtlichen Fernsehens gekapert hatte, um ein manipuliertes Bild einzuspielen. Zunächst sahen die Fernsehzuschauer nur das Panorama des Riesengebirges. Da plötzlich fuhr ein blendend heller Lichtschein in das Bild. Als der sich gelichtet hatte, war zu sehen, wie vor der Bergkulisse ein Atompilz in den Himmel wuchs.

»Ztohoven« kann, mit leicht veränderter Aussprache, als »daraus hinaus« (wie etwa aus einer misslichen Lage) oder als »hundert Stück Scheiße« verstanden werden. Die Aktionskünstler schrecken definitiv nicht davor zurück, irgendwo anzuecken. Vermutlich würden sie sogar einen tschechischen Wohnzimmerteppich mit Schuhen betreten, so unerzogen sind sie. Zu den bekanntesten Aktionen aus ihrem Umfeld gehören zum Beispiel die ausgewechselten Ampelmännchen von Roman Týc, der sie zum Beispiel durch schlafende, trinkende, pinkelnde oder kackende Männchen ersetzt hatte.

Im Jahr 2015 bestiegen Mitglieder von *Ztohoven* am helllichten Tag das Dach der *Prager Burg*, um dort die Standarte des tschechischen Präsidenten gegen rote Boxershorts auszutauschen. Damit kritisierten sie den Präsidenten Miloš Zeman dafür, dass er sich russischen und chinesischen Machthabern andiente. Endlich wehe auf der Burg eine angemessen Standarte für einen Mann, der sich für überhaupt nichts mehr schäme, kommentierten sie.

Später wurden übrigens die roten Shorts vom Präsidentenamt in einer Art Anti-Happening im Beisein der Presse verbrannt. Man kann sich vorstellen, wie tief der Stachel im Fleisch gesessen haben musste. Noch heute sind in Prag an verschiedenen Stellen rote Fahnen zu sehen, die eine auffällige Ähnlichkeit mit Boxershorts haben.

Ebenso bemerkenswert, aber von völlig anderer Art, ist das Werk des Autorenduos Jaroslav Rudiš und Jaromír Švejdík, alias *Jaromír*

99. Zusammen haben sie eine Comic-Trilogie erstellt, die es zu internationaler Berühmtheit gebracht hat.

Die im Altvatergebirge angesiedelte Handlung dreht sich um den Eisenbahner Alois Nebel, der immer wieder von Visionen aus der düsteren Vergangenheit seiner Heimat heimgesucht wird. Mit Szenen aus der deutschen Besetzung des Sudetenlandes, der Vertreibung der deutschsprachigen Bevölkerung und der frühen Zeit kommunistischer Herrschaft ist zudem ein Kriminalfall verwoben.

Die Autoren haben sich kein leichtes Thema gesucht. Ich meine sogar, dass es noch zehn Jahre zuvor nicht möglich gewesen wäre, diese Periode zu behandeln, ohne zu riskieren, dass nationalistische Reflexe den Umgang mit der Vergangenheit unmöglich gemacht hätten.

International wurde das Werk bekannt, als es 2011 unter dem Titel *Alois Nebel* als Trickfilm erschien, mit einer Weltpremiere auf dem Filmfestival in Venedig. Die Figuren waren dafür mit Hilfe der Rotoskopie erstellt worden. Das heißt, sie wurden nach Aufnahmen mit realen Schauspielern abgezeichnet, und zwar wie die Comicvorlage in Schwarz-Weiß. Dies ergab eine interessante Kombination aus den flächigen, kontrastreichen Figuren und dem feineren Hintergrund, und alles im Spiel der Lichter von vorüberfahrenden Zügen und grellen Flashbacks.

Wer diese Werke zu düster findet, aber nicht vor derbem böhmischen Humor zurückschreckt, sollte sich die Sachen von David Černý ansehen. Provokativ ist oft noch zu schwach ausgedrückt, wenn er vielen Betrachtern einfach eine Beleidigung ins Gesicht zu klatschen scheint. So etwa testet seine alternative Europakarte *Entropa*, wie weit der Nationalstolz der Europäer angreifbar ist, indem jedes Land durch ein negatives Attribut repräsentiert wird. Und auch die Tschechen bleiben nicht verschont: Auf der Prager Kleinseite stehen die Statuen zweier Männer, die Wörter in ein Becken von der Form der Tschechischen Republik pinkeln.

Černýs Werke sind in Prag wirklich gut sichtbar platziert: Seine Baby-Figuren kriechen auf den Säulen des Prager Fernsehturms umher, und die Statue des heiligen Wenzels, der auf einem kopfunter herabhängenden Pferd reitet, ist wohl die Hauptattraktion der *Lucerna-Passage* (siehe Grund 52). Und daneben gibt es noch eine Vielzahl mehr.

Diese Beispiele sind nur ein paar Tüpfelchen auf der Karte modernen tschechischen Kunstschaffens, die hoffentlich deutlich machen, warum ich die Szene hier so faszinierend finde.

70. Grund

Weil hier die Dinosaurier zu leben begannen

Wie auch viele andere Kinder in dem Alter habe ich irgendwann meine Dinosaurier-Phase durchgemacht. Damals gab es noch keine Gummisaurier, und es war lange vor *Jurassic Park* und Dino-Erlebnisparks. Mein erster Eindruck stammte sicher vom *Senckenberg Naturmuseum* in Frankfurt, wo es vor allem Knochen in Lebensgröße zu bestaunen gab. Das war beeindruckend, aber es war eben nur ein großes Skelett in einem noch größeren Raum. Für mich als Kind war es nur schwer vorstellbar gewesen, wie das Tier einmal wirklich ausgesehen und gelebt hatte.

Aber dann, eines Tages, bekam ich ein dickes Buch geschenkt, einen richtigen Wälzer. *Leben in der Urzeit* war ein Buch für Kinder und Erwachsene, das vor allem durch die realistische Bebilderung brillierte. Hier wurden keine Skelette mehr gezeigt. Die urzeitlichen Tiere waren abgebildet, wie sie durch den Wald strichen oder vor einer atemberaubenden Landschaft durch die Lüfte flatterten. Es waren Säbelzahntiger zu sehen und Urmenschen bei der Jagd. Ein Mammut fegte mit den gekrümmten Stoßzähnen den Schnee zur Seite, dass ich förmlich die Kraft spürte.

Dieses Buch war zuerst 1973 erschienen und stammte vom tschechischen Autorenduo Zdeněk Špinar und Zdeněk Burian. Gerade

Burians Bilder hatten es mir angetan, und ich war darin nicht der Einzige. Sie erlangten weltweit Berühmtheit und haben letztendlich sogar Filme wie *Jurassic Park* beeinflusst, indem sie uns eine Vorstellung davon gaben, wie es in der Urwelt ausgesehen haben könnte.

Burians Werk wird auf etwa 15.000 Gemälde und Zeichnungen geschätzt, deren Größe von A4 bis mehrere Quadratmeter reicht. Zumeist hat er mit Ölfarben gemalt. Begonnen hatte er mit Illustrationen für Abenteuerromane, so etwa für *Robinson Crusoe* und *Tarzan*. Über die Romane von Eduard Štorch, die in prähistorischen Welten angesiedelt waren, gelangte er in den 1930er-Jahren zu wissenschaftlichen Themen. Er arbeitete nun mit den Paläontologen Josef Augusta und Zdeněk Špinar zusammen. Neben Tieren malte er viele Panoramaansichten von Landschaften.

Burians Bilder waren zwar spekulativ, entsprachen aber immer dem Stand der damaligen Wissenschaft. Vom Brachiosaurus etwa hatte man damals geglaubt, das Tier könne aufgrund seiner Körpermasse nur unter Wasser leben. Diese Vermutung gilt heute als widerlegt.

Die Rekonstruktionen von Tieren sind umso beachtlicher, als die damalige tschechoslowakische Paläontologie keine Dinosaurierfossilien zur Verfügung hatte. Im Gegensatz zu den Bildern anderer Maler der *Paläo-Art* wie etwa Charles Robert Knight, Heinrich Harder und Rudolph Franz Zallinger werden Burians Werke dafür geschätzt, dass sie sehr naturnah und wenig stilisiert sind. Ein Raubtier erscheint bei ihm wie in einem Schnappschuss, während es bei anderen Künstlern vielleicht in heroischer Pose auf einer Felsklippe steht. In einigen Gemälden ist sogar ein Stück Fotorealismus festzustellen, der durch die Verwischung der Kanten bewegter Objekte, wie etwa Palmwedel, entsteht.

Burian lebte immer auf dem Gebiet der Tschechoslowakei. Währen der deutschen Besatzung soll er sogar einen SS Sturmbannführer gemalt haben, was ihn vielleicht nicht als konsequenten Widerständler charakterisiert. Es soll ihm jedoch gelungen sein, noch rechtzeitig vor Eintreffen der Roten Armee das Bild zu vernichten und an den Barrikaden des *Prager Aufstandes* mit Hand anzulegen.

Burian starb 1981 in Prag, nach einem arbeitsreichen Leben. Posthum wurde ihm eine besondere Ehrung zuteil: Im Jahr 2017 wurde nach ihm und dem Paläontologen Josef Augusta der *Burianosaurus augustai* benannt, dessen Fossilien im Jahr 2003 in Mezholezy bei Kutná Hora (Kuttenberg) gefunden worden waren.

Ich verdanke ihm heute diese großartigen Bilder einer lebendigen Urwelt, ohne Gummigeruch und Hollywood-Moral, Bilder einer Welt, wo Wissenschaft und Abenteuer ineinander übergehen.

71. Grund

Weil Smetana und Dvořák Tschechen waren

Wenn ich zurückdenke, was meine erste Begegnung mit der tschechischen Kultur war, so ist das sicher die Musik. Von den verschiedenen Stilrichtungen hatten mich als Kind bereits früh die Werke von Antonín Dvořák beeindruckt. Mit der damaligen Tschechoslowakei konnte ich damals noch herzlich wenig anfangen, aber diese Musik hatte mich irgendwie mehr angesprochen als die Stücke anderer Komponisten.

Eine der Symphonien, die sich mir besonders eingeprägt haben, war *Aus der Neuen Welt*. Vielleicht lag das auch an dem Titel, der anders war als irgendwelche Nummern oder Tonarten. Ich hatte gehört, dass mit der »Neuen Welt« das Amerika vor langer Zeit gemeint war, also die alte Neue Welt. Es war ein verheißungsvoller Titel, und er machte das Werk nur noch umso geheimnisvoller, als hier ein unbekanntes Amerika mit der musikalischen Sprache eines unbekannten Böhmens beschrieben wurde.

Diese Musik war ein dynamischer Wechsel zwischen Gefühlszuständen. Mal war sie bedrohlich und mal verspielt, und doch auch darin melancholisch. Dann war sie aufbrausend, dramatisch, bis hin zu einem glorreichen Moment, wenn die Hörner erklingen. Das Sehnsuchtsvolle, Träumende mag Dvořáks Aufenthalt in Amerika geschuldet sein, aber eigentlich passt es auch ganz gut zu seiner Heimat.

Weniger bekannt, aber ebenso zu empfehlen ist seine Oper *Rusalka*. Die Handlung erinnert ein bisschen an Andersens *Kleine Meerjungfrau*, bedient sich aber slawischer Volksmythen.

Bei Dvořáks Werken fühle ich oft eine Verbindung zwischen Landschaft und Musik. Bei Bedřich Smetana, der noch als »Friedrich« getauft worden war, ist sie sogar ganz programmatisch, wenn er in dem symphonischen Zyklus *Mein Vaterland* konkrete Orte beschreibt und in *Die Moldau* sogar dem Flussverlauf folgt.

Die Moldau ist wohl das Vorzeigestück der tschechischen Musik schlechthin. Von 1993 bis 2008 leiteten die ersten Takte dieses Werkes die Ansagen auf dem Prager Hauptbahnhof ein: »Stanice Praha hlavní nádraží«. Und auch auf den Flügen der tschechischen Fluggesellschaft *ČSA* wird es nach der Ankunft gespielt. Das hat schon einige israelitische Reisende verwirrt, denn deren Nationalhymne *Hatikva* benutzt dasselbe Thema. Erinnert es nicht auch ein wenig an *Alle meine Entchen*? In der Tat taucht es in einer Reihe von Liedern verschiedener Länder auf.

Wie offenbar alle künstlerischen Erzeugnisse dieser Zeit sind auch viele Werke Smetanas einer nationalistischen Mission verpflichtet. Der Oper *Die Brandenburger in Böhmen* etwa war auf deutschem Gebiet kein großer Erfolg beschieden, nachdem sie eher auf die Bedürfnisse tschechischer Nationalisten zugeschnitten ist. Davon ist auch die Oper *Die verkaufte Braut* nicht ganz frei, allerdings hat dieses Werk musikalisch so viel zu bieten, dass die Rivalität zwischen Deutschen und Tschechen heute darin nur noch eine Fußnote bildet.

Der Begegnung mit Antonín Dvořák habe ich übrigens auch einen neuen Buchstaben zu verdanken: das »ř«. Das war sozusagen mein erster Häkchen-Buchstabe!

Später durfte ich dann noch viel mehr seines Landes kennenlernen. Und wenn ich durch die Dörfchen oder die wildromantische Landschaft reise, denke ich oft an die Komponisten, die sich von ihr haben inspirieren lassen.

72. Grund

Weil man auf Holzbeinen die Welt erobert

Eines Tages traf ich in Prag auf zwei merkwürdige Gestalten. Offenbar handelte es sich um Vater und Sohn – davon zeugte schon die Familienähnlichkeit: Beide hatten auffallend große Ohren und Glupschaugen, dafür aber wenig Haare. Als ich damals die Bekanntschaft mit Spejbl und Hurvínek gemacht hatte, ahnte ich noch nicht, dass sie zum Kern des tschechischen Kulturguts gehören und jedem Kind bekannt sind. Das etwas seltsame Aussehen ihrer Köpfe ist übrigens nicht weiter beunruhigend, denn es handelt sich um zwei Marionetten.

Ursprünglich stammen sie aus Pilsen, wo sie von Josef Skupa erfunden worden waren. Diese Stadt ist vielen Leuten nur als Ort der berühmten Brauerei bekannt, und manche kennen allenfalls noch den Schwermaschinenhersteller *Škoda**, aber kaum einer weiß von den Pilsener Vermächtnissen, die weder mit Alkohol noch mit Industrie zu tun haben.

Spejbl entstand im Jahr 1919, und zwar zunächst als Nebenrolle in einer Art Kasperltheater. Er trug einen schwarzen Frack und weiße Handschuhe, um gleich zu signalisieren, dass der feine Herr nicht für Arbeit geschaffen sei.

* *Der Automobilhersteller Škoda sitzt in Mladá Boleslav.*

Irgendwie passte er aber nie so recht zu den übrigen Figuren. Das änderte sich erst im Jahr 1926 mit der Ankunft von Hurvínek, der ursprünglich eher zufällig als eine kleinere Version von Spejbl erstellt worden war. Nun war das Paar komplett: Spejbl war der Vater und Hurvínek der Sohn. Die Stimmen erhielten sie vom selben Marionettenspieler, der einmal normal und einmal mit Fistelstimme sprach.

Ihre Geschichten spielen zumeist im Alltag, aber überall geschehen kleine Missgeschicke: in der Wohnung, wo sie den Haushalt erledigen oder sich die Langeweile vertreiben, im Wald, in der Hütte oder beim Baden.

Die beiden Figuren waren so erfolgreich, dass sie sogar mehrfach im Fernsehen auftraten. Ihre eigentliche Bühne haben sie schon geraume Zeit im Prager Stadtteil Dejvice, nahe des großen Kreisverkehrs. Heute noch sind die Vorstellungen regelmäßig ausverkauft, und außerdem tourt die Bühne durch die ganze Welt.

Marionetten sind weltweit in zahlreichen Ländern zu finden. Zu meinen Kindheitserinnerungen gehören vor allem die Fernsehserien der *Augsburger Puppenkiste*, aber auch literarische Verarbeitungen wie Theodor Storms *Pole Poppenspäler.* Was also zeichnet das Marionettentheater in Tschechien aus?

Zu den Zeiten des Kaiserreichs und der Wiener Zentralregierung, als Deutsch die institutionell vorherrschende Sprache war, fand das Tschechische oft nur in der Volkskultur seinen Raum für künstlerische Entfaltung. Das Marionettentheater bildete dabei die kleine und billige Variante des großen Theaters, und hier spielten Wandertruppen eben auch auf Tschechisch. So ist es sicher auch kein Zufall, dass der böhmisch-bürgerliche Snob Spejbl gerade ein Jahr nach der Gründung der tschechoslowakischen Republik das Licht der Bühnenwelt erblickte.

Die Rolle des Marionettentheaters ist für die tschechische Kultur so wichtig, dass es im Jahr 2016 von der UNESCO als Weltkulturerbe anerkannt wurde. Diesen Titel erhielt das Land zusammen mit der Slowakei. Die hölzernen Figuren haben längst schon Kultstatus erreicht, und Sie können sogar an Kursen teilnehmen, wo Sie die Erstellung von Marionetten nach eigenen Ideen lernen.

Heute finden Sie Marionetten mehr als irgendwo sonst in den Läden entlang der »Tourimeile« vom Wenzelsplatz zur Burg. Diese Läden, Wechselstuben und original böhmischen Wirtshäuser wirken auf Touristen ähnlich wie fleischfressende Pflanzen auf Insekten. Trotzdem gehören Marionetten wohl zu den wenigen Souvenirs in Prag, die eine echte Beziehung zu dem Ort haben und in denen wirklich handwerkliche Arbeit steckt. Das betrifft nicht nur die Ausarbeitung der Gesichter, sondern auch die Gestaltung der Kleidung. Damit sind sie sicher eines der authentischsten Mitbringsel, die sich hier finden lassen.

73. Grund

Weil Tschechen Bücherwürmer sind

Eines Tages hatte ich die Wohnung eines Bekannten in Prag besucht. Die Räume waren eigentlich relativ eng, obwohl dort eine ganze Familie aufgewachsen war. Was mir gleich auffiel, war die große Anzahl von Büchern. Die Regale schienen alle selbstgezimmert zu sein, und sie nutzten geschickt jeden freien Raum. Sogar über den Türen fand sich Platz für Bücher.

Ich war ein wenig überrascht, weil ich in diesem Haushalt keine begeisterten Leser erwartet hätte. Zumindest dort, wo ich aufgewachsen war, schien sich die Welt in Fernseh- und in Bücherfamilien aufzuteilen. Wo der flimmernde Babysitter zum Einsatz kam, fanden sich allenfalls Fotoalben und ein Telefonbuch im Regal. Natürlich waren hier nun alle Bücher auf Tschechisch, und es handelte sich um viele Abenteuerromane. Aber auch übersetzte Weltliteratur war darunter und ein tschechisch-deutsches Wörterbuch.

Vielleicht war diese Wohnung noch ein Zeitzeugnis aus den Achtzigern. Inzwischen haben die Tschechen zu Hause oder auf dem Handy Internet, und das Fernsehprogramm ist auch sehr viel attraktiver geworden. Wie überall hat man hier nun die Wahl zwischen *Harry Potter* als Buch und *Harry Potter* als Film. Die Töchter sind den ganzen Tag am Chatten, und die Söhne schießen in virtuellen Welten ihre besten Freunde zusammen. Wer weiß, ob sich da nicht eine Veränderung anbahnt.

In der Metro und in Straßenbahnen sehe ich aber immer noch regelmäßig Fahrgäste, die Bücher lesen. Teilweise handelt es sich um dicke Wälzer oder um Sprachlehrwerke. Ja, wenn man hinter ihnen steht, kann man ein paar Worte mitlesen. Viele Leute haben sich ihren eigenen Schutzumschlag erstellt, was mich an meine Grundschulzeit erinnert, als manche Lehrbücher nur geliehen waren.

Vieles spricht dafür, dass gerade in Tschechien Bücher einen besonderen Stellenwert haben. Zum Beispiel hat Tschechien, auf die Einwohnerzahl umgerechnet, eines der dichtesten Netzwerke von Bibliotheken.

Eine Studie der *Australian National University* und der *University of Nevada* hat im Jahr 2018 untersucht, wie viele Bücher es im Haushalt der Eltern gegeben hatte, als die heutige Erwachsenen noch 16 Jahre alt waren. Daraus wollten sie Rückschlüsse ziehen, wie eine buchreiche Umgebung die spätere Entwicklung beeinflusst hat.

Dabei hat sich gezeigt, dass es große Unterschiede zwischen den 31 untersuchten Ländern gab. Auf dem ersten Platz befand sich Estland mit durchschnittlich 218 Büchern, die bei den Eltern in der Wohnung standen. Tschechien belegte den vierten Platz mit 204 Büchern. Zum Vergleich: In Deutschland waren es durchschnittlich 151 Bücher.

Die Studie stellte zudem fest, dass Akademiker mit wenigen Büchern im elterlichen Haushalt denselben Bildungsgrad haben wie Leute mit Hauptschulabschluss, die aber mit vielen Büchern aufgewachsen sind. Erstaunlicherweise führt eine buchreiche Umgebung sogar zu besseren Kenntnissen in Mathe und Informatik, obwohl diese Fächer eigentlich sonst nicht mit Lesen in Verbindung gebracht werden.

Ich selbst habe mir bereits tschechische Bücher gekauft, bevor ich eigentlich so schwierige Texte lesen konnte. Es gibt hier viele Werke, die einfach schön gemacht sind, wie etwa die fantastisch-skurrilen Romane von Miloš Urban. Vielleicht geht es bei den Haushalten mit vielen Büchern nicht einfach nur ums Lesen, sondern auch um die Bewahrung einer Kultur, in der Schreiben eine bestimmte Hochachtung erfährt, in der Gedanken reifen, bevor sie an die Öffentlichkeit gelangen, in der die Werke früherer Generationen neben heutigen Werken eine Chance haben, entdeckt zu werden, und in der Lesen bedeutet, dass man ohne eine andauernde Stimulierung durch digitale Medien leben kann.

Und vielleicht sind Bücher gerade für kleinere Länder auch eine geschützte Nische, in der ihre Kultur ein paar Jahrhunderte überleben kann, während draußen der Zeitgeist alle fünf Jahre wechselt und dem letzten internationalen Trend hinterherläuft.

74. Grund

Weil es hier noch echte Kinokultur gibt

Als ich noch studiert hatte, bin ich andauernd ins Kino gegangen. Auf dem Tisch lagen neben den Lehrbüchern immer die Kinoprogramme, und der Kinobesuch war auch immer so etwas wie ein soziales Ereignis mit den Freunden. Hinterher haben wir uns beim Bier über den Film unterhalten, oder die nächste Prüfung. Heute sind Kinobesuche eine Seltenheit geworden. Das liegt schon daran, dass nun die Anfahrt eine kleine Reise ist.

Wenn ich von Kinokultur spreche, meine ich auch das ganze Drumherum, das mit dazugehört. Und natürlich denke ich an Kinos, die ein Gesicht und eine Geschichte haben und die nicht bloß existieren damit die Kasse klingelt. Diese kleineren Kinos arbeiten oft am Rand der Wirtschaftlichkeit und können nur mit Zuschüssen und dem Engagement der Beteiligten überleben.

Auch in Tschechien gibt es natürlich Multiplexkinos, irgendwo im Obergeschoss eines Einkaufszentrums, wo es nach Popcorn riecht und wo im Saal der Sound durch mich hindurchgeht, als hätte man mich direkt auf die Membran eines riesigen Lautsprechers geklebt. Diese Kinos sehen in allen Ländern gleich aus. Multiplexkinos sind so etwas wie Fast-Food-Ketten, nur eben für Augen und Ohren. Klar, auch dort lasse ich mich blicken, um mal einen Blockbuster zu sehen. Aber hier konsumiere ich die Filme, als bekäme ich sie direkt in mein Gehirn überspielt. Schon nach einem Monat weiß ich oft nicht mehr, in welchem Kino ich den Film eigentlich gesehen habe.

Viele tschechische Kinos befinden sich noch in altehrwürdigen Gebäuden, etwa in Jugendstilpassagen oder in funktionalistischen Häusern. Es gibt Kinos in Kurorten und Hinterhöfen, und oft lohnt sich allein schon der Besuch, weil das Gebäude gigantisch ist, wie etwa beim *Lucerna* in Prag, wo direkt nebenan ein Café betrieben wird.

Die erfreulichste Entdeckung war für mich in Tschechien, dass ein großer Teil ausländischer Filme in Originalsprache mit Untertiteln gezeigt wird. In Deutschland muss man in ein Programmkino gehen oder sich die DVD kaufen, nur um zu erfahren, wie die Schauspieler wirklich klingen, wie sie die Stimme variieren, wie sie atmen. Das alles geht mit der Synchronisation unweigerlich verloren.

Untertitel sind auch angenehmer, als was ich einmal in der Ukraine erlebt habe: Dort wurde einfach die Übersetzung quer über den Originalton gesprochen, sodass sich beide Stimmen durchkreuzten und keine mehr zu verstehen war. Und dieselbe monotone Stimme sprach für alle Akteure. Spätestens seit damals bin ich ein großer Freund von Untertiteln!

Ich wüsste auch gar nicht, wie ich etwa einen britischen Film genießen könnte, ohne den britischen Akzent zu hören! Natürlich verstehe ich bei den Dialekten kaum noch etwas und bei vielen Sprachen gar nichts mehr, aber dafür gibt es ja die Untertitel. Kürzlich habe ich mir den japanischen Film *Shoplifters – Familienbande (Manbiki kazoku)* angesehen. Die Originalsprache ist voller Laute wie »Mmmh« und »Ooooh«, die kaum übersetzt werden können. Ohne die zu hören ist es so, als würde ich eine Abschrift des Filmes vorgelesen bekommen.

Viele Filme und Serien werden in Tschechien aber auch synchronisiert, und zwar sehr originalgetreu. Als ich einmal eine Kriminalserie, die ich aus Tschechien kannte, in der deutschen Synchronfassung sah, war ich schockiert, dass dort ein älterer Forensiker die Stimme eines jungen Mannes hatte. Zudem haben die Synchronstimmen von Mädchen im Deutschen oft eine übertriebene amerikanische Satzmelodie. Das ist die Stimme der Sorte Freundin, vor der man Reißaus nehmen sollte, bevor sie einen zugrunde richtet.

In meinem Lieblingskino in Prag gibt es keine Kinositze. Man sitzt dort auf Strandstühlen. Im Grunde kann man auch den Sitz umdrehen und das flackernde Licht auf der Rückwand betrachten, falls es einem mehr sagt als die Bilder auf der Leinwand. Oder man geht zwischendurch hinaus und holt sich etwas zu trinken.

Zumeist sitze ich aber nur draußen im Foyer. Hin und wieder ertönt der Gong, und ich fühle mich wie in einem Flughafen, wo gerade das Boarding zu einem Flug in eine Fantasiewelt begonnen hat. Ein paar Leute stehen auf und gehen zum Gate, aber ich bleibe noch sitzen. Mein Flug geht später.

7. Kapitel

Politik und Geschichte

75. Grund

Weil das größte Stadion der Welt von der Vergangenheit erzählt

Ein Stück oberhalb der Prager Burg befindet sich das *Kloster Strahov*, das unter den touristischen Sehenswürdigkeiten einen der vorderen Plätze einnimmt. Dieses Kloster stellt mit der Bausubstanz und seiner Bibliothek einen besonderen kulturellen Schatz dar und hat zudem eine eigene Brauerei. Wenn Sie von dort aus mit der Straßenbahn ein paar Haltestellen weiter in Richtung Westen, also zum Weißen Berg, fahren, kommen Sie zum *Kloster Břevnov*, das ebenfalls mit einer langen Geschichte und einer eigenen Brauerei aufwarten kann.

Unterwegs bemerken Sie vielleicht auf der linken Seite gleich hinter dem *Kloster Strahov* eine Wendeschleife der Straßenbahn mit mehreren Bahnsteigen und einer Fußgängerüberführung. Sie vermuten ganz richtig, dass hier für eine größere Menge an Fahrgästen geplant worden ist. Denn nur wenige Hundert Meter entfernt befindet sich das *Strahov-Stadion*.

Dieses Stadion ist nicht nur aufgrund seiner schieren Ausmaße ein Unikat. Es fasst eine Viertelmillion Besucher, davon 56.000 auf Sitzplätzen. Es lassen sich dort also die Einwohner einer mittelgroßen Stadt unterbringen. Vielleicht können Sie sich die Fläche von rund 310 mal 200 Metern besser vorstellen, wenn Sie wissen, dass sich heute im Innern sieben volle Fußballfelder und ein Mini-Fußballfeld befinden. Damit ist es von der Grundfläche her das größte Stadion der Welt.

Das *Strahov-Stadion* wurde 1926 mit Holztribünen begonnen und nach und nach modernisiert und mit Betonbauten ausgestattet, deren Vollendung bis in die 70er-Jahre hinein reichte. Ganz zu Beginn wurde es für Veranstaltungen der Turnervereinigung *Sokol* (siehe Grund 38) genutzt, und bis vor ein paar Jahren fanden hier Konzerte mit bis zu 150.000 Besuchern statt. Der schlechte Bauzustand erschwert heute jedoch die Nutzung. Nach der Wende ist sogar erwogen worden, es abzureißen.

Für mich ist es vor allem ein Ort, an dem sich ein Stück Geschichte erleben lässt. Das Stadion ist ein unfreiwilliges Museum und zugleich eine städtebauliche Narbe, die wie der Krater eines erloschenen Vulkans auf diesem Berg über Prag sitzt.

Suchen Sie einmal im Internet nach Videos über die *Spartakiáda*. Wer in der DDR aufgewachsen ist, hat bestimmt schon eine Vorstellung. Es handelte sich dabei um Massenveranstaltungen zur Zeit der ČSSR, bei denen zum Teil über 10.000 Sportler simultan eine Mischung aus Gymnastik und Akrobatik vorführten.

Dieses Schauspiel mag bei vielen früheren Mitwirkenden noch sentimentale Gefühle hervorrufen, mich jedoch lassen diese Bilder erschaudern, wie dort Menschen mit Gehorsam und Disziplin in austauschbare Elemente einer riesigen Maschine verwandelt werden. Das Regime demonstrierte, dass Massen machbar und beherrschbar sind, und somit waren Spartakiaden so etwas wie das zivile Äquivalent von Militärparaden und die Leistungsschau eines Systems und seiner Führer, die hier ihre Muskeln spielen ließen. Denn zu sehen waren keine Individualisten und eigenverantwortliche Bürger, sondern willige Arbeitskräfte und Soldaten.

Heute lässt sich dieser fast schon sakrale Ort, an dem sich Zehntausende für die Präsentation einer Idee hergegeben haben, aus der Distanz der verflossenen Jahre betrachten. Das gesamte Gelände wirkt bereits aus der Ferne mächtig, wenn auch eher breit als hoch. Die Planer haben sich völlig über die historische Umgebung hinweggesetzt, offenbar in dem Bewusstsein, etwas Monumentales zu schaffen, das keine Rücksichtnahme duldete. Es war die Zeit, als man mit Beton gerade das machte, was ohne Beton nicht möglich gewesen wäre: weit ausladende Balkone und Dächer, frei schwebende Treppen und hohe, dünne Mauern und Streben.

In den Tribünen befinden sich heute Fitnessstudios und andere kleine Firmen, aber der Ort wirkt nicht wie die beste Adresse der

Stadt. Vielmehr sehe ich in diesem Standort keinen anderen Vorzug als die Nähe zu den Studentenwohnheimen.

Diese riesige Betonschale, die früher einmal wie ein Präsentierteller den Eindruck konzentrierter Kraft verstärkt hatte, ist heute baufällig und wirkt direkt schon lächerlich zerbrechlich. Ich steige grasüberwachsene Treppen empor, und hier und dort sind die Stufen zersprungen. Der erste Stock erinnert ein wenig an die alten, sozialistischen Einkaufszentren, dunkel und hermetisch. Überall ist die intendierte Flächigkeit gebrochen von Flickwerk, überall bröckelt und bröselt der Beton. Dort, wo die Wände noch intakt scheinen, haben Graffiti-Sprayer die Ordnung in Chaos verwandelt. Auf Betonplatten geschraubte Bänke sind zum Teil übereinandergestapelt worden, und wo die Platten fehlen, gähnen Löcher, in die ich nicht fallen möchte.

Auch das Wetter hat seine Spuren hinterlassen: Viele Stellen im Beton sind vermoost und Geländer verrostet. Unter einigen Rohren haben sich sogar Sedimente gebildet, so als hätte die Natur den Rückwärtsgang in die Steinzeit eingelegt. Dem Stadion ist nicht anzusehen, dass es seit 2003 als nationales Baudenkmal eine besondere Wertschätzung genießt.

So zerfallen es auch sein mag, das Gebäude steht noch. Auf einem Dach ragen jetzt moderne Richtfunkantennen in die Luft, was dem Ganzen doch noch etwas Futuristisches verleiht. Der Fußballrasen im Innern erstrahlt in frischem Grün und wirkt so, als hätte man ein Farbfoto in ein Schwarz-Weiß-Bild hineinmontiert. Vergangenheit und Gegenwart mischen sich an dieser Stelle so schlecht wie Öl und Wasser.

Am nördlichen Ende parken vor dem Gebäude Reisebusse, die ihre Ladung in die Stadt entlassen haben und nun darauf warten, sie wieder aufzulesen. Ich frage mich, ob die Reisenden dieses Stadion überhaupt zu Gesicht bekommen, ob es überhaupt einen Platz im Besuchsprogramm erfährt oder selbst dafür nicht mehr relevant genug ist. Heute lässt sich an ihm der immense Kontrast des Wandels studieren, der zwei Generationen voneinander trennt, der aber in der Stadt sonst kaum noch greifbar wird, weil die Symbole der ungeliebten Zeiten nach und nach verschwunden sind.

Während ich mich wieder auf den Weg mache, trifft ein Linienbus ein, der Studenten von der *Tschechischen Technischen Universität Prag* anbringt. Diese Linie fungiert wie ein Shuttle-Service, der die Uni mit dem großen Wohnheimkomplex verbindet. Wer diesen Bus einmal gesehen hat, weiß, dass hier zu den Stoßzeiten nicht einmal ein Stehplatz zu haben ist: Wenn sich die Türen öffnen, steht dort im Eingang eine dicht gepresste Wand aus Körpern, sodass man die Studenten jetzt mit dem Gabelstapler im Zehnerpack herausholen könnte.

Die Großstadt muss auch heute noch mit Menschenmassen umgehen. Aber sie funktionieren nicht mehr synchron, und es gibt keinen großen, staatlichen Zweck mehr, dem sie untergeordnet sind. Kaum sind die letzten Studenten aus dem Bus gequollen, sind sie bereits in alle Richtungen verschwunden. Nur die grasbewachsenen Stufen hat niemand erklommen.

76. Grund

Weil die gemeinsame Vergangenheit mit Deutschen allmählich sachlich diskutiert werden kann

Irgendwann in den 90er-Jahren durfte ich einmal als Berichterstatter an einer deutsch-tschechischen Konferenz teilnehmen, auf der gemeinsam über eine Annäherung der beiden Länder beraten wurde. Es saßen dort vor allem ältere Herren, die alle auf wohltuende Weise an einem Fortschritt interessiert waren, aber doch häufig in ihren gewohnten Denkmustern verwurzelt blieben.

Ich erinnere mich daran, wie irgendwann ein Sprecher auf eine sehr emotionale Weise eine Idee damit abtat, dass sie »keinen Schuss

Pulver wert« sei. Ich musste fast loslachen, als ich diese martialische Metapher hörte. Hier ging es um ein friedliches und entspanntes Miteinander, aber selbst die wohlmeinenden Teilnehmer blieben doch einem Denken verpflichtet, das noch aus anderen Zeiten stammte. Heute wird wohl ein Beitrag zur deutsch-tschechischen Völkerverständigung nicht mehr danach bewertet, ob sich dafür die Munition lohnen würde.

Zu diesem früheren Denken gehörte auch das Dogma, dass jeder eindeutig zu einer Volksgruppe gehöre, die offenbar so empfindlich ist, dass man unbedingt alles verteidigen muss, was sich im Innern einmal abgespielt hat. Während die anderen draußen voll schuldfähig sind, werden die eigenen oft nur als Opfer wahrgenommen. Selbst da, wo jemand etwas Schlechtes hingenommen oder unterstützt hat, war es aufgrund einer Art Verführung. Und diejenigen Fälle, die nicht besonders gut aussehen, verschwinden bei Gelegenheit unter dem Teppich.

Die beschränkten Möglichkeiten des öffentlichen Diskurses und die Fokussierung auf nationalistische Befreiungsthemen haben in den Ländern des früheren Ostblocks häufig zu einer völkischen Ideologiekonserve geführt, deren Verfallsdatum schon lange überschritten ist. Ich bin in der glücklichen Lage, in der heutigen Zeit zu Hause zu sein und aus den Lehren der Vergangenheit eine Verantwortung für die Zukunft ableiten zu können, ohne mich darauf verwenden zu müssen, für eine günstige Deutung der Vergangenheit irgendwelcher Leute einzutreten.

Wenn ich die Lebensläufe berühmter oder nicht berühmter Menschen gleich welcher Sprachgruppe in Tschechien und den Vorläuferstaaten recherchiere, treffe ich wirklich auf alle möglichen Exemplare unserer Spezies: von kaltblütigen Verbrechern bis hin zu beeindruckenden Menschen, die für ihr selbstloses Verhalten große persönliche Opfer in Kauf genommen haben. Eigentlich müsste man ein Buch an Geschichten zusammenstellen, die zumindest einen Querschnitt liefern, vom Schrecklichen bis zum Schönen. Aber dafür ist dies nicht der geeignete Rahmen, und es gibt auch andere Leute, die das viel besser können als ich.

Mein intensiverer Kontakt mit Tschechien beginnt erst in den Neunzigern – nach einem kurzen Besuch als Kind in den Achtzigern. Gemessen an dieser Zeitspanne kann ich zu meiner ganz aufrichtigen Freude feststellen, dass sich der Ton, die Offenheit und die Aufrichtigkeit im Umgang mit der gemeinsamen Vergangenheit sehr verbessert haben.

Es ist auch nicht so, dass nun die alten Seiten herausgerissen werden und eine junge Generation nun mit einer Tabula rasa beginnt – obwohl es auch das gibt und auch früher gegeben hat. Wer sich in den 50er-Jahren für Rock 'n' Roll interessiert hat oder sich heute als Rapper empfindet, versucht nicht selten damit, sich in eine einfachere Identität mit einzuklinken, die unbelastet ist von irgendeinem schweren Erbe.

Ich merke immer wieder, dass hier die Täter zunehmend nach Taten beurteilt werden, statt nach Sprachgruppen. Ein »Wir« kann somit alle umfassen, die bestimmte Verbrechen verabscheuen, und da ist es egal, in welcher Sprache »wir« uns verständigen oder welcher Gruppe unsere Vorfahren angehört haben.

Es ist eine neue Chance, wie es auch eine Herausforderung ist, die Fakten aus der Vergangenheit zu bewahren und zu verstehen. Das ist kein abgeschlossener Prozess und wird es wohl auch nie sein. Wir werden nie unsere Hände in den Schoß legen können, wollen wir nicht riskieren, dass wieder etwas auseinanderdriftet.

So gesehen bin ich insgesamt freudig optimistisch, und es bereits hierher geschafft zu haben ist etwas, worauf Tschechen und Deutsche gemeinsam stolz sein können.

77. Grund

Weil ein Präsident mit einem Zaubertrick berühmt wurde

Es war im Jahr 2011. Václav Klaus, der als Ökonom die Privatisierung der tschechoslowakischen Wirtschaft entscheidend mitgeprägt hatte und nun in seiner Eigenschaft als tschechischer Präsident unterwegs war, befand sich auf Staatsbesuch in Chile. Dieses südamerikanische Land hat vielleicht nicht so extrem enge Beziehungen mit Tschechien. Es waren daher keine besonderen Nachrichten zu erwarten.

Das sollte sich bald ändern, und zwar durch eine eigentlich ganz und gar nichtige Angelegenheit. Ein Video von einer Pressekonferenz machte bald die Runde. Auf der einen Seite ist Klaus zu sehen und auf der anderen der chilenische Präsident Sebastián Piñera, wie er seinem Gast ein herzliches Willkommen ausspricht.

Während dieser Ansprache ist Folgendes zu beobachten: Václav Klaus greift mit seiner rechten Hand in eine Schatulle und entnimmt ihr einen mit Lapislazuli besetzten Füllfederhalter. Eine Weile dreht er ihn in den Fingern hin und her. In dem Moment, in dem er sich aufrichtet, verschwinden die Hände unter den Tisch, und mit ihnen der Federhalter. Ein paar Sekunden später ist zu sehen, wie seine linke Hand etwas unter dem Tisch in die Tasche schiebt. Mit einem zufriedenen Gesichtsausdruck knöpft er sich das Jackett zu und schließt die Schatulle. Das war's.

Vielleicht hätten Sie jetzt einen Blitz mit Knall und Rauch erwartet, aber so hätte es nicht funktioniert. Zu einem guten Zaubertrick gehört es nämlich, die Aufmerksamkeit der Zuschauer in die falsche Richtung zu lenken. Und hier kam Piñera ins Spiel. Ohne es zu wissen, versteht sich.

Das Kunststück hätte sicher einwandfrei funktioniert, wären da nicht die vielen Kameras gewesen. Angesichts der Präsenz von Medienvertretern hätte ich mir überlegt, das kleine Souvenir erst nach

Franz Kafkas Erzählung »Beschreibung eines Kampfes« lieferte die Vorlage für dieses Denkmal in Prag.

Oben: Tschechien hat den weltweit höchsten Bierkonsum pro Einwohner.
Unten: Ohne Fleisch und Knödel läuft in Böhmen fast gar nichts.

Oben: Brot stapelt sich auf einem Stand des Bauernmarktes am Moldaukai.
Unten: Diese Speise »Ertrunkene« zu nennen zeugt vom schwarzen böhmischen Humor.

Oben: Karlsbad kann mit wunderschöner Bäderarchitektur aufwarten.
Unten: Ein Blumenstand im Zentrum Prags.

Oben: Heilwasserbrunnen in Karlsbad und Marienbad.
Unten: Berühmt sind sie als »Karlsbader Oblaten«, stammen jedoch oft aus Marienbad.

Oben: Im Bummelzug in 42 Metern Höhe über das Žampacher Viadukt, südlich von Prag.
Unten: Kirschblüte vor der Universität in Hradec Králové (Königgrätz).

Oben: Was man damals einen Wolkenkratzer nannte: Das Bürohaus des Fabrikanten Baťa in Zlín.
Unten: Im selben Gebäude kommt das Büro auf Knopfdruck.

Oben: Das Dach über der Lucerna-Passage in Prag ist wie ein Schiffsdeck aufgebaut. Hin und wieder ist es für Besucher geöffnet. **Unten:** Glaskunsthandwerk in Jablonec nad Nisou (Gablonz an der Neiße).

Oben: Ein Klavier zur öffentlichen Benutzung in den Heroldovy Sady in Prag.
Unten: Malerischer Winkel am Ende der »Neuweltgasse« hinter der Prager Burg.

Oben: Marionetten – traditionelles Kulturgut und beliebtes Souvenir.
Unten: Kunstvoll verzierte Ostereier mit einer geflochtenen Rute.

Oben: Weihnachtskarpfen: Bitte nicht voreilig anfreunden!
Unten: Weihnachtsgebäck, wie es in vielen Familien noch von Hand hergestellt wird.

Oben: Der Fernsehturm in Liberec (Reichenberg) wirkt wie eine Raumstation.
Unten: Gigantische Rakete oder architektonischer Mittelfinger: der Prager Fernsehturm.

Oben: Viele Cafés machen sich mit ausgefallenen Ideen einen Namen, wie mit diesem handbetriebenen Speiseaufzug in einem Turm. **Unten:** Das DEPO2015 ist eine ehemalige Garage der Pilsener Verkehrsbetriebe und dient heute als Kulturzentrum.

Oben: Schwarzer Turm in Loket (Elbogen) und Altneu-Synagoge in Prag, die legendäre Ruhestätte des Golems. **Unten:** Große Synagoge in Pilsen und Holzkirche im Prager Kinsky-Garten.

Oben: Die engste Gasse von Prag und ein herbstlicher Weg im Mährischen Karst.
Unten: Auf dem Grund der Schlucht Macocha.

Der heilige Wenzel in der Lucerna-Passage auf seinem etwas erschöpft wirkenden Pferd.

der Veranstaltung einzustecken, und es vielleicht sogar in der Schatulle hinausgetragen. So wie es ausgeführt wurde, wirkte es jedoch verdächtig.

Ein Sprecher des tschechischen Präsidenten hatte später alle Hände voll zu tun, böswillige Vermutungen zu zerstreuen. Es habe sich bei dem mit Halbedelsteinen besetzen Federhalter um »einen gewöhnlichen Stift mit dem Logo des Landes oder des Amtes gehandelt, den Präsidenten und Mitglieder ihrer Delegation während ihrer Staatsbesuche erhalten«, ließ er verlauten. Das Manöver war offenbar Teil der offiziellen Zeremonie gewesen.

Die tschechische Öffentlichkeit daheim reagierte mit dem typischen Humor: Eine Kampagne wurde gegründet, die dazu aufrief, Stifte zu sammeln und dem Präsidenten zu schicken, da er offensichtlich nichts zum Schreiben habe.

78. Grund

Weil Prag schneller baut als Berlin

Was für Berlin der neue Flughafen ist, das ist für Prag der Tunnel *Blanka*. Es gibt aber zwei wichtige Unterschiede: Erstens, die Tschechen haben in die Tiefe gebaut. Zweitens, die Tschechen haben weniger als zehn Jahre gebraucht.

Begonnen wurde *Blanka* im Jahr 2007, nach einem Jahr Planung, von der man in der Öffentlichkeit nichts mitbekommen hatte. Ich erinnere mich noch gut daran, weil ich damals gleich in der Nähe des Stadions *Sparta* gewohnt hatte.

Es hatte eine Diskussion um ein neues Gebäude der Nationalbibliothek gegeben, das dort auf der *Letná-Höhe* angedacht war und dessen Form eines zerfließenden Tropfens ihm den Spitznamen *Blob* eingebracht hatte. Zu dem Bau ist es dann nicht gekommen. Ich war ein wenig enttäuscht, weil die letzten architektonischen Akzente in

Prag schon weit in der Vergangenheit zurücklagen und alles Neue mittlerweile von rein kommerziellen Interessen bestimmt wurde. Nur die Farbe hätte ich mir anders gewünscht.

Dann wurde dort am Rand der weiten Fläche doch noch etwas gebaut. Vielleicht wurde die Kehrschleife der Straßenbahn erneuert, aber der Bauzaun umfasste noch ein weiteres Stück. Es musste etwas Größeres sein, dachten sich die Anwohner.

Es war etwas Gigantisches. Eine riesige Tunnelanlage wurde gebaut, um den Autofahrern den Weg vom Stadtwesten in den Norden und Nordosten der Stadt zu erleichtern. Insgesamt wurde es das größte und teuerste Projekt in der Geschichte der Stadt Prag. Der gesamte Komplex ist 5,5 km lang, und das ursprüngliche Eröffnungsdatum verschob sich schrittweise von 2011 auf 2015. *Blanka* wurde zu einem Synonym für Pannen, Gerichtsprozesse und eine undurchsichtige Verflechtung von Politik und Wirtschaft.

Die Gesamtkosten wurden zunächst auf 17,2 Milliarden Kronen veranschlagt. Allerdings war »vergessen« worden, die Kosten für die technischen Einrichtungen mit einzubeziehen. Am Schluss wurden es 43 Milliarden Kronen, das entspricht rund 1,6 Milliarden Euro. Das waren enorme Mehrkosten, die vom Prager Steuerzahler getragen werden mussten. Der Staat hielt nämlich seine Truhen verschlossen, und von der EU konnte man auch nichts erbitten, weil das Projekt nicht den hierfür nötigen Auflagen entsprach.

Langsam gewöhnten sich die Prager an die Nachrichten, dass der Tunnel wieder um ein paar Milliarden teurer würde. Gegen Ende 2013 gab dann die Firma *Metrostav* bekannt, dass sie die Arbeiten einstellte, weil die Stadt für längere Zeit ihre Rechnungen nicht beglichen habe. Die argumentierte nämlich, dass das Projekt nicht ordnungsgemäß bewilligt worden sei. Im Jahr 2014 schließlich ordnete ein Gericht die Fortsetzung der Arbeiten und der Zahlungen an.

Und auch technische Pannen sind nicht nur Flughäfen vorbehalten. Im Mai 2008 stürzte ein Teil der Tunneldecke ein, und es entstand ein Krater im Park *Stromovka*. Mit 20 Metern Breite und über 15 Metern Tiefe hatte Prag über Nacht eine neue Sehenswürdigkeit erhalten. Bereits im Oktober desselben Jahres bildete sich ein weiterer Krater, der diesmal 25 Meter breit und 16 Meter tief war. Zum Glück gab es keine Verletzten.

Knapp zwei Jahre später entstand ein dritter Krater. Diesmal verschwand ein Baggerfahrer mit seinem Gerät und wurde am folgenden Tag befreit. Auf dem Gelände des Kultusministeriums versank zudem ein Teil des Gartens und des Parkplatzes.

Im Jahr 2015 schließlich mussten feuchte Kabel ausgetauscht werden, und die Eröffnung wurde noch einmal verschoben. Und dann endlich war es so weit, und der Tunnelkomplex wurde in Betrieb genommen.

Die Fahrt durch *Blanka* funktioniert heute zumeist schnell und reibungslos. Probleme sind aber im Prager Norden entstanden, wo seitdem das Verkehrsaufkommen gestiegen ist. Die Tunneleinfahrten entwickeln nämlich so etwas wie eine Sogwirkung. Auf einigen Straßen in Dejvice, Letná oder Troja ist der Andrang so groß, dass zu Stoßzeiten der Verkehr zum Erliegen kommt.

Wenn Sie einmal erstaunt feststellen, dass das Navi alle paar Minuten eine andere Strecke durch Prag vorschlägt, ist die Erklärung zumeist ganz einfach: Bei hohem Verkehrsaufkommen sind nämlich die Tunnelzufahrten überlastet, und die Einfahrt wird gesperrt. Infolgedessen wird eine neue Route vorgeschlagen, und die Autos werden überirdisch weitergeleitet, bis dann der Tunnel wieder frei ist.

Für mich steht *Blanka* für ein Verkehrskonzept, das bereits heute seiner Zeit weit hinterher ist. Wenn ich mir die U-Bahn-Netze mitteleuropäischer Großstädte ansehe, sind es gewöhnlich mehr als nur drei Linien, die einmal quer durch das Zentrum führen. Für eine Stadt der Größe Prags und bei der Menge an Touristen sind drei Linien geradezu lächerlich. Auch die Prager S-Bahn-Züge helfen da wenig, denn sie versorgen vor allem die Vororte und sind langsam wie Regionalbahnen. Prag verfügt zwar über ein dichtes Straßenbahnnetz, aber das führt durch die verwinkelten Straßen der Innenstadt, und die Bahnen teilen sich dort die Straßen mit den Autos.

Aber trotz aller Nachteile ist *Blanka* doch relativ schnell gebaut worden – jedenfalls im Vergleich zum Berliner Flughafen.

79. Grund

Weil Urvater Čech den Vaterschaftstest verweigert hätte

Im Jahr 2006 machte eine Meldung Schlagzeilen, die behauptete, dass »90 Prozent der Tschechen keine richtigen Tschechen« seien. Was mag dahinterstecken? Vielleicht denken Sie jetzt, dass viele Tschechen erst kürzlich eingebürgert worden seien oder dass sie ihren Pflichten als Staatsbürger nicht nachgekommen seien oder dass sie das traditionelle Kulturgut vernachlässigt hätten.

Diese Nachricht war natürlich etwas provokativ gemeint. Sie bezog sich auf die Auffassung, dass es eine relativ klar abgegrenzte Volksgruppe gebe, die schon seit Jahrhunderten auf diesem Gebiet lebe. Die Sprache wäre dann natürlich nur ein äußeres Merkmal, denn die kann sich ja innerhalb einer Generation ändern.

Der Legende nach erschien nämlich vor langer, langer Zeit der Urvater Čech in Böhmen, um nach dem gelobten Land zu suchen und sich dort mit seinem Volk niederzulassen. Er bestieg den Berg *Říp*, auf Deutsch *Georgsberg*, und überblickte von dort wie einst Moses die fruchtbare Ebene. Dieser Berg liegt nördlich von Prag, und man erkennt ihn gut, weil er ein wenig separat steht und die Form eines flachen, abgerundeten Kegels hat.

Was der Urvater dort vor sich sah, muss ihm wohl gefallen haben. Denn er beschloss, sich in diesem Land niederzulassen. Das war der Legende nach der Ursprung von Böhmen, oder auch von Tschechien, denn im Tschechischen wird da kein Unterschied gemacht.

Solche Gründungsmythen haben später bei der tschechischen Emanzipation im 19. Jahrhundert eine wichtige Rolle gespielt. »Ja, das waren damals die Anfänge unseres Volkes«, sagten sich viele Dichter und Denker. »Ich sehe es so deutlich vor mir, als ob es gestern gewesen wäre.« Und dann war man mit seinesgleichen so etwas wie ein große Familie, denn man hatte ja irgendwo denselben Vorfahren. Wie will man auch als Volk seine Rechte einfordern, wenn sich gar nicht so genau sagen lässt, wer nun eigentlich dazugehört.

Natürlich war es klar, dass es sich um Mythen und um Dichtung handelte, aber es beflügelte die Geister, und man sagte sich, dass es so ähnlich durchaus gewesen sein könnte. Warum auch nicht? Konnte jemand das Gegenteil beweisen? Und das konnte niemand. Zumindest nicht damals.

Wir machen einen Sprung ins 21. Jahrhundert. Hoppla, jetzt haben einige Leute den Sprung verpasst, aber vielleicht kommen sie ja noch nach. Kürzlich habe ich einen Bekannten von »tschechischem Blut« sprechen hören, und dabei ging es ihm keineswegs um Blutspenden.

Im besagten Jahr 2006 ließ die Firma *Genomac*, die sich mit großflächigen DNA-Analysen beschäftigt, verlauten, dass nur 40 Prozent der Tschechen und Mährer genetische Merkmale aufwiesen, die typisch für Slawen seien. Das war vielleicht noch nicht die brisanteste der Nachrichten, denn diese Merkmale sagen vielleicht noch nicht alles darüber aus, wer wir sind und wo wir herkommen.

Sehr viel pikanter war jedoch die Nachricht, dass nur rund zehn Prozent der Einwohner der heutigen Tschechischen Republik Vorfahren hätten, die schon jahrhundertelang auf dem hiesigen Gebiet lebten. Zehn Prozent. Ein Zehntel. Das muss man sich mal auf der Zunge zergehen lassen. Der Rest ist irgendwann mal eingewandert.

Die wissenschaftlichen Fakten scheinen zu bestätigen, was der gesunde Menschenverstand ohnehin vermutet hatte: Große Ereignisse wie der Dreißigjährige Krieg und kleine wie ein Wohnortwechsel, um woanders Schutz oder etwas zu essen zu suchen, haben zu einer gewissen Vermischung von DNA-Merkmalen geführt. Die idyllische

Hochzeit auf dem Dorf, wo die Nachfahren eines Urvaters immer unter sich bleiben, scheint eher die Ausnahme gewesen zu sein. Die Menschen wechselten den Wohnort, und sie hatten auch Kinder mit Fremden.

Ich bin nun wahrlich nicht der Ansicht, dass jedes Märchen und jede Legende nur dann Bestand haben kann, wenn sie von der Wissenschaft geprüft und zertifiziert worden ist. Im Gegenteil füllen sie ja zumeist Räume, in denen der Mensch Bedarf nach einem Stück Unwissenschaftlichkeit empfindet. Allerdings sehe ich die Versuche, mit Mythen und Legenden Politik zu betreiben, sehr kritisch. Das ist ein Spiel mit dem Feuer, bei dem schnell mal das Haus in Flammen aufgehen kann. Da bekenne ich mich doch eindeutig zu unserem heutigen Zeitalter.

So gesehen erlassen wir dem *Urvater Čech* den Vaterschaftstest. Ohnehin ist er ja nur eine symbolische Leitfigur, ohne die es vielleicht auch keine Emanzipation der Tschechen gegeben hätte. Oder wer sich auch immer zu ihnen gezählt hatte.

80. Grund

Weil die Wahrheit siegt

Wenn Sie sich die Standarte des tschechischen Präsidenten ansehen, erkennen Sie dort unter dem Wappen ein Spruchband, auf dem geschrieben steht: »Pravda vítězí«. Diese Worte heißen übersetzt »Die Wahrheit siegt«. Dies ist das offizielle Motto des Präsidenten, und es befindet sich dort fast seit dem Beginn der Ersten Tschechoslowakischen Republik, wenn auch für kurze Zeit auf Latein, als neutraler Kompromiss zwischen einer tschechischen und slowakischen Variante.

Dieser Spruch wird auf den Reformator Jan Hus zurückgeführt. In einem Brief aus dem Jahr 1413 schrieb Hus an Johann den Jüngeren von Rabstein, dass die Wahrheit über alles siegen müsse. Denselben Gedanken hat er dann im Jahr 1415 wiederholt, als er aus der Zelle in Konstanz seine Schüler daran erinnerte, dass die Wahrheit über alles siege und Kraft bis in Ewigkeit habe. Hus wurde etwa eine Woche später auf dem Scheiterhaufen verbrannt, weil er seine Lehren, die von der Kirche für ketzerisch gehalten wurden, nicht widerrufen wollte. Es ist also anzunehmen, dass er von der Wahrheit einer religiösen Lehre oder Erkenntnis schrieb, deren Gültigkeit nicht davon abhängt, wer die Macht in Händen hält.

Der Gründungsvater der Tschechoslowakei, Tomáš Garrigue Masaryk, wählte dieses Motto wohl nicht zuletzt, weil es für das Ringen der Tschechen um Anerkennung stand. Hus war ein Böhme gewesen, der auf deutschem Boden ermordet wurde, und die sich auf ihn berufenden Hussiten wurden gerne als Vorreiter einer tschechischen Emanzipation von der Wiener und somit auch katholischen Vorherrschaft gesehen. Hier erscheint also immer wieder das Thema von Unterdrückten und Unterdrückern.

Masaryk war zudem auch ein Philosoph und Soziologe und ein für damalige Zeiten sehr modern denkender Wissenschaftler. Noch bevor er Präsident wurde, machte er von sich reden, indem er sich in einem Prozess für einen Angeklagten namens Leopold Hilsner einsetzte. Hilsner war beschuldigt worden, ein Mädchen in einem Ritualmord umgebracht zu haben. Der Angeklagte war Jude und das Opfer Katholikin, und die Tat fiel auf die Zeit des jüdischen Passach-Festes. Für den Großteil der Öffentlichkeit war also der Ritualmord so gut wie bewiesen. Masaryk jedoch entlarvte den antisemitischen Hintergrund des Prozesses und trug sich dafür auch Spott ein. Sein Engagement für Wahrheit und Gerechtigkeit erinnert sehr an Émile Zolas Einsatz in der *Dreyfus-Affäre*.

Zudem mischte er sich in den Streit um zwei gefälschte Handschriften ein, die dem tschechischen Volk eine mythische Vergangenheit bescheinigt hätten. Der Philosoph vertrat dabei die Position, dass eine moderne Nation nicht auf eine erfundene Vergangenheit angewiesen sein solle. Auch hier trat er also als Verfechter einer wissenschaftlichen Wahrheit in Erscheinung.

Masaryks voller Name wird zumeist als *T. G. Masaryk* oder nur *TGM* abgekürzt, und seine Statue ist die wohl am häufigsten anzutreffende in der ganzen Republik. Der Herr mit der Brille und dem typischen Bart wird heute noch als der *Philosophen-Präsident* verehrt. Seine moderne und internationale Ausrichtung spiegelt sich schon darin wider, dass er eine amerikanische Pianistin aus Brooklyn geheiratet hatte, von der er den Nachnamen »Garrigue« angenommen hatte. Im damaligen Europa war das keineswegs etwas Selbstverständliches. Das Paar hatte sich übrigens in Leipzig kennengelernt. Im Jahr 1877 fiel das Fräulein Charlotte Garrigue bei einem Ausflug aus dem Boot und wäre fast ertrunken. Allein Masaryk behielt die Nerven, sprang ins Wasser und rettete sie.

Von Kritikern wird Masaryk allerdings auch als etwas realitätsfremder Idealist bezeichnet, der es nicht geschafft habe, die Interessen aller Sprachgruppen in der jungen Republik zu sichern. Ich bin aber dennoch ein Bewunderer seiner Leistungen, als Präsident und als Aufklärer, zumal angesichts des Riesenprojektes, das er sich vorgenommen hatte. Wenn die junge Republik ein Fanatiker geleitet hätte, wäre die Sache sehr viel schlechter ausgegangen.

Auch während der kommunistischen Zeit wird immer wieder an die unzerstörbare Wirkmacht der Wahrheit erinnert. Das *Charta-77*-Mitglied und der spätere Präsident Václav Havel formulierte es folgendermaßen: »Wahrheit und Liebe müssen siegen über Lügen und Hass.« Kritiker lassen sich mundtot machen, aber die Wahrheit überlebt. Schließlich konnte er als Präsident eine neu geschaffene Republik repräsentieren, in der Kritik wieder möglich war – diejenige an seiner Person natürlich mit eingeschlossen.

Wenn im deutschen Grundgesetz die Bedeutung der Menschenwürde hervorgehoben wird, ist das eine der Lehren aus der deutschen Vergangenheit. Vielleicht lässt sich ähnlich sagen, dass die Stärke der Tschechen als relativ kleine und verwundbare Gruppe oder Nation darin besteht, sich auf die Kraft der Wahrheit zu stützen. Dunkle Zeiten von Unterdrückung, Besatzung und Totalitarismus waren immer von einer Abkehr von Wahrheit gezeichnet. Wahrheit betrifft aber auch die Frage, wie offen wir alle heute mit diesen Zeiten umgehen können, in Kritik und Selbstkritik.

Erstaunlicherweise ist die Wahrheit selbst in den heutigen Zeiten bedroht, in denen Freiheit und Wohlstand herrschen. Jeder scheint heute ein Anrecht auf seine eigene Wahrheit zu haben. Als Wahrheit gilt dabei oft das, was sich am schnellsten in den sozialen Medien verbreitet.

Wer sogar Zeitungen und Fernsehsender besitzt, braucht sich vor der Wahrheit nicht mehr zu fürchten. Und wer seine eigene Version der Wahrheit auf den Markt bringen will, baut sich einfach eine Webseite und schreibt, was er will. Ein tschechisches Medium drückt seine Verachtung der Wahrheit schließlich so aus, dass es sich nicht vorschreiben lasse, was es zu schreiben habe. Hier schließlich hat sich die Lüge hinter der Freiheit verschanzt.

»Die Wahrheit siegt.« Diese simple Behauptung, diese Erkenntnis oder Hoffnung, hat etwas Machtvolles. Wenn sie nicht schon auf der Standarte des Präsidenten stünde, sollte man sie jetzt dorthin setzen. Dieses Motto ist ein Vermächtnis des Gründungsvaters der Tschechoslowakischen Republik und derjenigen Menschen, die sie nach langer Zeit in ihrem alten Geist wiederbelebt haben. Und so ist es auch eine Art Versprechen, das immer wieder neu eingelöst werden muss.

81. Grund

Weil hier zur Nazizeit so viele Exilanten untergekommen sind

Das Deutschland der 1930er-Jahre war gezeichnet von einem schrittweisen Abbau von Prinzipien wie Toleranz und Menschlichkeit. Juden, Künstler, Oppositionelle und Andersdenkende begannen immer deutlicher zu spüren, wie ihnen das Leben schwer gemacht wurde und ihre Rechte zunehmend beschnitten wurden, bis die Bedrohung schließlich existenziell wurde.

Für viele dieser Menschen trat eine Zeit ein, in der sie zwischen der Hoffnung auf Besserung und einem pragmatischen Pessimismus schwankten. Wenn sich die Lage in kleinen Schritten verschlechtert, ist es sicher schwer den rechten Augenblick zu finden, in dem man sich entschließt, seine Heimat zu verlassen und ins Exil zu gehen, um sich und seine Familie zu retten.

Bevor man sich entschloss, ein Schiff zu besteigen, um nach England oder Amerika zu reisen, war es zumeist einfacher, in ein benachbartes Land zu gehen, wo man vielleicht ein paar Jahre abwarten konnte, wie sich die Lage entwickeln würde. Neben Ländern wie der Schweiz, Holland oder Frankreich war das auch die Tschechoslowakei. Dieses kleine Land, das nach der völkerrechtswidrigen Annektion der Sudetengebiete durch das Deutsche Reich noch einmal ein Stück kleiner wurde, bot vielen Menschen, die vor dem Nationalsozialismus geflohen waren, zumindest für einige Zeit einen sicheren Hafen.

Natürlich währte dieser Schutz nur so lange, wie die Tschechoslowakei noch frei war. Nach der »Zerschlagung der Rest-Tschechei« im März 1939 war auch das vorüber. Diese kurze Zeit hatte aber doch vielen Exilanten geholfen, in andere Länder weiterzufliehen. Während sie in Prag ausharrten, konnten sie die Entwicklung in Deutschland verfolgen, und das Schicksal der Tschechoslowakei ließ nun keinen Zweifel mehr an den Intentionen des NS-Regimes.

Zum Beispiel flüchtete Bertolt Brecht am 28. Februar 1933, am Tag nach dem Reichstagsbrand, mit seiner Familie und Freunden nach Prag, um dann später die Weiterreise anzutreten. Ähnlich erging es dem Maler Oskar Kokoschka, der 1938 weiter nach London floh. Unter den Exilanten fanden sich viele geächtete und verfolgte Künstler wie etwa Oskar Maria Graf, John Heartfield oder Johannes R. Becher. Heinrich und Thomas Mann wurden sogar tschechoslowakische Staatsbürger, obwohl sie später woanders lebten. Hatten Sie gewusst, dass sich hier ein (zumindest zum Teil) tschechischer Nobelpreisträger verbirgt, von dem nur wenig Leute wissen?

Ein Teil der Sozialdemokraten agierte ebenfalls aus dem Prager Exil unter dem Namen *Sopade*, von wo aus sie mit den Parteigenossen im Deutschen Reich in Kontakt blieben. In Prag hatte die Parteiführung zudem eine Auswanderungsstelle eingerichtet, von wo aus die weitere Flucht organisiert wurde. Auch aus den sudetendeutschen Gebieten flohen viele gefährdete Personen nach Prag, und manchmal gelang es ihnen gerade noch rechtzeitig, weil sie von Tschechen gewarnt wurden.

Aber auch in Prag konnten sich die Geflohenen nicht völlig sicher fühlen, da die Haltung der tschechoslowakischen Regierung nicht ganz sicher war. Somit war es durchaus möglich, dass dieser Schutzraum doch eines Tages zur Falle werden könnte.

Einen großen Teil meiner Sympathien für die Tschechoslowakei, trotz all ihrer Fehler und Schwächen, hat sie einfach dadurch verdient, dass sie noch relativ lange eine schützende Mauer gegen die Nationalsozialisten aufrechterhalten hatte. Es sind dann doch oft diese kleinen und schon geschwächten Staaten, die eine Ausbreitung von Gewalt und Unrecht verzögert haben und so vielen Menschen das Leben retten konnten.

82. Grund

Weil selbst Stalin in Prag Schlange stand

Wenn Sie vom Prager Zentrum kommend die Brücke *Čechův most* überqueren, fahren Sie auf eine Anhöhe zu, d*ie Letná-Höhe*. Von beiden Seiten sehen Sie dort eine Freitreppe in die Höhe führen, die bereits vermuten lässt, dass sich dort oben etwas Besonderes befinden muss.

Was ist dort zu sehen? Zu sehen ist dort ein Mast, der regelmäßig hin und her schwankt. Das Ganze heißt *Prager Metronom* und es handelt sich um ein Werk des Bildhauers Vratislav Karel Novák. Die gepflasterte Fläche und die umliegenden Stufen und Simse dienen als Treffpunkt vor allem für Skateboarder. Aber nun werden Sie sich denken, dass diese mächtige Anlage wohl nicht ursprünglich für Skateboarder gebaut worden ist. Und da haben Sie ganz recht. Denn hier befand sich einmal eine gigantische Figurengruppe – genauer gesagt die größte Gruppenstatue Europas.

Dieses Bauwerk zeigte eine Gruppe von neun Personen, und ganz vorne prangte der kommunistische Führer Josef Stalin. Hinter ihm folgten in einer Doppelreihe auf der einen Seite ein Arbeiter, ein Wissenschaftler, eine Kolchosearbeiterin und ein Soldat der *Roten Armee* und auf der anderen Seite die entsprechenden Vertreter der Tschechoslowakei.

Die Grundsteinlegung erfolgte am 22. Dezember 1949. Für den Ort war eigens das gerade erst gebaute neue Stadion von *SK Slavia Praha* abgerissen worden. 600 Arbeiter waren damit beschäftigt, den hohlen Sockel hochzuziehen und darauf die Figuren zu errichten, die aus der Ferne wie ein großer Felsblock wirkten. Im Jahr 1955 wurde das Werk, das Prag überragte, enthüllt – und zwar, wie könnte es anders sein, am 1. Mai. Die Widmung lautete: »Seinem Befreier – das tschechoslowakische Volk«.

Der verantwortliche Bildhauer, Otakar Švec, hatte die Eröffnung nicht mehr erlebt. Er hatte sich ein paar Tage vor der Eröffnung das Leben genommen, rund ein Jahr, nachdem schon seine Frau Selbstmord begangen hatte. Dieses Werk stand unter keinem guten Stern. Aber es war groß. Und Größe zählte damals für die Auftraggeber.

Die Gruppenstatue war an sich schon 15,5 Meter hoch, wozu noch der 15 Meter hohe Sockel kam. Die Länge betrug 22 Meter. Das war ein imposanter Koloss. Dennoch konnte nicht die Rede davon sein, dass sich alle Tschechen besonders beeindruckt gezeigt hätten. Die Reihe der Figuren erhielt nämlich bald den Spitznamen *Fronta na maso*, zu Deutsch: »Schlange für Fleisch«. Und das war eine deutliche Anspielung auf die Knappheit bestimmter Konsumgüter. Der Stadtteil hinter der Statue, der eigentlich *Letná* heißt, wurde etwas respektlos als *Záprdelí* bezeichnet, was man vielleicht frei mit Hinterarschhausen übersetzen könnte.

Das weitere Schicksal dieses neuen Prager Monuments kam sicher überraschend. Nachdem Chruschtschow Regierungschef der Sowjetunion geworden war, bestand kein Bedarf mehr an stalinistischem Personenkult. Kurzerhand wurde also beschlossen, die neue Statue wieder zu entfernen, und zwar nach nur sieben Jahren Standzeit.

Wir kennen es nur zu gut: Wir kaufen ein Bild für das Wohnzimmer, aber dann sieht es doch nicht so gut aus, wie wir es uns vorgestellt hatten. Also muss es wieder weg.

Was wir daheim mit einem Handgriff erledigen, erforderte im November 1962 drei Sprengungen, die die Stadt erschütterten. Der gesamte Abriss wurde so streng geheim gehalten, wie sich eine Detonation in einer Großstadt eben geheim halten lässt. Es waren keine Fotos erlaubt, und sogar eine Holzverkleidung war eigens um die Statue hochgezogen worden.

Seit 1991 ziert nun das *Prager Metronom* den Sockel. In den unteren Räumen finden hin und wieder Ausstellungen statt. Die kahlen, sandigen Betonräume mit den Säulen eignen sich gut für apokalyptische Inszenierungen. Zwischendurch gab es auch mal Pläne, dort ein Ozeanarium einzubauen. Meerestiere über Prag: Es hat etwas Unstimmiges. Aber was ist nicht alles von einem Ort zu erwarten, wo einst Stalin nach Fleisch anstand.

83. Grund

Weil das Industrieerbe gigantisch ist

Kaum etwas schlägt mich so zuverlässig in seinen Bann wie renovierte Industriegelände, in denen noch Reste alter Gleise zwischen dem Kopfsteinpflaster verlaufen, wo man schwere Metalltüren aufdrücken muss und wo dicke Kabelstränge von massiven Schaltern zur Decke und quer durch den Raum laufen. Die Empfindung der morbiden Vergangenheit alter Produktionsstätten mischt sich mit dem Kribbeln eines Neuanfangs, wo Ideen geboren werden und Dinge in Bewegung geraten.

Die Reaktivierung stillgelegter Industriegebäude gehört längst zum Standardrepertoire moderner Stadtplanung: Hier finden sich nun Kunst- und Kulturzentren, Cafés und Restaurants, Coworking-Spaces und Inkubatoren für neue Firmen, Jugendeinrichtungen und offene Technologiebastelwerkstätten. Diese Gebäude sind Räume für viel gestalterische Freiheit. Bewährt hat sich offenbar ein Mix aus moderner Gastronomie, Kultur und Community-Projekten.

Gerade die Hallen haben einen immensen ästhetischen Reiz: Zumeist bestehen sie aus Ziegelsteinen mit Stahlelementen und verfügen über großzügige Räume mit weiten Fensterflächen. Zudem sind sie längst in das innere Stadtgebiet hineingewachsen, liegen zwar nicht im historischen Zentrum, aber doch sehr zentral. Brachflächen werden so nutzbar gemacht.

Pilsen (Plzeň) etwa hat ein ehemaliges Busdepot umgewandelt. Das Projekt *DEPO2015* ist das Erbe eines Jahres, in dem die Stadt *Europäische Kulturhauptstadt* war. Die Herausforderung hatte darin bestanden, von dem sehr einseitigen *Pilsener Urquell*-Image wegzukommen. Selbst die Bürger von Pilsen hatten bis dahin nur begrenzt begriffen, was ihre Stadt eigentlich an unentdeckten Potenzialen bereithielt.

Nicht weit vom *DEPO2015* entfernt, das Flüsschen Radbuza stromaufwärts, liegt die *Papírna*, eine ausgediente Papierfabrik. Hier finden sich ein Lokal, dazu ein Tanzsaal, ein Fotoatelier und Übungsräume für Bands. Im Nachbargebäude wurde ein Seniorenheim untergebracht, was ohne Zweifel eine interessante Kombination darstellt.

Wenn Sie auf alte Industriegiganten mit Flugrostästhetik stehen, müssen Sie unbedingt auch nach Ostrava (Ostrau) fahren. Das ist von Prag aus in einer Tagestour zu schaffen, wenn man früh morgens losfährt. Ein Stück südlich des Zentrums befindet sich ein großes Areal namens *Dolní oblast Vítkovice*, auf dem sich früher ein Eisenwerk und eine Kokerei samt Grube und Hochöfen befunden haben.

Es gibt kaum einen Ort in Tschechien, dessen Anblick mir dermaßen den Atem verschlagen hat wie diese gigantischen rostroten Blöcke, zwischen und unter denen man hindurchgeht! Zwischen den Gebäuden und Türmen des ehemaligen Werks verlaufen unzählige Träger, Rohre, Behälter, Treppen und Stege von einer erstaunlichen Fülle, die früher wie eine eigene Maschinenstadt funktioniert hatten.

Das Gelände böte sicher eine erstklassige Kulisse für einen dystopischen Science-Fiction-Film. An allen Ecken und Enden eröffnen sich neue Blickwinkel, hinter Durchgängen werden riesenhafte Behälter sichtbar, die hoch oben durch gigantische Rohre verbunden werden. Es verwundert nicht, dass die Anlage schon zur Zeit der Ersten Tschechoslowakischen Republik scherzhaft als *Ostravas Hradschin* bezeichnet wurde, in Anlehnung an den Prager Burgbezirk.

Einer der Höhepunkte des Geländes bildet der *Hochofen Nr. 1*. Über einem Gewirr aus Kesseln, Rohren und Plattformen erhebt sich ein Turm mit gläserner Spitze, um den sich hoch oben begehbare Stege ranken. Dort befindet sich das *Bolt Tower Café*.

Hinauf kommt man nur mit einer Eintrittskarte und in Begleitung. Oben in rund 70 Metern Höhe darf man dann auf den Stegen umhergehen und sich den Wind um die Ohren pfeifen lassen. Der Blick »auf Augenhöhe« mit den umliegenden Schornsteinen ist wirklich atemberaubend.

An allen Ecken der Städte entstehen derzeit Cafés und Bistros mit Industrieflair. Oft sitzt man auf Paletten und blickt auf unverputzte Ziegelsteine, während augenfällig tätowierte und vollbärtige Kellner in Holzfällerhemd und mit Schirmmütze die hübsch angerichteten, aber nicht immer besonders preiswerten Speisen und Getränke umhertragen.

Bei mir ums Eck gibt es gleich mehrere dieser Lokale, und in einer früheren Fabrik werden im Café sogar Turnschuhe verkauft. Einige stehen wie Schmuckstücke in kleinen Vitrinen, doch leider kann ich auch beim näheren Hinsehen nicht entdecken, was ihren Wert als Ausstellungsstücke ausmacht.

Das Hipster-Konzept scheint auf jeden Fall einträglich zu sein. Die Gäste sind bereit, für das Lebensgefühl von Laptop und Craft-Beer deutlich mehr als üblich zu zahlen. Vielleicht ist das Problem aber auch, dass es sonst nicht viele Lokale gibt, wo man lange sitzen und sich mit Freunden unterhalten, etwas lesen oder arbeiten kann. Für die Räumlichkeiten gilt dabei die Regel, dass sie so unbehandelt sein sollten wie der Bio-Saft, den man dort in kleinen Fläschchen bekommt.

In Prag wird inzwischen der Tipp gehandelt, dass man über Nacht unbedingt seine Garage abschließen solle. Andernfalls hätten die Hipster darin schon am nächsten Morgen ein neues Café eröffnet.

84. Grund

Weil in Prag der Golem spukte

Der Golem dürfte nach Kafka eine der wichtigsten Persönlichkeiten sein, die heute als Motive in Prager Souvenirläden zu finden sind. Dabei handelt es sich lediglich um eine Sagengestalt, über deren Aussehen wir fast gar nichts wissen. Außerdem ist gar nicht einmal klar, ob der Golem überhaupt nach Prag gehört. Aber mich stört er weit weniger als die völlig deplatzierten Matrjoschka-Puppen, die auch in den Nippes-Läden angeboten werden.

In der kabbalistischen Tradition ist der Golem ein aus Lehm geschaffenes Wesen, das stumm und antriebslos verschiedene einfache Tätigkeiten verrichtet, wie etwa Hausarbeiten oder Synagogendienst. Dieser geistlose Homunkulus wird durch einen Wortzauber zum Leben erweckt. Eine bestimmte Buchstabenkombination mit einer religiösen Bedeutung wird dafür dem Wesen auf die Stirn geschrieben oder unter die Zunge geschoben. Die Schöpfung eines Golems ist dabei so schwierig, dass es nur Gelehrten, also Rabbinern, gelingt.

Ich finde die Idee faszinierend, dass ein Wesen aus Erdmasse durch einen Geheimcode zum Leben erwachen kann. Schöpfung und Sprache sind ohnehin eng miteinander verknüpft, und hier werden sie ganz greifbar. Man denke nur an Roboter und künstliches Leben, die erst mithilfe eines Computercodes oder DNA zu etwas Lebendigem werden, aber auch an den Mythos von Pygmalion, wo es mehr um künstlerisches Schaffen geht.

Golems sind schon im 12. Jahrhundert beschrieben worden, aber die erste komplette Legende wird aus dem ostpolnischen Chełm überliefert. Dort soll der Rabbi Elija Ba'al Schem einen Golem geschaffen haben, der mit einer Axt in der Hand auf dem Marktplatz Wache gestanden hatte. Vermutlich hätte ich um diesen Herrn einen großen Bogen gemacht. Dieser stumme Gehilfe soll dann unkontrolliert gewachsen sein und musste schließlich wieder zerstört werden.

In der zweiten Hälfte des 18. Jahrhunderts wurde diese Legende auf den berühmten Rabbi Jehuda Löw ben Bezalel von Prag übertragen. Prag hatte in dieser Zeit ein großes Interesse an den mystischen Lehren der Kabbala entwickelt, und dieses Thema wurde daher freudig aufgenommen.

Der historische Rabbi Löw, der vermutlich aus Worms stammte und über Polen und das südmährische Mikulov (Nikolsburg) nach Prag gelangt war, soll übrigens im wirklichen Leben allen Wunderglauben abgelehnt haben. In der Legende aber trat er nun als der Schöpfer eines Golems in Erscheinung.

In der Prager Legende diente der Golem dazu, die Juden gegen antisemitische Übergriffe zu schützen. Zusammen mit ausgewählten Schülern ging der Rabbiner zu einer Lehmgrube an der Moldau, schuf eine lebensgroße Figur und erweckte sie durch ein religiöses Ritual zum Leben. Der Golem erhielt den Namen Joseph.

Dieser Joseph war zunächst untätig. Er wurde erst durch einen Zettel mit dem Namen Gottes zum Leben erweckt, der ihm unter die Zunge gelegt wurde. Dann ging er eigenständig durch die Straßen und führte so eine Art Streifendienst aus. An jedem Sabbat musste der Name aber entfernt werden, da er dann zu ruhen hatte.

Der Legende nach wurde der Prager Golem jedoch von Defekten und Fehlbedienungen geplagt. Einer Version zufolge musste er zerstört werden, nachdem er außer Rand und Band geraten war und durch die Straßen des Gettos wütete. Nach einer anderen wurde er von Rabbi Löws Frau zweckentfremdet, um für sie Wasser ins Haus zu tragen. Dies führte zu einer kleinen Überschwemmung, weil sie vergessen hatte, ihn rechtzeitig wieder auszustellen. Wie erklären wir das der Versicherung?

Nachdem Rudolf II. den Prager Juden seinen Schutz zugesagt hatte, wurde der Golem endgültig entbehrlich. Der Rabbi vollzog nun auf dem Dachboden der Altneu-Synagoge das Schöpfungsritual in umgekehrter Reihenfolge, und der Golem zerfiel wieder zu Lehm. Und dort soll er heute noch liegen.

Wie müsste man sich den Golem in den heutigen Prager Straßen vorstellen? Als einen der schwarz gekleideten Männer, auf deren Rücken gelb »Security« prangt? Oder eher wie eine Maschine, einen Roboter?

Mein Bild vom Golem hat sich stark durch Gustav Meyrinks mystischen Roman *Der Golem* geprägt, der allerdings mit der ursprünglichen Legende nicht mehr viel gemein hat. Dieses Werk hat sicher nur ein Kenner Prags schreiben können, der die Gassen der Altstadt selbst durchstreift hatte. Immer wenn ich im Hirschgraben bin, blicke ich zur Burg empor und suche nach der geheimnisvollen *Mauer zur letzten Latern* am Ende der Alchimistengasse.

Auch das heutige Prag bildet in dunstigen Herbstnächten eine hervorragende Kulisse für ein merkwürdiges Wesen, das dort taub und stumm durch die Gassen stolpert, um geheimnisvolle Aufträge auszuführen. Vielleicht gelingt es Ihnen, ihm zu folgen. Bis in das nächste Wirtshaus, wo das Wesen beim Bier langsam den Verstand wiederfindet.

85. Grund

Weil hier der Prager Frühling und die Samtene Revolution stattgefunden haben

Dieses Buch will und kann natürlich kein Geschichtsbuch sein. Es gibt jedoch kaum Ereignisse, die die Entwicklung des Landes und nicht zuletzt auch seine Wahrnehmung im Ausland so sehr geprägt haben wie der *Prager Frühling* und die *Samtene Revolution*.

Diese Publicity im Ausland war nicht zuletzt auch Emigranten wie dem Regisseur Miloš Forman oder dem Schriftsteller Milan Kundera zu verdanken. Letzterer etwa hat die Ereignisse in den späten Sechzigern als Vorlage für sein Buch *Die unerträgliche Leichtigkeit des Seins* verwendet.

Als ich in den späten 90er-Jahren hin und wieder für Prager Medien arbeitete, war die Zeit vorüber, wo jeder Artikel mit der *Samtenen Revolution* beginnen und die Leser daran erinnert werden mussten, dass Tschechien und die Slowakei nun getrennt waren. Tschechien steckte tief in einer Phase der Transformation, in der es im Land oft noch etwas ungeregelt und nach dem Faustrecht zuging. Das merkte man als Gewerbetreibender, als Taxikunde, als Tourist im Wirtshaus oder in der Schlange vor dem Postschalter.

Eines Tages stieß ich bei Freunden auf eine Aufnahme der Band *The Plastic People of the Universe*. Was sich nur ziemlich schwer länger als ein paar Minuten anhören ließ, entpuppte sich als die wichtigste Band des tschechoslowakischen Underground in den Siebzigern und Achtzigern. Diese Leute hatten allein durch ihr nonkonformes Auftreten den Ärger der Behörden erregt: lange Haare, quietschende Geigen und Texte wie »Friede, Friede, Friede, wie Klopapier«*, was sich im Tschechischen schön reimt und an die sozialistischen Spruchbänder erinnert.

Völlig harmlos, würde man heute sagen, aber diese Band beschäftigte die Gerichte und teilte die Gesellschaft. An ihr wollte die Kommunistische Partei ein Exempel statuieren, aber durch diese Absurdität wurde die Band umgekehrt zum Symbol, um das sich die Opposition sammelte. Kunst, egal ob schön oder nicht, war oft ein Mittel, um Widerstand zu leisten. Und das machten die »Plastics« bereits, indem sie die Herrschenden ignorierten.

Viele westliche Länder stellten nach der Wende zunächst hohe Erwartungen an die demokratische Republik mit ihrem Dramatikerpräsidenten Václav Havel und waren dann enttäuscht, dass die Bevölkerung mehr an Konsum als an Werten interessiert zu sein schien. Einer meiner Bekannten drückte es mal so aus, dass sich die Bürger freie Medien erkämpft hatten, um sich nun als Erstes Pornos anzusehen.

* *»Mír mír mír, jako hajzlpapír« auf der LP Vožralej jak slíva mit Aufnahmen von 1973 bis 1975*

Mit Václav Havels Tod hörten auch der *Prager Frühling* und die *Samtene Revolution* zunehmend auf, einen Bezugspunkt für die tschechische Politik und für gesellschaftliche Entwicklungen darzustellen. Auf welcher Seite jemand damals gestanden hatte, spielt heute oft keine Rolle mehr, wenn Koalitionen geschmiedet und öffentliche Ämter besetzt werden.

Die Jahre 1968 und 1989 drohen zunehmend zu leeren Zahlen zu verblassen. Für viele Tschechen stehen sie aber auch heute noch für die Einforderung von Bürgerrechten gegen totalitäre Tendenzen, für zivilen Ungehorsam und ein Streben nach Selbstbestimmung und für einen Glauben an die Macht der Wahrheit, selbst wenn sie zu manchen Zeiten nur von wenigen ausgesprochen wird.

86. Grund

Weil Synagogen wieder als Gotteshäuser genutzt werden

Wer in Prag das *Jüdische Museum* besucht, der bekommt eine Eintrittskarte, mit der er einige Gebäude besuchen kann, von denen die meisten früher Synagogen waren oder es jetzt noch sind. Viele Räume beherbergen heute nur noch Ausstellungen und Sammlungen.

Als zweite Station steht die *Pinkas-Synagoge* auf dem Programm. Sie liegt direkt an dem berühmten jüdischen Friedhof, der vor allem durch das Bild der eng stehenden alten Grabsteine bekannt ist. Dieses Gebäude ist eine Gedenkstätte für die tschechischen Juden, die während der Zeit des Nationalsozialismus ermordet worden sind. Die Personen wurden nach Orten und Namen sortiert, und an den Geburts- und Sterbedaten lässt sich ablesen, ob es sich um einen Erwachsenen oder etwa um ein kleines Kind gehandelt hat.

Für den Holocaust im »Protektorat« steht vor allem das Konzentrationslager in der früheren Festung *Theresienstadt*. Obwohl die

Einwohner bereits dem Tod geweiht waren, lebten sie lange Zeit im Unklaren über ihr Schicksal. Trotz der demütigenden Regeln, die das Leben im Lager bestimmten, versuchten die Gefangenen, sich ihre Menschenwürde zu bewahren. Sie übten heimlich ihre Religion aus und gaben eigene Zeitschriften heraus, es wurden Theater- und Musikaufführungen veranstaltet, und die Kinder bekamen Schulunterricht.

Schließlich hat die Lagerführung diese Zeichen der Selbstbehauptung benutzt, um *Theresienstadt* der internationalen Gemeinschaft als angebliches Musterlager vorzuführen. Dabei waren hier die Zustände alles andere als schön: Von den insgesamt rund 155.000 Gettobewohnern starben hier etwa 35.000. Die meisten der übrigen Insassen wurden nach und nach in osteuropäische Lager verschickt, wo sie ermordet wurden.

In Tschechien treffe ich heute immer wieder auf Friedhöfe und Synagogen, oder was von ihnen übrig geblieben ist. Oft sind es leer stehende Gebäude, die hin und wieder für Ausstellungen genutzt werden. Wenn auch viel Bausubstanz gerettet wurde, so bringt es nicht die Menschen zurück.

Besonders sehenswert fand ich zwei Synagogen in Pilsen (Plzeň), die von den typischen Prag-fixierten Besuchern leider viel zu oft übersehen werden: die *Alte Synagoge* und die *Große Synagoge*.

Die *Alte Synagoge* wurde im Jahr 1859 erbaut und vor ein paar Jahren von Grund auf renoviert. Das Gebäude besitzt eine zweistöckige hölzerne Galerie, zu der zwei Wendeltreppen emporführen. Besonders auffällig ist zudem die hölzerne Kassettendecke.

Die *Große Synagoge* ist die drittgrößte Synagoge der Welt und die zweitgrößte in Europa (nach derjenigen in Budapest). Sie wurde von 1888 bis 1893 im maurisch-romanischen Stil erbaut, wirkt aber allein schon von ihrer Größe her wie eine christliche Kathedrale. Sogar Bleiglasfenster und eine Orgel finden sich dort. Auch die Frontfassade erinnert an eine süddeutsche Kirche, allerdings befindet sich zwischen den beiden Zwiebeltürmen ein großer Davidstern.

Ich empfand es bei meinen Besuchen als sehr erfreulich, dass diese sakralen Gebäude wieder als Synagogen genutzt werden. Angesichts der verheerenden Verbrechen, die von Deutschen auch an den tschechischen Juden verübt worden sind, ist dies immer ein Anblick, der mich optimistisch stimmt.

87. Grund

Weil es eine Alternative zu Ost und West bietet

Die Tschechische Republik wird in deutschsprachigen Ländern oft Osteuropa zugerechnet (siehe Grund 6), was wohl noch eine Spätfolge des Eisernen Vorhangs sein muss. Anders kann ich es mir jedenfalls nicht erklären. Überrascht hatte mich darum ein Einblick in die umgekehrte Perspektive, die mir einmal ein russischer Bekannter gewährt hatte: Für ihn sei dieser westlichste Zipfel aller slawischen Gebiete eigentlich gar nicht so richtig slawisch, sondern mehr oder weniger vom Lebensgefühl her – und hier senkte er die Stimme, damit uns kein Tscheche hören konnte – deutsch. So weit die Perspektive aus den Tiefen Russlands.

Tschechien liegt in der Mitte Europas und bezeichnet sich oft als »Herz Europas«, was sich weder auf die Pumpleistung noch auf das Mitgefühl gegenüber Migranten bezieht, sondern allein auf die geografische Lage. Tschechien hat somit die besondere Chance, eine Grauzone zwischen Ost und West zu besetzen.

Während der Ersten Republik war das Land in Richtung Amerika und Westeuropa orientiert, hatte aber im Sinne des Panslawismus immer auch Verbindungen zum slawischen Osten. Nach dem Ende des Ostblocks folgte der Beitritt zur NATO und später zur EU. Als die NATO aber Anfang dieses Jahrtausends auf den Hügeln von Brdy Radaranlagen für ein europäisches Raketenabwehrsystem installieren wollte, wehrten sich viele Bürger mit Händen und Füßen, bis die Idee schließlich im Jahr 2009 zu Grabe getragen wurde.

Und auch heute bevorzugt die Republik oft einen neutralen, um nicht zu sagen ambivalenten Standpunkt. Während ich dies schreibe, beziehen viele Politiker Subventionen aus Brüssel, während sie ihre Vorbilder in Moskau und Beijing suchen und dabei EU-kritische Töne anschlagen.

Tschechien hat sowohl die Anbindung an den Osten (verbunden mit einer Sehnsucht nach dem Westen) als auch die Anbindung an den Westen (und dabei flirtend mit dem Osten) erlebt. Aus dieser Erfahrung entspringt die Chance, alle Allianzen, die als unausweichlich präsentiert werden, mit einem gesunden Misstrauen zu bewerten und dort Alternativen aufzuzeigen, wo ein Entweder-Oder gefordert wird. Und so kann es auch als Brücke zwischen Menschen und Kulturen in West und Ost dienen.

Die Gefahr besteht natürlich, dass hier der Widerspruchsgeist zum Selbstläufer wird und in den einmal eingegangenen Bündnissen das Prinzip der Solidarität untergräbt. Aber hier, wie schließlich auch überall, ist natürlich ein gesundes Maß ausschlaggebend.

88. Grund

Weil die Tschechoslowakei auch für Freiheit stand

Es war Mitte der 80er Jahre. Damals machte ich in Begleitung der Eltern und Geschwister meinen ersten Ausflug vom Westen aus in ein Land jenseits des Eisernen Vorhangs: Wir fuhren mit der Bahn nach Prag. Die scharf bewachte Grenze und die strengen Kontrollen sind mir noch gut im Gedächtnis geblieben. Bei diesen irren Sicherheitsvorkehrungen ist es doch kein Wunder, dachten wir uns, dass nur so wenige Leute in den Osten fliehen!

Nach der Grenze dann strömte an einem Bahnhof die tschechische Bevölkerung in den Zug. Die Reisenden standen dicht gedrängt im Gang, ließen sich jedoch nicht zu uns ins halb leere Abteil bitten. Wir waren klar als »Unberührbare« erkennbar. Diese Trennung nach Ost und West machte sich immer wieder bemerkbar, und eine Schlüsselrolle spielte dabei sicher die Währung, die man mit sich führte.

Auf dem Prager Wenzelsplatz konnte man kaum ein paar Schritte gehen, ohne dass ein scheinbar zufällig Vorübergehender »Wechseln?« geraunt hätte. Es war eine Reise in eine unwirkliche und oft auch beklemmende Welt. In einem Cafés aß ich einen Kuchen, in dem eine halbe Erdbeere im roten Gelee steckte, weshalb er den Namen Erdbeerkuchen trug, und die Blumen auf den Beeten waren sorgfältig in Sternform gepflanzt. Ich erinnere mich auch noch an eine Kapelle in einem Hotel, die das Trinkgeld zurückbringen ließ, mit der vorwurfsvollen Bemerkung, dass dies zu wenig sei.

Perspektivwechsel: Während wir staunend den böhmischen Sozialismus erlebten, hatte die Tschechoslowakei damals für viele Ostdeutsche eine völlig andere Bedeutung, von der ich überhaupt nichts mitbekam. Wer nämlich aus der DDR ins Ausland reisen wollte, für den war die ČSSR das einfachste Ziel. Für Ungarn brauchte man bereits eine besondere Genehmigung, die »Reiseanlage für den visafreien Reiseverkehr«, und für Polen galten seit dem Erstarken der Solidarność verschärfte Bedingungen.

Im Vergleich zur DDR wurden zudem in der ČSSR viele Regeln laxer gehandhabt. Hier gab es wildes Campen in den Wäldern, Straßenmusik in den Städten und es war möglich, im Freien seine Zeit zu vertrödeln, ohne damit einen Abschnittsbevollmächtigten auf den Plan zu rufen. Und in den Läden fand man Platten von West-Bands, die man zu Hause vergeblich suchte.

Die Tschechoslowakei wurde somit zum bewährten Freiraum für Ostdeutsche, die dem heimischen Konformismus zu entrinnen suchten. Gerade »Kunden« oder »Blueser«, also langhaarige und nachlässig gekleidete Jugendliche, die sich in einer Subkultur eine Alternative zum DDR-Alltag schufen, entdeckten Prag als einen Ort, wo sie das Leben als freier empfanden.

Eine besondere Rolle spielte dabei der Prager Brauereigasthof U Fleků. Das Gebäude ist an der Uhr erkennbar, die über den Gehweg ragt und die statt der Ziffern den Namen des Lokals trägt. Das U Fleků ist für Prag ungefähr das, was das Staatliche Hofbräuhaus für München ist: ein Betrieb mit jahrhundertelanger Brautradition, der heute jedoch vor allem Touristen anzieht, wovon auch die Preise zeugen. Noch in den achtziger Jahren war das U Fleků jedoch eine Art Wallfahrtsort für Ostdeutsche und hat für viele darum heute noch Kultstatus.

Die Rolle der Tschechoslowakei als Tor zur Freiheit wurde dann noch einmal im Sommer 1989 deutlich, obwohl die Regierung in Prag nicht viel dazu beigetragen hatte. Am 30. September erklangen vom Balkon der westdeutschen Botschaft die Worte des Außenministers Hans-Dietrich Genscher, die wohl als der berühmteste Halbsatz in die deutsche Geschichte eingegangen sind: »Wir sind zu Ihnen gekommen, um Ihnen mitzuteilen, dass heute Ihre Ausreise …« Weiter kam er nicht, denn der Rest ging im Jubel der wartenden Botschaftsflüchtlinge unter. Tausende Ostdeutsche konnten in einer Übereinkunft mit der DDR-Führung über Dresden in den Westen ausreisen. Heute wissen wir, dass dieses Zugeständnis bereits ein Vorbote des Mauerfalls war, und Prag hatte darin eine wichtige Rolle gespielt.

8. Kapitel

Kurioses

89. Grund

Weil jeden Monat die Sirenen heulen

Auf meinem englischsprachigen Blog geschieht zwölf Mal im Jahr etwas Bemerkenswertes: An jedem ersten Mittwoch im Monat geht die Statistik durch die Decke. Kurz vor 12 Uhr mittags schwillt die Zahl der Besucher an und erreicht an dem Tag rund das Vierfache der normalen Höhe.

Diese Besucher kommen fast alle von Google, und gesucht haben sie alle nach der Antwort auf eine Frage: Warum heulen die Sirenen? Könnte es ein Terroranschlag sein? Ein neues Tschernobyl? Der Verteidigungsfall? Oder wird sich im nächsten Moment die riesige Silhouette eines Ufos über die Stadt schieben, das gekommen ist, um die politische Führung wieder heim zu holen?

Die Lösung ist aber ganz einfach: Die Sirenen werden jeden Monat getestet. Vor und nach dem Test ertönt eine Ansage auf Tschechisch und Englisch, die versichert, dass es sich nur um einen Test handelt. Diese Ansage ist allerdings nicht immer gut zu verstehen, und vielleicht trägt sie damit auch eher zur Sorge bei, dass es irgendeinen ernsthaften Anlass geben müsse.

Sirenen werden in den Großstädten sonst fast nie verwendet. Prag hat eine Berufsfeuerwehr und braucht keine Sirenen, um die Feuerwehrleute wie im Dorf vom Feld und aus den Ställen zu holen. Selbst als einmal eine gewaltige Gasexplosion eine Straße im Zentrum zerstört hatte und wilde Spekulationen über einen Terrorfall umgingen, waren keine Sirenen zu hören. Sirenen sind also wirklich nur dem »Ernstfall« vorbehalten, wenn also die Bevölkerung ihre Häuser verlassen soll.

Den Behörden zufolge werden einige Zivilbunker immer noch so gut gewartet, dass sie jederzeit einsatzbereit wären. Im Innern kann sogar ein Überdruck aufgebaut werden, damit keine schädlichen Gase eindringen können.

Ich frage mich aber, ob dieser Ernstfall wirklich seit Jahrzehnten so unmittelbar bevorsteht, dass ein monatlicher Sirenentest nötig ist. Wäre einmal pro Jahr nicht ausreichend? Und wenn dieser Fall dann doch einträte, was würden die Bürger dann machen? Sollen sie auf *Mapy.cz* suchen, wo der nächste Bunker ist, um dann drei Kilometer im Laufschritt hinzueilen, wo bereits eine lange Schlange vor den Stahltüren wartet?

Ich kann es mir gut vorstellen: Wo bleibt denn der Verantwortliche mit dem Schlüssel? Weiß jemand, wo er seine Stammkneipe hat? Oder vielleicht hat er sich schon eingeschlossen, samt Freunden und Familie? Und würden die dort überhaupt einen Ausländer wie mich hineinlassen, wenn sie sortieren müssten?

Vielleicht bin ich da etwas zu pessimistisch, aber ich glaube nicht, dass Menschen in Zeiten der Ressourcenknappheit plötzlich zu opferbereiten Altruisten werden. Auch nicht in Prag.

Die Sirenen erinnern mich immer an die großen Manöver während des Kalten Krieges, die es zu beiden Seiten des Eisernen Vorhanges gegeben hatte. Da wurde sicher nicht nur geübt, sondern auch unter der Bevölkerung das Bewusstsein einer Bedrohung aufgefrischt. Sicher ist es gut, Frieden nicht als etwas Selbstverständliches anzusehen. Wenn aber umgekehrt das Gefühl der Bedrohung selbstverständlich wird, dann wurde das Kind mit dem Bad ausgeschüttet. Nicht umsonst heißt es, dass Angst ein schlechter Ratgeber sei.

Es gab übrigens mindestens eine Gelegenheit nach dem Ende des Kalten Krieges, wo in Prag die Sirenen wirklich zum Einsatz kamen: Das war während der verheerenden Flut im Jahr 2002. Hier haben sie eindeutig einen wichtigen Beitrag zur Sicherheit der Einwohner geleistet, als sie am 13. August insgesamt 33 Mal ertönten und somit rund 48.000 Menschen evakuiert werden konnten.

Abgesehen davon bleiben sie einfach ein apokalyptisches Schauspiel für Touristen. Es ist ein Stück Nervenkribbeln, das es kostenlos mit dazugibt, nachdem man das Foltermuseum und die Museumsbunker besichtigt hat. Und für viele Leute ist es auch eine Erinnerung an die Zeit, als es jeden Moment ernst werden konnte.

90. Grund

Weil Tschechien nicht Tschetschenien ist

Vielleicht erinnern Sie sich noch an den Bombenanschlag auf den *Boston-Marathon* im Jahr 2013. Schon bald nach der Tat wurden erste Einzelheiten über die Tatverdächtigen bekannt, zum Beispiel dass die beiden Brüder tschetschenischer Herkunft sein sollten. Gerade in den sozialen Medien ließen nun viele Amerikaner ihren Emotionen freien Lauf.

Und da zeigte es sich, dass der Sturm der Verwünschungen und Drohungen oft in die falsche Richtung losging, denn viele der Leute hatten offenbar keine Ahnung, dass Tschetschenien (englisch »Chechnya«) und die Tschechische Republik (englisch »Czech Republic«, kurz »Czechia«) zwei völlig verschiedene Dinge sind, die weit voneinander entfernt liegen und deren Namen nur etwas ähnlich klingen.

Hier ist eine kleine Auswahl dessen, was auf Twitter zu lesen war (mit einem Versuch der Übersetzung):

»I'm tired of this terrorist bullshit fucking w our country. Fuck it, just nuke Czechoslovakia«*

»Some Czech mother fucker is about to get LITTTT up. #gethim«**

»There are like 9000 cops searching for this fuck from the Czech Republic. He's goin down.«***

* *Ich habe die Nase voll von dieser Terroristenscheiße, die unser Land zum Arsch macht. Verdammt noch mal, schmeißt die Bombe auf die Tschechoslowakei*

** *Irgendein tschechisches Arschloch wird in Flammen aufgehen. #aufihn*

*** *So ungefähr 9000 Bullen suchen diesen Arsch aus der Tschechischen Republik. Der hat keine Chance.*

»What did America do to the Czech Republic? Where even is the Czech Republic? Have fun with the devil terrorboy«*

Auf Facebook fanden sich sogar Leute, die genug Bildung zu haben glaubten, um mit ein paar Hintergrundinformationen auszuhelfen: »Tschechen sind zunehmend gleichbedeutend mit terroristischen Aktivitäten, und sie haben radikal-islamische Verbindungen ... habe ich gehört.«

Auf Yahoo Answers wurde dann die Frage gestellt, die alles zusammenfasste: »Sollen wir die Tschechische Republik bombardieren, weil sie den Terror nach Boston gebracht hat?« Viele Menschen in Tschechien begannen sich spätestens jetzt sehr unwohl zu fühlen.

Schließlich sah sich sogar der tschechische Botschafter in Washington, Petr Gandalovič, dazu veranlasst, höchst offiziell Nachhilfe in Geografie zu geben, um sein Land vor weiteren verbalen und vielleicht sogar tätlichen Angriffen zu bewahren:

»Während weitere Informationen über die Herkunft der Tatverdächtigen ans Licht kommen, muss ich diesbezüglich ein höchst unglückliches Missverständnis in den sozialen Medien feststellen. Die Tschechische Republik und Tschetschenien sind zwei völlig verschiedene Dinge – die Tschechische Republik ist ein mitteleuropäisches Land; Tschetschenien ist ein Teil der Russischen Föderation.«

Dann bekräftigte er noch die Entschlossenheit seines Landes, an der Seite der Vereinigten Staaten gegen den Terrorismus vorzugehen. Und er vergaß auch nicht, den Namen des Präsidenten zu erwähnen, Miloš Zeman, bevor noch jemand dachte, es sei Miloš Forman.

Die Wogen haben sich geglättet und weder Tschechien noch Tschetschenien wurde plattgemacht. Und es hat sich wieder einmal gezeigt, dass soziale Medien kein guter Ort sind, um politische Entscheidungen zur Reife zu bringen.

* *Was hat Amerika der Tschechischen Republik getan? Wo liegt überhaupt die Tschechische Republik? Viel Spaß mit dem Teufel, Terrorboy*

Weil der wirklich erste TESLA aus Böhmen kam

Wir schreiben das Jahr 2018. Der Multimilliardär Elon Musk hat soeben eine Rakete der Bauart *Falcon Heavy* in das All geschickt. Es handelt sich um einen Test, um einen Machbarkeitsbeweis. Und selbstverständlich um Eigenwerbung.

Natürlich lag es nahe, als Nutzlast für den Testflug irgendetwas Symbolisches ins Weltall zu schicken. Man hätte zum Beispiel etwas wählen können, was die Errungenschaften und Hoffnungen der Menschheit versinnbildlicht. Stattdessen entschied sich Musk dafür, eines der Produkte, die für ihn selbst stehen, in die Rakete zu stecken.

Es handelte sich um ein Elektroauto der Marke *Tesla*. Heute kennt wohl jeder *Tesla* zumindest dem Namen nach. Und nun ging die Nachricht um vom ersten *Tesla* im All. Diesem Auto war ein fester Platz unter den Kultobjekten unserer Zeit sicher. Alle waren beeindruckt.

Alle? Nein, nicht alle. Irgendwo in Mitteleuropa gab es ein kleines Land, wo man darauf gekommen war, dass schon viel früher ein *Tesla* ins All geflogen war. Und zum Beweis zeigte man ein Foto des tschechoslowakischen Kosmonauten Vladimír Remek, dem überhaupt ersten Raumfahrer, der weder aus den USA noch der UdSSR stammte. Remek war darauf im Raumanzug zu sehen, und er hielt in seiner Hand ein kleines Kästchen, worauf unverkennbar »TESLA« zu lesen war.

Hier aber kommt die große Enttäuschung: Remek und die Firma *TESLA* sind zwar real, aber das *TESLA*-Logo ist auf dem Originalfoto von 1978 nicht zu sehen. Es handelte sich um einen Scherz.

Was aber war das tschechoslowakische *TESLA*?

Nahe des Wenzelsplatzes liegt zwischen der Straßenbahnhaltestelle und dem *Dominikanergarten* die Passage Světozor. Wenn man dort in die zweigeschossige Halle tritt und den Blick in die Höhe hebt, erblickt man unter der Kuppel ein buntes Bleiglasfenster, das ein wenig wie ein modernes Kirchenfenster aussieht. Und dort ist es zu sehen: das Wort »*TESLA*« mit der stilisierten Sinuskurve und einem Funken.

Bei *TESLA* handelte es sich um eine Elektronikfirma, die 1946 in der Tschechoslowakei durch Verstaatlichung von einheimischen Betrieben und ausländischen Tochterunternehmen gegründet worden war. Nach 1990 wurden dann die Teilbetriebe geschlossen oder gingen in neue Firmen über.

Zu den erfolgreichsten Produkten gehörten etwa ein Rundfunkgerät namens *Talisman* oder das Tonbandgerät *Sonet duo*, aber auch Röhren, Transistoren und einfache Elektroartikel wie etwa Glühbirnen. *TESLA* stellte sogar einen Personal Computer und einen Mikroprozessor her, der auffällige Ähnlichkeiten mit einem Produkt der Firma Intel gehabt haben soll. Weltweite Schlagzeilen machten vor allem die Radarsysteme, die seit 1994 von dem Pardubicer Nachfolger *ERA* weiterentwickelt worden waren. Dabei handelt es sich um passive Systeme, die mit mehreren verstreut aufgestellten Antennen Signale auffangen und daraus die Position von Flugzeugen errechnen können. Dazu reicht es sogar, wenn das Objekt von fremden Radargeräten oder zivilen Sendeanlagen, also gewissermaßen auch versehentlich, angestrahlt wird.

Diese Geräte wurden zuerst mit Röhren gebaut und später auf Halbleiter umgerüstet. Das resultierende Produkt hieß *Věra* und war in der Lage, sogar amerikanische Tarnkappenbomber zu erkennen. Das war natürlich nicht im Sinne der NATO-Partner, die ihre tschechischen Freunde bezichtigten, ein Spielverderber von globalen Ausmaßen zu sein. Man muss sich die Reaktion in etwa so vorstellen, wie wenn sich Harry Potter entgeistert den Tarnumhang vom Leib reißt, weil sein tschechischer Mitschüler eine magische Brille entwickelt hat, mit der Harry deutlich zu sehen ist.

TESLA hat offenbar deutliche Spuren hinterlassen. Und da diese Firma eigentlich so fast alles hergestellt hatte, was in der Tschechoslowakei an Elektronik zu haben war, ist es eigentlich doch gar nicht so unwahrscheinlich, dass der erste *TESLA* im All doch aus Böhmen kam. Zumindest aber lässt sich sagen, dass die böhmische Firma *TESLA* älter ist als das gleichnamige Elektroauto.

92. Grund

Weil ein Geist eine internationale Karriere als Wissenschaftler gemacht hat

Einem tragischen Missverständnis und einem unaufmerksamen Lektorat haben wir die vorübergehende Existenz eines tschechischen Pathologen zu verdanken, der einen recht ungewöhnlichen Namen trug: Dr. Dysenterie. Dysenterie ist auch als Ruhr bekannt, und es handelt sich dabei um eine infektiöse Durchfallerkrankung.

Zu dieser prekären Angelegenheit kam es folgendermaßen:

Im Jahr 1887 veröffentlicht der Prager Pathologe Dr. Jaroslav Hlava einen wissenschaftlichen Artikel mit dem Titel: *O úplavici – předběžné sdělení.* Auf Deutsch heißt das: *Über die Dysenterie – vorläufige Mitteilung.*

Kurz darauf zitiert ein Kollege namens Stephanos Kartulis das Werk in dem *Zentralblatt für Bakteriologie und Parasitenkunde.* Bei der Übersetzung jedoch macht er einen folgenschweren Fehler: Er hält den Untertitel »*předběžné sdělení*« für den eigentlichen Titel »über die Dysenterie«. Den richtigen Haupttitel *O úplavici* übernimmt er dafür wörtlich aus dem Original. Das Werk wird somit zitiert als: *O. Uplavici: Über die Dysenterie*

Dies war die Geburtsstunde des Pathologen O. Uplavici. Man könnte ihn vielleicht als Dr. O. Dysenterie bezeichnen, oder einfach als Dr. Durchfall.

Dieser Wissenschaftler fand ungeachtet seines unattraktiven Namens und seiner Non-Existenz zu einer beachtlichen Anerkennung, denn sein Werk wurde rund 50 Jahre lang in Wissenschaftskreisen zitiert. Uplavici wurde mit Pasteur und Koch auf eine Stufe gestellt und galt sogar als Pionier seines Faches.

Erst im Jahr 1938 kam der britische Arzt Clifford Dobell auf die Idee, sich einmal das Originalwerk anzusehen. Und dabei stieß er auf die Wahrheit. Bereits im Juni erschien in der Zeitschrift *Parasitology* die Todesanzeige von Dr. O. Uplavici. Im Alter von 50 Jahren war Dr. Durchfall an einer sauberen Recherche zugrunde gegangen.

Im Nachhinein betrachtet finde ich es bemerkenswert, dass offenbar nie ein tschechischer Arzt die Artikel in die Hand bekommen hat, in denen ihr merkwürdiger Kollege zitiert worden ist. Dieser Name hätte sofort auffallen müssen. Aber vermutlich haben Tschechen immer nur das Original gesehen.

Also halten Sie die Augen offen, ob nicht vielleicht ein tschechischer Geist Karriere im Ausland macht. Es wäre nicht das erste Mal.

93. Grund

Weil Autofahrer ihre Dispute mit dem Schwert austragen

Soll das heißen, dass hier Autofahrer immer gleich zum Schwert greifen? Nein, nicht immer. Nur wenn Aragorn gegen rote Ampelmännchen kämpft.

Aber alles der Reihe nach. Im Jahr 2010 tauchte auf YouTube ein Video auf, das von Passanten in den Straßen im Prager Stadtteil Vinohrady gedreht worden war. Zu sehen ist ein Wortgefecht zwischen zwei Autofahrern, das allmählich eskaliert. Das allein mag zwar nichts Besonderes sein, aber *wie* es eskaliert, das gibt es nicht überall.

Der Streit beginnt damit, dass ein Mercedes-Fahrer anhält, angeblich weil seiner Freundin schlecht geworden sei. Hinter ihm fährt ein blauer Škoda, und zwar ein Taxi. Der Taxifahrer beginnt zunächst zu hupen, wofür er den Mittelfinger des Mercedes-Fahrers zu sehen bekommt. Es folgen Beschimpfungen, die beiden Männer steigen aus. Und die eigentliche Vorstellung kann beginnen.

Der Schauplatz ist eine geschäftige Straße mit Straßenbahngleisen und die beiden Streithähne haben ihre Positionen auf den gegenüberliegenden Straßenseiten bezogen.

Zunächst fällt der Taxifahrer ins Auge, denn er ist von oben bis unten in ein leuchtendes Rot gekleidet, wirkt dabei muskulös und sportlich. Auf dem Kopf trägt er eine dunkle Schiebermütze. Seine Erscheinung hat ihm Spitznamen wie *Rotkäppchen* oder *Roter Riese* eingetragen, für mich aber ist er das *Ampelmännchen.* In diesem Fall ist das Männchen der Ampel entstiegen, um im Verkehr für Ordnung zu sorgen.

Der Mercedes-Fahrer entpuppt sich als eher nachlässig gekleideter Mann mittleren Alters mit längeren Haaren. Eigentlich ist er nicht der typische Mercedes-Fahrer, wie ich ihn mir vorgestellt hätte, aber das lassen wir mal beiseite. Um seiner Erscheinung mehr Nachdruck zu verleihen, holt sich der Mann aus dem Kofferraum ein Schwert, das er dort zufällig liegen hat. Eigentlich handelt es sich um eine Theaterrequisite, mit der er auf Ritterkämpfen auftritt. Diese Erscheinung als Fantasy-Ritter hat ihm den Spitznamen *Aragorn* eingebracht, benannt nach dem Helden im Werk *Herr der Ringe.* So gewappnet tritt er dem Ampelmännchen entgegen.

Gleich muss Aragorn feststellen, dass sein Schwert seine Wirkung weit zu verfehlen scheint, denn selbst wenn er damit ausholt, lässt sich das Ampelmännchen nicht beeindrucken und stellt sich ihm trotzig in den Weg. Eine Weile geht es hin und her, und schließlich wird es Aragorn zu viel. Er steigt in seinen Wagen (er hat ja kein Pferd dabei) und will weiterfahren. Zu dieser Zeit hat das Ampelmännchen aber schon begonnen, sich das Kennzeichen des Mercedes aufzuschreiben. Mit ein paar schnellen Schritten läuft es dem anfahrenden Auto hinterher und schlägt mit der Faust einmal kurz auf das Rückfenster. Dieser Schlag hat es in sich, denn wo einmal ein Fenster war, gähnt nun ein großes Loch.

Jetzt ist Aragorn aber doch ein bisschen gereizt. Er hält seinen Wagen und betritt wieder die Arena – selbstverständlich mit Schwert. Und diesmal schwingt er es wirklich und trifft das Ampelmännchen am Arm. Der rote Mann scheint diesmal den Ernst der Lage völlig anders einzuschätzen als zuvor und rennt, was er kann, zu seinem blauen Taxi zurück. Aber so schnell kann der Mann gar nicht einsteigen, wie Aragorn bei seinem Škoda angelangt ist und zweimal mit dem Schwert auf das Rückfenster schlägt. Beim zweiten Mal zerspringt die Scheibe. Zufrieden geht Aragorn von dannen, denn seine Ehre ist wiederhergestellt.

Und damit ist der Kampf beendet. Vorläufig jedenfalls.

Denn außer dem juristischen Nachspiel für die beiden Beteiligten gab es noch ein herrliches Video, das als Reaktion am Originalschauplatz gedreht worden ist. Diese Persiflage endete jedoch leicht verändert. Hier nämlich verdunkelt sich die Szenerie, als Aragorn aus dem Auto steigt. Und, siehe da, Aragorn entpuppt sich als *Darth Vader*, samt Helm und Laserschwert.

Die Internetgemeinde stellte sich in der Beurteilung des Kampfes fast vollständig hinter Aragorn. Taxifahrer waren in Prag nicht unbedingt beliebt. Und daran hat sich seitdem auch nicht so viel geändert.

Von einem weiteren Kampf mit dem Schwert auf der Straße habe ich seitdem nicht wieder gehört. Aber das mag auch daran liegen, dass Taxifahrer inzwischen etwas unauffälliger auftreten. Vielleicht tragen sie jetzt auch eher Grün, zur eigenen Sicherheit.

Weil es in Böhmen Amazonen gegeben haben soll

Nein, die Rede ist hier weder von einem Versandhaus noch von einer Papageienart. Wer es noch nicht weiß: Amazonen sind weibliche Krieger, zumindest der Legende nach. Gewöhnlich würde man sie in Kleinasien oder sonst wo im Orient vermuten. Aber in Böhmen?

Auch in Böhmen soll es Amazonen gegeben haben. Erwähnt werden sie erstmals in der Chronik des Cosmas von Prag vom Beginn des 12. Jahrhunderts. Demnach kämpften im sogenannten *Mägdekrieg* Männer und Frauen um die Vorherrschaft in Böhmen. Es gibt allerdings keine archäologischen Funde, die diese Legenden stützen würden.

Cosmas beschreibt es knapp und bündig: Die Mädchen des Landes ergriffen die Waffen, wählten sich Anführerinnen, dienten im Militär wie junge Männer, kleideten sich wie Männer, jagten wie Männer in den Wäldern, und – bitte jetzt festhalten – sie wurden nicht von Männern ausgewählt, sondern sie selbst nahmen sich Männer, und zwar wen und wann sie wollten. Sie bauten sich sogar eine Burg, *Děvín*, was dem Namen nach auch mit Mädchen zu tun hat.

Als die Männer diese Burg sahen, erblassten sie vor Neid. Das konnten sie sich nicht gefallen lassen! Alles hätten sie verkraftet, das Jagen, die Männerkleidung, eigentlich auch die Damenwahl, aber nicht diese Burg! Daher bauten sie sich eine eigene Burg auf einem anderen Felsen, nämlich *Chrasten* (das spätere *Vyšehrad*), und ich vermute mal in Sichtweite von der Mädchenburg.

Diese Provokation führte unweigerlich zur Eskalation. Bald entbrannte ein Geschlechterkrieg. Die Mädchen sollen laut Cosmas listiger gewesen sein und die Jünglinge tapferer. Und bald gab es Frieden, schreibt er lapidar. Also wurde ein gemeinsames Festmahl gehalten. Da kamen dann die Jünglinge auf die Idee, nachdem sie schon etwas gegessen und getrunken hatten, dass doch eigentlich jeder von ihnen eines der Mädchen entführen könnte. Und seitdem leben die Frauen unter der Herrschaft der Männer. Ende.

Also, wenn diese Story das Drehbuch zu einem Film wäre, dann würde ich den Autor mal zu mir ins Büro bitten.

»Nun, das Thema hat Potenzial«, würde ich ihm sagen, »aber, wie soll ich es ausdrücken … Die Handlung ist zum Ende hin nicht ganz überzeugend. Irgendwie … lasch, ideenlos.«

»Wie meinen Sie das?«, stößt Herr Cosmas hervor und nagt an seinen Fingernägeln.

»Also, wissen Sie, zuerst sind die Mädchen schlau und kämpferisch, und mit dem Bau ihrer Burg sind sie den Männern sogar voraus. Wir haben ein paar Kampfszenen, das lässt sich gut umsetzen, so was mögen die Leute. Und dann plötzlich: Eine Party in Prag, es kommt zur Entführung, und fertig. Die Amazonen ergeben sich kampflos, und die Geschichte ist aus? So können Sie doch keine Story aufziehen! Und haben Sie das nicht überhaupt abgekupfert? Stichwort *Raub der Sabinerinnen*?«

Herr Cosmas druckst herum. »Ich kann es ja noch einmal überarbeiten, wenn Sie wollen …«

»Nein«, sage ich, denn manchmal muss man einfach hart bleiben. »Sie hatten Ihre Chance gehabt. Jetzt möchte ich mal sehen, was Ihr Kollege Dalimil aus dem Stoff macht!«

Und rund 200 Jahre später habe ich die neue Version auf dem Tisch, in der »Chronik des sogenannten Dalimil«. Ja, so heißt sie wirklich. Er ist eben ein Künstler, Sie wissen schon.

Dalimil hat so einen richtigen Hollywoodschinken daraus gemacht. Inklusive Erotik, Enttäuschung, Gewalt, Rache und einer raffinierten Handlung.

Zunächst führt er eine neue Protagonistin ein, die attraktive Amazone Šárka. Und die weiß ganz genau, wie sie Männer fängt: Sie baut eine Falle. Zunächst lässt sie sich fesseln und gibt vor, das Opfer zu sein. Irgendwann kommt ein Adliger namens Ctirad des Weges geritten. Und er macht, was jeder Mann in einem Spielfilm gemacht hätte: Er rettet die hilflose Schöne. Denn gewöhnlich geht es so weiter, dass die Frau dann ihrem muskulösen Retter in die Arme sinkt und ihm jeden Wunsch erfüllt.

Aber jetzt schnappt die Falle zu: Die Mädchen kommen mit Geschrei hervorgesprungen, und Ctirad wird, bevor er noch »Pferd« sagen kann, gefangen genommen und vor der Burg Vyšehrad aufs Rad geflochten. Irgendwie überlebt er die Folter, die Geschichte geht noch eine ganze Weile weiter, diese Seiten habe ich übersprungen, denn das ist wie bei den Schlachtszenen im *Herr der Ringe*. Am Schluss siegen dann die Männer über die Frauen, und Ctirad lässt Šárka lebendig begraben.

»Gut«, sage ich zum sogenannten Herrn Dalimil. »Die Dialoge müssen wir noch ausarbeiten, und auch die Charaktere brauchen mehr Entwicklung. Aber das kriegen wir schon hin. Haben Sie denn schon einen Titel?«

Schließlich einigen wir uns auf den Arbeitstitel *Mägdekrieg*. Und bevor ich das Büro verlasse, schreibe ich noch eine E-Mail an Karel Gott, ob er nicht den Titelsong machen will.

95. Grund

Weil ein tschechisches Gebäude einer Atombombe standgehalten hat

Ich weiß nicht, ob Sie einmal den Namen Jan Letzel gehört haben, aber eines seiner Bauwerke dürften Sie zumindest von Fotos her kennen. Vielleicht ist es sogar das bekannteste Werk eines tschechischen Architekten, das je gebaut wurde.

Letzel wurde 1880 in Náchod bei Königgrätz geboren. Er studierte in Prag Architektur bei Jan Kotěra, der als Wegbereiter der Moderne gilt. Bereits während des Studiums unternahm er zahlreiche Studienreisen durch Mittel- und Osteuropa.

Im Jahr 1905 begann seine Karriere im Ausland, und zwar zunächst in Kairo, wo er in einem Architekturbüro arbeitete. Nach Reisen durch Italien und einem Aufenthalt in Prag brach er schließlich nach Japan auf. Er arbeitete erst als Assistent und machte sich 1910 mit einem Freund selbstständig und gründete Büros in Tokio und Yokohama. Sein Werk umfasste in Japan über 40 Gebäude. Schließlich adoptierte er sogar eine Tochter, Hanna, die von einer deutschen Familie zurückgelassen worden war.

Letzel konnte nicht wissen, dass viel später eines seiner Werke besondere Berühmtheit erlangen würde. Im April 1915 wurde die *Produktausstellungshalle der Präfektur Hiroshima* fertiggestellt. Es handelte sich um einen Betonbau mit einer charakteristischen Kuppel am Ufer des Flussarmes Motoyasu, direkt im Zentrum der Stadt.

Als am 6. August 1945 die Atombombe auf Hiroshima fiel, befand sich das Epizentrum nur rund 150 Meter von dem Gebäude entfernt. Die gewaltige Explosion fegte sämtliche Holzgebäude im weiteren Umkreis hinweg und beschädigte ebenso das Mauerwerk.

Letzels Gebäude blieb verhältnismäßig gut erhalten, da die Grundstruktur aus Stahlbeton bestand und die Druckwelle fast vertikal von oben auf die Wände getroffen war. Übrig geblieben ist auch das Stahlgerippe der ehemals farbigen Kuppel, weshalb das heutige Friedensdenkmal auch als *Atombombenkuppel* bezeichnet wird. Seit 1996 ist die Ruine als Weltkulturerbe anerkannt und wird in ihrem Zustand konserviert.

Letzel hat dies alles jedoch nicht mehr erlebt. Der Erste Weltkrieg zwang ihn zur Rückkehr nach Europa. Enttäuscht von der Entwicklung in der jungen Tschechoslowakei der Zwischenkriegszeit, kehrte er dann jedoch in seine Wahlheimat Japan zurück. Für die Botschaft seines Landes war er dann als Handelsattachée tätig.

Bei dem verheerenden Erdbeben im Jahr 1923 wurden viele seiner Gebäude zerstört, die damals noch nicht erdbebensicher gebaut worden waren. Letzel kehrte zu Weihnachten desselben Jahres mit psychischen Problemen nach Prag zurück, wo er 1925 im Alter von 45 Jahren in einer Heilanstalt verstarb.

Es ist sicherlich kein Ziel eines Architekten, einmal durch die Ruine seines Werkes in die Geschichte einzugehen. Letzel aber hat, wenn auch ungewollt, zumindest ein bleibendes Symbol geschaffen, eine Warnung vor der vernichtenden Kraft der Atombombe. In Tschechien ist nicht viel von ihm zu bewundern, aber am Treppenhaus im *Grand Hotel Evropa* am Wenzelsplatz hat er mitgewirkt.

Trotz des tragischen Schicksals, das ihm und seinem Werk nicht erspart geblieben ist, finde ich es höchst beeindruckend, wie er es in einer Zeit lange vor Internet und Langstreckenflügen geschafft hatte, sich eine Existenz in einem solch fernen und unterschiedlichen Land aufzubauen und dort sogar den Respekt der Einheimischen zu erwerben. Seit ich von Letzel gehört habe, hat das Friedensdenkmal in Hiroshima für mich noch eine zweite Bedeutung. So steht es auch für die Errungenschaften eines Europäers, der es geschafft hat, in einer fremden Kultur zu Hause zu sein.

96. Grund

Weil die Tschechen einen Präsidentschaftskandidaten mit einer Gesichtstätowierung hatten

Die tschechische Präsidentschaftswahl im Jahr 2013 war die erste Direktwahl dieses Amtes, und sie war so grotesk, dass sie einmal zu Recht mit einem *Star Wars*-Poster persifliert worden ist, auf dem alle Kandidaten ihren Platz gefunden hatten. Und nicht minder ungewöhnlich verliefen die Kampagnen.

Gewonnen hat diese Wahl schließlich Miloš Zeman, der in einem Fernsehinterview seine Stärke damit begründet hatte, dass seine Vorfahren keine Adeligen waren. Denn Adelige konnten über ihre leibeigenen Frauen frei verfügen und mussten deshalb keine Energie aufwenden, um sie zu vergewaltigen, so Zeman. Und deshalb seien die Adeligen schließlich degeneriert, während seine Vorfahren aus einfachem Haus diese Energie hatten aufwenden müssen.

Bei dieser Argumentation, möge sie nun als Spaß gemeint gewesen sein oder nicht, ist mir richtig schlecht geworden. Selbst Populisten sollten gewisse Grenzen respektieren. Erstaunt hatte mich eigentlich nicht nur seine Unterstützung durch viele Wähler und sogar Wählerinnen, sondern auch durch Gegenkandidaten, die in der ersten Runde rausgeflogen waren.

Zu diesen gehörte Vladimír Franz. Nicht viele Leute werden in der Lage sein, ein Werk dieses Künstlers zu nennen, aber sein Gesicht wird allen, die es einmal gesehen haben, in Erinnerung bleiben. Franz ist nämlich über weite Flächen tätowiert, und das schließt sein Gesicht und den kahlen Kopf mit ein, die bis hin zu den Augenlidern in Blau, Grün und Rot erstrahlen.

Seine Karriere begann er mit einem Jurastudium, das er 1982 mit dem Doktorgrad abschloss. Dann jedoch kehrte er der Rechtswissenschaft den Rücken, um sich als Maler, Komponist, Dichter und Dramatiker zu betätigen. Später begann er, an Hochschulen zu unterrichten. In den 90er-Jahren wurde ihm Nähe zur rechtsextremen Skinhead-Szene vorgeworfen, allerdings verteidigte er sich damit, dass er diesen Menschen nur helfen wollte, einen Ausweg aus ihrer Lage zu finden.

Im Jahr 2012 schließlich entstand aus einer scherzhaften Initiative auf Facebook der Plan, sich für das Amt des Präsidenten zu bewerben. Statt der erforderlichen 50.000 Unterschriften gelang es ihm, in kurzer Zeit 88.000 zu sammeln. Gerade in ausländischen Medien wurde er vor allem aufgrund seines ungewöhnlichen Aussehens bekannt, während seine politische Vergangenheit nur selten zur Sprache kam. In Tschechien erzielte er durchaus hohe Ränge in den Umfragen, weil er als apolitisch und unorthodox galt.

So ist Franz in der Reihe der Präsidenten und Präsidentschaftskandidaten aufgrund seines bläulichen Erscheinungsbildes als leibhaftiger *Avatar* eingegangen, wie er von Kommentaren bezeichnet worden ist. Über seine politischen Motive und Befähigungen hege ich so manchen Zweifel, aber eines lässt sich doch zumindest sagen: Niemand scheitert hier auf der politischen Bühne, bloß weil er etwas blau ist.

97. Grund

Weil hier ein Büro in einen Aufzug passt

Wir sind es längst gewohnt, auch im Zug oder Flugzeug zu arbeiten – den Laptop auf dem Schoß und einen Kaffee auf dem Ausklapptischchen. Aber können Sie sich auch vorstellen, Ihr Büro in einem geräumigen Aufzug zu haben, samt Möbeln, Regalen und Fenstern? In welchem Stockwerk machen Sie Kaffeepause? Haben Sie Ihre besten Ideen im elften Stock? Machen Sie die Prognosen heute lieber im Keller? Und wenn Sie die Unterlagen von Frau Mladá noch nicht haben, fahren Sie doch einfach mal bei ihr vorbei und fragen Sie durch die Tür!

Zu einem der kuriosesten technischen Denkmäler in der Tschechischen Republik, die mir je begegnet sind, gehört das 1-Zimmer-Büro im früheren Hauptsitz des Schuhimperiums *Baťa* in der mährischen Bezirksstadt Zlín. Die geräumige Kabine verfügt über ein Telefon, eine Weltkarte sowie über ein voll funktionsfähiges Waschbecken mit Kalt- und Warmwasser.

Dieser Aufzug befindet sich in dem Gebäude mit der Nummer *21*, in dem heute die Bezirksverwaltung und das Finanzamt ihren Sitz haben. Das von 1936 bis 1938 errichtete Gebäude galt damals mit seinen 17 Stockwerken und einer Höhe von 77,5 Metern als Wolkenkratzer – zumindest für europäische Maßstäbe, denn in Amerika stand schon wesentlich Höheres.

Der Firmengründer Tomáš Baťa war bereits 1932 bei einem Flugzeugabsturz ums Leben gekommen und konnte das Bauwerk nicht mehr erleben. Bauherr war somit sein Stiefbruder Jan Antonín Baťa. Aber auch er konnte den neuen Firmenhauptsitz nicht lange genießen. Im Jahr 1939 floh er vor den Nazis ins Exil und ließ sich schließlich in Brasilien nieder. Die Firma *Baťa* existiert zwar heute noch, ist aber nie wieder in demselben Maß nach Tschechien zurückgekehrt.

Neben dem Aufzug gibt es auf der Aussichtsterrasse desselben Gebäudes noch eine zweite Besonderheit zu bewundern: Rundum verlaufen Schienen, an denen eine elektrisch betriebene Gondel hing. Diese diente zur Fensterreinigung, da die Fenster wegen der Klimatisierung nicht zu öffnen waren. Heute stellen diese Gondeln keine große Besonderheit mehr dar, damals aber waren sie in Europa ein kleines Wunder.

Die Stadt hatte ihre größte Entwicklung bereits während der Zeit der Industrialisierung hinter sich gebracht, als die Bevölkerung sprungartig um ein Vielfaches anwuchs. Dort draußen in der tiefsten Provinz war die Avantgarde von Technik und Städteplanung beteiligt, um die vielleicht modernste Stadt Europas zu bauen. Sogar Le Corbusier hatte entscheidend mitgewirkt.

Zlín hieß zwischendurch mal Gottwaldov, benannt nach Klement Gottwald, dem ersten kommunistischen Präsidenten der Tschechoslowakei. Über den Aufzug wurde damals gemunkelt, dass er der Überwachung der Angestellten gedient habe. Dieses Gerücht ist allerdings leicht zu widerlegen, da von seiner Position aus keine Büros einzusehen sind. Der weitaus größte Teil der Arbeiter war ohnehin in den umliegenden Fabriken zu finden.

In Zlín werden heute keine Schuhe mehr fabriziert. Dennoch sieht man sofort, dass Tomáš Baťa der Stadt sehr sichtbar seinen Stempel aufgedrückt hat. Westlich des Zentrums stehen riesige Fabrikhallen aus rotem Backstein, und unzählige kleine rote Häuschen ziehen sich an mehreren Seiten die Hänge hinauf. Diese Unterkünfte waren einst für seine Angestellten gebaut worden, und jedes Haus besitzt seinen eigenen Garten. Da die Gebäude nun unter Denkmalschutz stehen, müssen die jetzigen Bewohner das Problem lösen, wie eine zeitgemäße Wärmedämmung möglich ist, ohne den ohnehin schon kleinen Innenraum noch weiter zu verringern. Denn die Auflagen verlangen, dass die typische Außenansicht nicht verändert werden darf.

Die Stadt ist zwar sehr freundlich, aber es gibt kein so richtiges Zentrum, vor allem keine Altstadt. Ein Kaufhaus, Schnellrestaurants, Casinos und andere Gewerbeflächen ziehen sich an einem Flüsschen entlang, und alles ist durchzogen von breiten Straßen, die eine Orientierung eher erschweren. Vor allem die Verkehrsanbindung ist einer Bezirksstadt unwürdig. Entweder fährt man auf einer ewig langen Einfallstraße entlang und passiert unzählige Ampeln, oder man steigt draußen vor der Stadt vom Fernzug in eine Bummelbahn.

Trotzdem bin ich immer gerne dort, nicht zuletzt weil dort wirklich Geschichte der Moderne geschrieben wurde. Man kann eine Stadt auch für das in Ehren halten, was sie früher einmal dargestellt hatte. Und ein Wolkenkratzer bleibt für mich doch immer ein Wolkenkratzer.

98. Grund

Weil tschechische Frauen ab 50 den stärksten Händedruck haben

Wenn Sie einmal die Gelegenheit haben, einer Tschechin von 50 oder mehr Jahren die Hand zu geben, spitzen Sie vor allem die Ohren. Hören Sie etwas? Dieses beunruhigende Geräusch, das Sie gerade vernehmen, ist das leise Knacken Ihrer Knochen. Und Sie können noch von Glück reden, dass sie nicht voll zugedrückt hat.

Das ist nicht nur eine subjektive Erfahrung, sondern das Ergebnis einer wissenschaftlichen Studie. Im Projekt *SHARE*[*] ging es darum, den Gesundheitszustand von Personen im Alter von 50 und mehr Jahren in den europäischen Ländern zu vergleichen. Gemessen wurde unter anderem die Festigkeit des Händedrucks, und hier siegten die tschechischen Frauen. Damit verwiesen sie sogar die deutschen und die österreichischen Frauen, die ich persönlich favorisiert hatte, auf den zweiten und den dritten Platz.

Auf den letzten Rängen landeten übrigens die Französinnen und die Spanierinnen. Ich vermute mal, dass der Küsschen-Küsschen-Gruß in diesen Ländern eher die Lippenmuskulatur trainiert.

Jetzt werden Sie sich vielleicht wundern, warum gerade der Händedruck so wichtig ist. Laut besagter Studie soll es möglich sein, daraus Schlüsse auf den Gesundheitszustand abzuleiten. Ähnlich aussagekräftig ist zum Beispiel auch, wie gut man einen Luftballon aufbläst oder wie kraftvoll man sich vom Stuhl erhebt.

Erklärt wird der tschechische Knochenbrecher-Händedruck dadurch, dass diese Frauen im Leben viel körperliche Arbeit geleistet haben. So etwa haben sie schwere Einkaufstaschen heimgetragen. In anderen Ländern wirft man vielleicht die Taschen in den Kofferraum und fährt im Auto heim. Das macht man zwar inzwischen auch in Tschechien, aber diese Frauen haben eben noch die unbequemen Zeiten erlebt. Nicht umsonst heißt es hier, dass die so oft beschworene sozialistische Gleichberechtigung darin bestanden habe, dass Frauen genau so wie Männer zur Arbeit gegangen seien. Aber nach der Arbeit mussten sich die Frauen zusätzlich noch um den Haushalt und die Kinder kümmern.

Das war die gute Nachricht. Und jetzt kommt die schlechte.

Die Männer sitzen jetzt bestimmt schon sehr unruhig auf den Stühlen, weil sie wissen wollen, ob die Tschechen ab 50 genauso gut abgeschnitten haben.

* *Survey of Health, Ageing and Retirement in Europe*

Die Antwort lautet: nein. Tschechische Männer derselben Altersgruppe sind in Europa nur auf dem sechsten Platz gelandet. Hier belegen die Dänen den ersten Platz und die Spanier den letzten.

Womit ist dieses mäßige Ergebnis zu erklären? Helfen die Tschechen ihren Frauen nicht mit den Einkaufstaschen?

Ich erkläre es mir so, dass die Männer ihre Muskeln eher in den Schultern und den Armen entwickelt haben. Denn in der Hand benötigen Sie gerade mal so viel Kraft, dass das Bierglas nicht heraus rutscht. Wenn diese Hände auch nicht viel zu tragen haben, dürften sie trotzdem regelmäßig einer hohen Belastung ausgesetzt sein. Denn wenn die Männer spätnachts nach Hause kommen, erwartet sie eine ganz besondere Begrüßung – mit einem extra festen Händedruck.

99. Grund

Weil die engste Gasse Prags eine Fußgängerampel braucht

Wenn ich Ihnen sage, dass manche Gassen in Prag sehr eng sind, denken Sie vermutlich, dass dort kein Auto hindurchkommt. Stimmt, auch das ist wahr. Aber ich denke an eine noch engere Gasse.

In der engsten Gasse Prags kommen nämlich keine zwei Fußgänger aneinander vorbei. Dabei handelt es sich nicht bloß um einen kurzen Durchgang, wo man sich mit dem Entgegenkommenden einigen muss, wer zuerst geht. Es handelt sich um einen engen Spalt zwischen zwei Häusern, wo Sie schon vor dem Losgehen wissen müssen, ob jemand von der anderen Seite entgegenkommt.

Früher hatte man sich vielleicht mit Rufen verständigt, aber heute wird das Problem ganz modern gelöst: mit einer Fußgängerampel! In der Wand befindet sich auf jeder Seite ein Druckknopf, und die Grünphase dauert lange genug, um die 50 cm breite engste Stelle zu überwinden und auf der anderen Seite herauszukommen, bevor schon die nächsten Passanten entgegenkommen.

Diese Gasse ist eigentlich eher eine flache Treppe. Sie beginnt an der Straße *U Lužického Semináře* auf der Kleinseite, ein Stückchen nördlich der Karlsbrücke. Der Eingang ist etwas schwer zu finden, aber die Stelle ist auf allen Karten verzeichnet. Unten endet sie auf einem kleinen Hof, von wo aus es zu einem Restaurant geht, das am Mühlenkanal *Čertovka* liegt. Der Hof ist immerhin groß genug, dass dort eine Gruppe Menschen auf die nächste Grünphase warten kann. Keine Sorge, niemand wird in das Wasser geschoben.

Genießen Sie also ihren Weg, und bleiben Sie nicht stecken! Je nach Körperbau sollten Sie also entweder frontal oder seitwärts gedreht gehen – je nachdem, wie Ihr Profil schmaler ist.

100. Grund

Weil einmal ein Zugang zum Meer gebaut werden sollte

Die Tschechen wären nicht die Tschechen, wenn nicht immer mal jemand mit einer genialen Idee käme, die so verrückt ist, dass sie dadurch nur noch an Kühnheit hinzugewinnt. Man zieht respektvoll den Hut, um dann fassungslos den Kopf zu schütteln.

Worum aber ging es diesmal? Um nichts Geringeres als um einen Zugang zum Meer. »Was, das ist alles?«, werden Sie jetzt sicher fragen. In der Tat. Denn die Beziehung zwischen Tschechen und Meer ist gezeichnet von Sehnsucht und Entbehrung, und sie hat schon oft die Kreativität beflügelt.

Doch nun der Reihe nach.

Tschechien hat landschaftlich fast alles, was es gibt, wenn auch oft nur im kleinen Maßstab, versteht sich. Aber ein paar Sachen fehlen eben doch. Zu Zeiten der Tschechoslowakei gehörte beispielsweise noch die Hohe Tatra zum Land. Die Hohe Tatra ist so etwas wie eine westslawische Version der Alpen. Gerade in der Zeit, als die Tschechen noch nicht frei reisen durften, war das der einzige Ort, wo sie wirkliche Höhenluft genießen konnten. Inzwischen haben sich die Slowaken von den Tschechen scheiden lassen und die Tatra mitgenommen.

So weit zu den Bergen. Wie aber steht es mit dem Meer? Fehlanzeige. Und daran konnte auch die Slowakei mit ihrer Donau nichts ändern. Noch bis 2028 hat Tschechien zwar in Hamburg ein Hafenbecken namens *Moldauhafen* gepachtet, das heute nicht mehr genutzt wird, aber dort am Kai sein Strandtuch auszubreiten und sich die wetterfeste Sonnencreme auf die Gänsehaut zu reiben hat nicht denselben Reiz wie ein Strandurlaub.

Wenn die Tschechen ans Meer wollten, zog es sie immer schon nach Kroatien. Als Teil von Jugoslawien gehörte es nämlich zu denjenigen Urlaubsorten, die einem erlaubt waren und die man sich erlauben konnte. Zudem ist es dort warm, und das Kroatische hat gewisse Ähnlichkeiten mit dem Tschechischen. Es liegt zwar nicht direkt vor der Haustür, aber es ist mit dem Auto zu schaffen. Man fährt durch die Slowakei und Ungarn, macht einen Bogen um Österreich herum, und dann ist man schon bald an der Küste.

Für den Zugang zum Meer sprachen aber auch wirtschaftliche Gründe. Und warum sollte Tschechien schlechtere Karten haben als andere Länder mit ihren Überseehäfen, dachte sich in den 60er-Jahren ein Ingenieur namens Karel Žlábek. Und er begann an einer Lösung zu arbeiten. Wie könnte man der Tschechoslowakei zu einem Stück Meer verhelfen, ohne einen Korridor durch die benachbarten Ländern zu legen? Und schließlich gelang ihm die Quadratur des Kreises.

Wenn man nicht *durch* die Länder durfte, so konnte man sich doch *unter* ihnen hindurchgraben. In einer detaillierten Studie schlug er vor, einen Tunnel unter den österreichischen Alpen zu graben, durch den eine Hochgeschwindigkeitsbahn fahren würde.

Das Projekt wurde mit dem Chef der Firma *Pragoprojekt* ausgearbeitet und 1975 der Regierung vorgelegt.

Die Gesamtstrecke würde 410 km betragen, wovon 350 km unter der Erde verlaufen sollten. In Budweis hätte sich der Startbahnhof mit Verladerampen für Autos befunden. Die Strecke führte zunächst in einem 72 km langen Tunnel nach Linz, dann in zwei Röhren zum heutigen Slowenien und von dort aus weiter an der Oberfläche. Mit dem Erdaushub würde man sodann vor der kroatischen Küste eine künstliche Insel aufschütten. Diese Insel wäre das Eigentum der Tschechoslowakei geworden, und gekrönt hätte sie der Hafen *Adriaport*. Insgesamt wären die Reisenden in zwei Stunden am Ziel gewesen. Neben Passagieren wären auch Container transportiert worden, um die Finanzierung zu sichern.

Mit dem Autozug durch einen langen Tunnel zu fahren erscheint uns heute gar nicht mehr so ungewöhnlich. Nur die Länge der Strecke gibt einem zu denken. Und das alles nur für den Zugang zum Meer? Mit 30 Jahren Bauzeit hätte es sich wahrlich um ein Generationenprojekt gehandelt, und die veranschlagten Kosten von heute umgerechnet etwa 116 Milliarden Euro sind selbst auf das Jahr umgerechnet eine gigantische Summe.

Das ehrgeizige Projekt ist letztendlich nicht zustande gekommen. Eine offizielle Stellungnahme der Regierung scheint nicht zu existieren, aber offenbar ist es in eine tiefe Schublade gerutscht, in der es einfach nicht mehr aufzufinden war. Angeblich soll die Idee aber zumindest die Unterstützung des österreichischen Botschafters gefunden haben. Zumindest ist so sein Lächeln gedeutet worden, nehme ich an.

Wenn der Tunnel wirklich gebaut worden wäre, könnte er jetzt vielleicht fertig sein. Ich kann mir gut vorstellen, mit wie viel Stolz die Tschechen heute auf ihren Seehafen *Adriaport* hinabblicken würden, während sie im Flugzeug nach Dubai sitzen, auf dem Weg zum wohlverdienten Badeurlaub.

Weil Diplomaten in Volieren wohnen sollten

Im nördlichen Prag, hinter dem Park *Stromovka (Baumgarten)* und jenseits der Moldau, befindet sich *Troja*. Dieser Stadtteil ist bekannt für sein barockes Schloss und den Zoo. Durch die Nähe zum Fluss sind die niedrig gelegenen Ortsteile natürlich sehr hochwassergefährdet und haben schon so manchen Schaden erlitten. An einigen Stellen empfinde ich die Atmosphäre in Troja als ausgesprochen südländisch. Hier gibt es Weinberge, enge Gassen, weiße Häuschen und Pawlatschen.

Wenn Sie von Süden her auf das Schloss zu über die Moldau kommen, sehen Sie rechts hinter dem Deich einen hellen Gebäudekomplex, der aus der Ferne einer Fabrik, einer Lagerhalle oder vielleicht einem Einkaufszentrum ähnelt. Näher kommend werden Sie jedoch merken, dass es sich um einen Block zum Teil leer stehender Gebäude handelt. Dieser Komplex trägt den Namen *Diplomatická čtvrt*, also *Diplomatisches Viertel*.

Diese Wohnungen wurden ursprünglich für ausländische Diplomaten gebaut. Der Architekt ist Jan Bočan – Mitautor des mittlerweile renovierten unteren Teils des Prager Hauptbahnhofs, mit seinem unverkennbaren 70er-Jahre-Stil, und des *Hotels Intercontinental*, das den spröden Charme einer Plattenbausiedlung versprüht. Es ist anzunehmen, dass Bočan mit dem *Diplomatischen Viertel* den Rahmen für eine Art Campus-Atmosphäre schaffen wollte, einer Oase gehobenen Standards, wo die Gesandten der verschiedenen Länder zusammenleben und -arbeiten würden. Und natürlich wären hier alle ausländischen Diplomaten viel leichter zu beobachten.

Das Projekt wurde bereits 1986–91 ausgearbeitet und der Bau im Jahr 1993 früher als geplant beendet. In der Mitte dieser Zeitspanne liegt die *Samtene Revolution*. Noch während das Gebäude fertiggestellt wurde, war es somit schon veraltet.

Auch wenn die Dimensionen nicht an andere große Bauwerke heranzureichen vermögen, schien der Architekt doch bewusst den Eindruck der Massivität hervorrufen zu wollen, der sich vor allem dann einstellt, wenn man durch die mehrstöckigen Schluchten auf den Gebäuderückseiten geht. Mich erinnert es an die typischen kahlen Rückseiten von Einkaufszentren – mit einer komischen Analogie zwischen diesen zwei Objekten, die wohl beide von einem totalitären Selbstverständnis herrühren.

Der Zustand der Gebäude ist teilweise etwas vernachlässigt, obwohl immer mal wieder Reparaturen durchgeführt werden. Hier und da werden die Räume offenbar genutzt: Ich sehe Vorhänge, persönliche Gegenstände, parkende Autos. Eine Firma hat oberhalb der weiten Freitreppe ihre Räume bezogen, an einer Seite gibt es eine Post und vorne eine Pizzeria, und die Beete werden gepflegt. Der Gesamtkomplex wirkt wie eine gigantische geometrische Fingerübung, ein wenig gespenstisch, wie eilends evakuiert, und die Wohnungen waren offenbar für Menschen vorgesehen, die ihre Heizkosten nicht aus eigener Tasche zahlen.

Die weite Öffnung zum Fluss hin – abgegrenzt durch einen Deich – und die Treppe auf den gepflasterten Hof hinab erinnern mich an moderne Unis aus den Zeiten, als Beton noch unverhüllt die Ästhetik der Bauwerke bestimmte. Auf der einen Seite sind die Gebäude das steingewordene Ideal, verschiedene Kulturen in einer friedlichen, wenn auch künstlichen Welt zusammenzubringen. Auf der anderen Seite enthüllt sich ein totalitärer Monumentalismus.

Besonders drollig wirken die großen, weißen Käfige. Dieser offenkundige Versuch, luxuriöse geschlossene Balkons zu schaffen, ist in einer tragisch-komischen Weise gescheitert und resultiert in öffentlich präsentierten Gefängniszellen. Wenn man die Ähnlichkeit mit Volieren bedenkt, fällt einem sogleich die räumliche Nähe zum Prager Zoo auf. Ein Zufall?

Von einer Bekannten habe ich Gerüchte gehört, dass die Räume hoffnungslos verwanzt gewesen sein sollen. Welche Gründe jedoch letztendlich ausschlaggebend waren, ist mir nicht bekannt. Auf jeden Fall wurde die Idee des *Diplomatischen Viertels* schließlich zu Grabe getragen und die Immobilie verkauft. Heute muss es sich im harten Wind der Marktwirtschaft behaupten – zusammen mit einigen anderen Luxusprojekten, von denen wir heute auch nicht wissen, wie sie einmal enden werden.

9. Kapitel

Brauchtum

102. Grund

Weil Sie nicht Horymír heißen

Wenn Sie in Tschechien leben, werden Sie zweimal pro Jahr gefeiert. Einmal an Ihrem Geburtstag, und dann noch einmal, wenn Ihr Namenstag an der Reihe ist. Die Frage stellt sich natürlich, ob denn jeder Name seinen Namenstag hat. Die Antwort lautet: nein. Sie brauchen einen Namen, der im Kalender aufgeführt ist. Aber falls Sie Ihren Namen nicht finden, können Sie immer noch versuchen, seine tschechische Variante abzuleiten. Aus Barbara wird Barbora, und Hans wird zu Honza. Irgendwas finden Sie schon.

Namenstage sind in Tschechien so wichtig, dass, erstens, jedes Blumengeschäft ein Schild hat, das den Passanten mitteilt, wer heute eine Blume verdient, dass, zweitens, jeder tschechische Kalender für jeden Tag den gültigen Namen angibt, und dass, drittens, sogar die Webseite meines Prager Aikido-Vereins darüber informiert, wer heute und morgen seinen Feiertag hat, obwohl es nun wirklich ganz und gar nichts mit Aikido zu tun hat.

Wenn Sie heute Ihren Namenstag haben, dürfen Sie gespannt sein. Vielleicht werden Sie umarmt und geküsst, aber das hängt nicht zuletzt davon ab, wie Sie sich anfühlen und wie Sie aussehen. Manchmal gibt es auch kleine Geschenke, wie etwa Pralinen.

Wie Sie sich denken können, hat man die tschechische Bevölkerung nicht gleichmäßig auf die Namenstage verteilt. Am 24. Mai werden rund 265.000 Janas beschenkt, umarmt und geküsst, und es ist anzunehmen, dass die Blumengeschäfte an diesem Tag Überstunden machen. Anders ist es am 17. November, wenn sich 56 Mahulénas und zwei Mahulienas darauf freuen dürfen, dass sich jemand an sie erinnert. Die beiden Mahulienas können sich dann einen Schokoriegel teilen.

Jetzt möchten Sie wahrscheinlich wissen, wer am 29. Februar seinen Namenstag hat. Dieser Pechvogel heißt Horymír, und das dürfte wohl auch der Grund sein, warum dieser Name nicht zu den häufigsten in den böhmischen Landen zählt. Denn Horymír bekommt nur alle vier Jahre eine Blume geschenkt. Seien Sie also froh, dass Sie nicht Horymír heißen.

103. Grund

Weil Sankt Nikolaus mit dem Engel und dem Teufel kommt

Es ist schon eine ganze Weile her, dass der Nikolaus zu mir gekommen ist. Vermutlich liegt es daran, dass ich nicht brav war. Oder ich habe wieder einmal vergessen, meinen aktuellen Wohnsitz zu melden.

Bei meinen Eltern lief es immer so ab, dass abends Schuhe oder Stiefel bereitgestellt wurden, in denen wir dann morgens Nüsse, Obst und Süßigkeiten fanden. Manchmal hatten wir wohl auch persönliche Besuche vom Nikolaus gehabt, aber daran kann ich mich kaum noch erinnern.

Neben dem Nikolaus war noch von einem Knecht Ruprecht die Rede, der wohl für die abschreckende Wirkung zu sorgen hatte, den ich aber nie erlebt habe. In meiner Verwandtschaft gab es wohl niemanden, der diesen düsteren Herrn zu spielen vermochte, ohne sich andauernd durch sein Lachen zu verraten.

In Tschechien läuft der Nikolausabend natürlich sehr viel märchenhafter ab. Und dieses Märchenhafte mischt sich auf ganz bezaubernde Weise mitten in den Alltag.

Am 5. Dezember, dem Tag vor dem Nikolaustag, treffen Sie in den Straßen immer mal wieder auf Grüppchen aus drei Personen, die sich aus einem Weihnachtsspiel hierher verirrt zu haben scheinen. Neben dem Nikolaus findet sich ein Teufel, der schwarz gekleidet und bemalt ist und oft eine wuschelige Perücke auf dem

Kopf hat, aus der oft noch Hörner herausschauen, und ein Engel, der ganz in Weiß gekleidet ist und manchmal auch so etwas wie Flügel trägt.

Diese Nikolausbesuche sind eine typische Beschäftigung von jungen Leuten, etwa Schülern und Studenten, die zu Familien mit kleinen Kindern bestellt werden und sich damit auch etwas Taschengeld verdienen. Der Engel und Nikolaus sind bei den Besuchen für Belohnungen zuständig, während der Teufel Strafen austeilt. Aber natürlich geht es hier nur um eine symbolische Abschreckung, denn man will die Kinder natürlich nicht verängstigen. Geschenke oder eine erzieherische Wirkung stehen bei dem Ereignis weit im Hintergrund. Vor allem geht es hier um das Erlebnis für die Kleinen, und auch das Trio in den Kostümen hat viel Spaß dabei.

Gerade in den geschäftigen Straßen, wo vor Ladenschluss die Passanten durcheinandereilen, und auch auf den Bahnsteigen der Metro sieht dieses märchenhafte Trio sehr ungewöhnlich aus. Hin und wieder begegnen sich sogar Doppelgänger auf der Straße. Das führt dann zu regelrechten Wettbewerben, wer von ihnen schöner und aufwendiger hergerichtet ist. Und wenn Sie nicht nach Tschechien kommen und diese drei Gestalten trotzdem sehen wollen, suchen Sie einfach mal im Internet nach »Mikuláš«, »Čert« und »Anděl« – die Häkchen dürfen Sie dabei getrost weglassen.

104. Grund

Weil Tschechien die schönsten Weihnachtsmärkte hat

Weihnachtsmärkte oder Adventsmärkte oder Christkindlmärkte, oder wie sie auch immer heißen mögen, gibt es in einer ganzen Reihe von Städten Europas. Was aber macht die tschechischen Märkte so besonders?

Zum einen ist es die Stadtkulisse. Die meisten böhmischen und mährischen Städte haben einen oder sogar mehrere historische Marktplätze, und vor den Giebeln der alten Häuser, in einem Kirchhof und auf dem Kopfsteinpflaster macht sich so ein Markt einfach sehr viel besser als vor einem Kaufhaus aus der Zeit des Wirtschaftswunders oder vor dem Kulturpalast. Zum anderen leben hier noch viele traditionelle Bräuche: Der Nikolaus geht mit einem Engel und dem Teufel durch die Straßen, in den Familien werden noch Weihnachtslieder gesungen, Weihnachtsplätzchen und der traditionelle Hefezopf stammen oft aus dem eigenen Ofen, und in der Nähe der Märkte werden Karpfen verkauft, die in großen Bottichen oder sogar im Becken eines Brunnens auf die Käufer warten.

Zu verschiedenen Zeiten wird auch musiziert und gesungen, und das ist hier weder Musik aus der Konserve noch ein Alleinunterhalter mit Keyboard, sondern ein Schulchor oder ein Laienorchester. Anders als etwa in den Küstenregionen liegt hier in der Adventszeit oft schon Schnee. Ja, hier kann es schon ordentlich kalt werden. In Norddeutschland reicht mir statt eines Glühweins gegen die Kälte oft einfach ein Regenschirm gegen die Nässe, aber in Prag ist das die Zeit der ersten Schneeflocken.

Weihnachtsmarkt heißt auf Tschechisch *vánoční trh*, und dieses *trh* ist so ein richtig schönes tschechisches Wort, das ohne Vokale auskommt. Neben Glühwein und Punsch, Plätzchen und Maronen finden sich hier auch solche typisch lokale Spezialitäten wie der Prager Schinken direkt vom Grill oder der *Trdelník (Baumstriezel)*. Aber Moment mal – der *Trdelník* hat sich in Tschechien zwar fest etabliert und wird an einigen Orten sogar ganzjährig verkauft, aber ursprünglich stammt er aus Siebenbürgen im heutigen Rumänien. Bestimmte Varianten finden sich auch in der Slowakei und Ungarn. Die slowakische Stadt Skalice hat sich den Namen *Skalický trdelník* sogar schützen lassen. In Böhmen gehört diese Süßspeise immer noch zu den Neuheiten, die vor allem durch den Tourismus Aufschwung bekommen haben.

Beim *Trdelník* handelt es sich um ein süßes Hefegebäck, bei dem der Teig um Walzen gewickelt und dann über dem Holzkohlenfeuer gedreht und gebacken wird, bis er außen goldbraun und knusprig ist. Typischerweise wird er in einem Gemisch aus Zimt, zerhackten Nüssen und Zucker gewälzt und noch warm verspeist. Dieser Duft nach Zimt gehört inzwischen einfach zum tschechischen Weihnachtsmarkt. Wer einmal einen warmen *Trdelník* probiert hat, weiß, wovon ich schwärme.

Je nach Ort und Veranstalter finden sich neben der Festtagsdekoration, weihnachtlichen Speisen und Kunsthandwerk auch sehr kommerziell anmutende Stände, an denen der Zusammenhang mit der Adventszeit nicht klar zu erkennen ist. Hier bekommen Sie Käse, billiges Plastikspielzeug, Socken, Küchengeräte und dergleichen. Diese Sachen können Sie auch das ganze Jahr über kaufen, und vermutlich sind sie viel billiger auf den üblichen Vietnamesenmärkten, wo Sie alles bekommen, was sich aus Plastik herstellen lässt.

Ich füge keine Liste an Märkten hinzu, weil sich die Zeiten von Jahr zu Jahr verschieben. Allein in Prag finden Märkte an rund zehn Orten statt, vor allem in der Burg und auf allen historischen Plätzen, und vor allem dort, wo viele Touristen vorüberströmen. Die meisten Weihnachtsmärkte beginnen Ende November oder Anfang Dezember und enden am Heiligen Abend. Hinzu kommen noch die regelmäßigen Bauernmärkte, die in der Adventszeit oft eine weihnachtliche Thematik wählen.

105. Grund

Weil zu Weihnachten ein Karpfen gegessen wird

Advent. Das ist die Zeit der Weihnachtsmärkte, der bunt geschmückten Bäume, der festlichen Lieder und des Glöckchengeklimpers. Es ist die Zeit des Glühweins und der ersten Schneeflocken, die friedlich auf die Erde niedersegeln. Es ist die Zeit der Besinnung und der festlichen Vorbereitungen, in der auf Tischen an den Straßenecken mit wuchtigen Schlägen Karpfen ins Jenseits befördert werden, und dann mit weiteren Hieben in Stücke geschlagen. Es ist die Zeit vor dem Weihnachtsfest, und zu diesem Fest gehört nämlich in Tschechien mehr als alles andere ein Weihnachtskarpfen.

Sobald die Temperaturen unter den Gefrierpunkt fallen, dauert es nicht mehr lange, und es erscheinen an vielen Straßenecken Verkaufsstände mit riesigen Bottichen, in die ständig Wasser geleitet wird. Das überlaufende Wasser fließt in die Kanalisation, insofern es sich nicht auf der Straße sammelt. Gerade über Nacht, wenn sich die Verkäufer von ihrer gesegneten Arbeit ausruhen, erkennt man den nahen Verkaufsstand schon daran, dass es einem auf der Straße die Beine wegreißt, wenn man eine solche Eisfläche übersehen hat.

In den Bottichen schwimmen die einzigen unfreiwilligen Teilnehmer dieses Weihnachtsbrauches: fette Karpfen, die sich der Kunde aussuchen kann und die mit Netzen an langen Stielen herausgefischt und auf eine Waage geworfen werden. Wenn Sie wollen, können Sie sich den Fisch gleich fachgerecht töten und ausnehmen lassen. Wenn Sie sich jedoch nicht um dieses Vergnügen bringen lassen wollen, dann nehmen Sie das Tierchen Ihrer Wahl gleich lebend mit nach Hause, natürlich im Wasser, denn er soll ja noch eine Weile frisch bleiben.

Der traditionelle Aufbewahrungsort der begehrten Lieblinge ist die häusliche Badewanne. Karpfen vertragen auch schlammige Gewässer mit einem niedrigen Sauerstoffgehalt. Die Wanne muss also nur hinterher gereinigt werden. Zu den Entbehrungen der Vorweihnachtszeit gehört in manchen Haushalten somit auch der tagelange Verzicht auf Bad und Dusche.

Anekdotisch wird davon berichtet, dass sich Kinder mit dem gefangenen Tier solidarisiert haben sollen, vielleicht in einer so empfundenen Schicksalsgemeinschaft. Diese Beziehung führte dann zu einer vorübergehenden Traumatisierung, wenn für den Karpfen die Zeit zu sterben gekommen war.

Für die Zubereitung des Fisches gibt es eine ganze Reihe von Rezepten. Am gängigsten ist es in Tschechien, den Karpfen zu panieren und mit Kartoffelsalat zu servieren. Statt selbst zu kochen, können Sie auch ein tschechisches Restaurant besuchen oder sich am Heiligen Abend von einer tschechischen Familie einladen lassen, falls Sie wissen, wie das geht.

In manchen Haushalten werden die Schuppen der Weihnachtskarpfen gesammelt. Zum einen stellt man damit sicher, dass sie vor dem Panieren auch wirklich entfernt worden sind, da man sonst neben den Gräten auch noch diese Plättchen aus dem Mund zu klauben hätte. Zum anderen sollen Karpfenschuppen die Chancen auf zukünftigen Reichtum erhöhen. Dazu reicht es, ein paar davon unter den Teller oder in das Portemonnaie zu legen. Die kausalen Zusammenhänge zwischen Schuppen und Geldsegen sind jedoch noch nicht endgültig wissenschaftlich geklärt.

Verbleibende Karpfenstücke werden sauer eingelegt und können so das ganze Jahr über nützlich sein, um besonders hartnäckigen Gästen den Abschied zu erleichtern. So ist der Karpfen also nicht nur ein Symbol der Freude und des Feierns. Das wissen nicht zuletzt auch diejenigen, denen einmal eine Fischgräte unerreichbar hinten im Hals stecken geblieben ist. Gräten gehören nämlich zu den typischen Plagen, mit denen sich Karpfen posthum an den Menschen rächen.

Also essen Sie bitte vorsichtig. Und wenn Sie einen Karpfen zu Hause zubereiten wollen, verzichten Sie doch darauf, ihn in der Badewanne unsachgemäß zwischenzulagern. Nehmen Sie statt dessen selbst ein Bad, mit einem gutem Gewissen und den besten Wünschen für Ihre Mitmenschen.

Weil hier das Glaskunsthandwerk blüht

Der Wetterbericht sagt drei Grad unter Null und Schnee voraus. Im nordböhmischen Isergebirge ist es ein wenig kälter als daheim in Prag.

Im Bus sitzen weniger als zehn Reisende, und die Fahrt ist angenehm. Draußen ist ein grauer Morgen, keine solch malerische Dämmerung wie tags zuvor. Der Fahrer schaltet die Kabine auf Nachtbeleuchtung um, blaue Lampen glimmen von der Decke. Im Schaukeln und Wiegen dämmere ich im Halbschlaf dahin.

Ich bin unterwegs nach Jablonec nad Nisou, das vor der Vertreibung der deutschsprachigen Bevölkerung noch Gablonz an der Neiße hieß. Diese Stadt ist nicht besonders groß und liegt im Schatten von Liberec, dem früheren Reichenberg. Sie hat sich aber dennoch einen eigenen und sogar internationalen Ruf erworben, und zwar durch das Glaskunstwerk und ihre Bijouterie. Seit 1993 ist Jablonec zudem offizielle Münzstätte der Republik. Neben Kursmünzen (für den Zahlungsverkehr) werden hier auch Gedenkmünzen und Medaillen geprägt.

In Liberec angekommen, steige ich in die Straßenbahn um. Die fährt hier in zwei Spurweiten, weshalb drei Schienen nebeneinander verlaufen. Bei den Weichen ergibt das ein interessantes Flechtwerk. Ich hätte auch direkt von Prag nach Jablonec fahren können, aber ich möchte mich nicht um die Fahrt auf der gewundenen Strecke bringen, zwischen Felsen hindurch und an Dörfern und alten Industriebetrieben entlang. Alles ist bedeckt von einer dicken Schicht aus Schnee.

Von den vielen Betrieben, die hier im Umkreis Glas verarbeiten, habe ich mir einen ausgesucht, der kleine Figuren herstellt. Zumeist sind es Tiere, deren glatte, geschwungene Körperchen aus verschiedenen Farben bestehen. Ich kenne sie seit meiner frühsten Kindheit, als diese Gebilde noch zu zerbrechlich waren für meine ungeübten Finger. Lange habe ich keins mehr zu Gesicht bekommen.

Michal Preisler hat seine Werkstatt am Stadtrand in der Nähe des Bahnhofs *Jablonecké Paseky*. Alte Villen und die typischen quer gestreiften Hütten der früheren Sudetengebiete liegen wie Schwarz-Weiß-Fotos hinter einem Schleier aus dichten Schneeflocken. Gegenüber ziehen sich ein paar Plattenbauten den Hang hinauf. Die Entfernung ist zu Fuß gut zu schaffen. Erschwert wird der Weg nur durch das Schnee- und Eisgeröll, das mir ein Straßenpflug vor die Füße wirft.

Seit rund 25 Jahren ist Preisler selbstständig. Angefangen hatte er mit Tierfiguren, dann hat er kleine Personen gestaltet und ganze Ensembles erstellt, wie etwa Orchester, tanzende Trachtengruppen oder gläserne Krippen.

Seine Spezialität sind heute filigrane Ballerinen und farbige Glöckchen, die einen klaren, hellen Ton von sich geben. Beide werden ähnlich hergestellt. Diesen Trichter des Kleides oder der Glocke herzustellen erfordert eine bestimmte Technik, die Preisler von einem älteren Kollegen erlernt hat. Die Glöckchen werden wie eine Spirale aufgetragen und außen mit flüssigem Glas betupft. Das ergibt eine interessante Oberflächenstruktur, die sich angenehm anfühlt.

Ich darf ihm bei der Arbeit zusehen und sogar Fotos machen. Wie er mir erzählt, sind Besucher bei ihm willkommen, um ihm über die Schulter zu sehen und natürlich auch Produkte zu kaufen. Die meisten davon verkauft er aber immer noch über touristische Läden, vor allem in Prag.

Momentan arbeitet er an einer größeren Bestellung von Glöckchen, die ein Hotel an seine Kunden verteilen will. Die fertigen Produkte in verschiedenen Farben reihen sich bereits in Eierkartons.

Preisler arbeitet ruhig und konzentriert. Selbst wenn er spricht, hält er den Blick gebannt auf die blaue Flamme gerichtet. Er dreht einen Glasstab in der Hitze, bis sich ein Tropfen wie aus Honig bildet. Mit ein paar leichten Stößen auf die Arbeitsplatte bekommt das

Stück ein breites, flaches Ende. Während er mit der linken Hand die wachsende Glocke dreht, trägt er mit der rechten neue Lagen von farbigem Glas auf. Am Schluss muss die Glocke behutsam abkühlen. Sollte das Glas doch einmal gesprungen sein, erkennt man es sofort am schlechten Klang, wenn man mit einem Stück Metall an den Rand schlägt.

Glasprodukte wie diese werden auch heute noch fast ausschließlich von kleinen Betrieben erstellt, erklärt mir Preisler. Die meisten Werkstätten sind dabei auf bestimmte Methoden und Produkte spezialisiert: farbige Perlen, Figuren, gravierte Gläser, Knöpfe oder Schmuck wie Broschen, Diademe oder Armreifen. Glas ist ein faszinierender Werkstoff und dabei unglaublich vielseitig.

Als ich mich wieder in die verschneite Winterlandschaft hinausbegebe, beginnt es bereits zu dunkeln. Noch eine Weile braucht es, bis ich aus dieser zauberhaften Welt aus Schnee und Glas in meine Wirklichkeit zurückfinde.

107. Grund

Weil Tschechen jederzeit singen können

Es war vor ein paar Jahren in Zlín, in Mähren. Zlín war früher einmal die Stadt des Schuhfabrikanten Baťa gewesen, der hier ein ganzes Schuhimperium aufgebaut hatte und Schuhe in die ganze Welt verschickte. Davon zeugen nicht nur riesige Fabrikhallen, sondern auch solche Kuriositäten wie die vielen kleinen roten Backsteinhäuschen, die Baťa für seine Angestellten hatte bauen lassen, oder der »Wolkenkratzer« mit dem Aufzug, in dem ein ganzes Büro Platz findet (siehe Grund 97).

Es war also in Zlín, dieser früheren Schuhstadt. Wir saßen dort abends in einer internationalen Runde. Es waren Ungarn dort, Slowaken, vielleicht auch ein Amerikaner, und dann ich. Der einzige

Deutsche. Irgendwo in der Nähe solle noch ein weiterer Deutscher leben, so munkelte man. Auch der lasse sich manchmal blicken. Aber ich habe ihn noch nie gesehen.

»International« hat in Tschechien übrigens immer eine etwas andere Bedeutung als in Deutschland. Bei uns im Norden finden sich vielleicht Holländer oder Dänen, und ein paar Briten, im Süden Franzosen und Italiener. Hier und dort sind es auch zunehmend fernere Länder, auch von außerhalb Europas.

In Tschechien treffe ich auf einmal Ungarn, Polen und Ukrainer. Und dann sind da Slowaken, bei denen kein Tscheche so recht zu wissen scheint, was sie eigentlich sind, nachdem man sich jahrzehntelang mit Nachdruck verbrüdert und sogar das Land geteilt hat, und plötzlich sind sie weg. Und das Ergebnis: Herausgekommen sind zwei Staaten, Tschechien und die Slowakei, und die Tschechen haben einfach die Flagge behalten.

Ganz seltsam wird es bei den beiden Sprachen: Das Slowakische verhält sich zum Tschechischen etwa so wie das Bairische zum Hochdeutschen. Das heißt, viele Wörter klingen fremd und doch vertraut, und die Grammatik ist hier und dort verdreht. Aber man kommt dahinter. Wenn sich ein Tscheche mit einem Slowaken unterhält, benutzt jeder einfach seine eigene Sprache.

Das, was in Deutschland selbst gebildete Leute als »Osteuropa« in ein Bündel schnüren, in dem sich alles befindet, was ihnen nicht ganz geheuer ist oder was ihnen ein wenig rückständig und unterlegen erscheint, findet sich hier nun aufgefächert in eine Vielzahl von Menschen, Regionen und Sprachen. Aber was haben diese Menschen und Regionen gemein, wenn nicht das, dass sie im Osten liegen?

Das sollte ich bald erfahren. Denn irgendwann zwischen dem Essen und einem der anschließenden Biere begann etwas Unglaubliches: Jemand begann einfach zu singen. Menschen, die ich jahrelang kannte und die mir immer eher unauffällig erschienen waren, entpuppten sich nicht nur als einwandfreie Sänger, sie hatten zum

Teil sogar ganz großartige, ja laute Stimmen, und der Verdacht ließ sich nicht von der Hand weisen, dass sie hier nicht das erste Mal sangen.

Erst begannen die Leute aus dem einen Land zu singen, dann die nächsten. Sie hatten sich nicht verabredet, sie einigten sich offenbar auf das Lied, indem einfach einer anfing. Mit Erstaunen stellte ich fest, dass es ihnen überhaupt nichts ausmachte, alleine oder zu zweit zu singen, während die Übrigen gespannt ihren Gesichtsausdruck studierten.

Mein Gott, wenn ich an den Musikunterricht in der Schule denke, da waren die besten Plätze in der letzten Reihe gewesen! Ich erinnere mich auch an die Zeit, als ich noch sonntags in die Kirche gegangen bin, als Katholik in einer protestantischen Gegend. Dort galt es bei jeder Strophe, sichtbar die Lippen zu bewegen, während man das zittrige Winseln aus der Kehle unter dem Dröhnen der Orgel zu verbergen suchte.

Und die Lieder unserer Nachbarn sind auch irgendwie anders. Nicht so, wie vom Musiklehrer komponiert, um die Welt der Noten in einer wohldurchdachten Ordnung vorzuführen, sondern offenbar beim Bier und am Lagerfeuer erfunden, um genau dort und mit Inbrunst und Freude oder einer guten Portion an Weltschmerz gesungen zu werden.

Mit einem plötzlichen Schauern dachte ich daran, was passieren würde, wenn in diesem gemeinsamen Singen nach Ländern auf einmal Deutschland an die Reihe käme. Eiskalt überlief es mich, als ich an die Sommerschule in Brünn dachte, wo ich einmal einen einmonatigen Tschechischkurs belegt hatte und wo auf einmal jemand kreidebleich die Nachricht brachte, dass wir womöglich in der Begrüßungsveranstaltung vor Hunderten von Anwesenden getrennt nach Ländern singen müssten! Wehe uns Deutschen! In einer kurzen und hektischen Beratung kam jemand auf die Idee, den *Jäger aus Kurpfalz* einzustudieren, wobei mir beim Probieren sogleich klar wurde, dass ich bei den höheren Passagen auf die bewährte Kirchensingtaktik würde zurückgreifen müssen, nun allerdings ohne Orgelbegleitung.

Aber hier, in Zlín, als einziger Deutscher? Ich weiß nicht, ob meine Psyche den kritischen Moment einfach nachträglich verdrängt und von meiner biologischen Festplatte gelöscht hat oder ob ich vielleicht rechtzeitig in eine hilfreiche Ohnmacht gefallen bin. Wahrscheinlicher ist jedoch, dass man mich einfach vergessen hat. Ich glaube nicht, dass man als Deutscher überhaupt eine Kulturtechnik dafür entwickelt hat, wie man damit umgeht, wenn man von seinen Nachbarn vergessen wird, zumal den östlichen. Aber in diesem Fall war ich heilfroh.

Übrigens bin zuvor in der Sommerschule in Brünn auch glücklich der Generalblamage entronnen. Statt unsere heiseren Stimmen zum Himmel erheben zu müssen, mussten wir uns lediglich auf Tschechisch vorstellen. »*Dobrý den, jmenuji se …*« Sie können sich gar nicht vorstellen, mit welcher Erleichterung ich mich in dem riesigen Saal vom Stuhl erhoben und mein dürftiges Tschechisch in den Raum geschmettert habe. Alles, nur nicht singen.

Heute denke ich, dass das Erlebnis in diesem Saal einen Schlüsselmoment in meinem Spracherwerb darstellt. Und vielleicht war das Gerücht von dem Singen nach Ländern sogar eine geschickte didaktische Finte gewesen. Denn nur so konnten mir die Brünner Lehrer in nur fünf Minuten die Freude am Tschechisch-Sprechen beibringen.

108. Grund

Weil Wirtshäuser heilige Orte sind

An einem kleinen Tisch sitzt ein alter Mann. Sein Haar ist weiß, und weiß sind auch die Stoppeln seines unrasierten Kinns. Er wirkt zerstreut, in sich versunken, schüchtern. Die linke Hand ruht auf seinen Beinen, die rechte liegt schlaff auf der Tischkante. An dem gelegentlichen Zucken seiner Finger glaube ich zu erkennen, dass der Mann an etwas denkt, was ihn sehr bewegt.

Vielleicht auch versucht er sich an etwas zu erinnern, was ihm entfallen ist, von dem er nur noch weiß, wie wichtig es einmal für ihn war. Seitdem macht er es zu seiner täglichen Übung, die Bilder von damals wiederzufinden. Solange ihm noch Zeit verbleibt.

Vor ihm steht ein Glas Bier, von dem er schon etwas getrunken hat. Seine Augen sind halb geschlossen und scheinen ins Leere zu blicken.

Am Tisch lehnt sein Gehstock. Bevor ihn seine Schwiegertochter hinausgelassen hat, hat sie ihn angezogen, denke ich mir. Er trägt nur eine Art Trainingsanzug. Vielleicht wohnt er hier ganz in der Nähe. Von seinem ereignisreichen Leben ist nur noch seine Familie geblieben, und von seiner einstigen Energie gerade nur genug, um die paar Schritte hierherzukommen und ein Bier zu trinken.

Der alte Mann wirkt schüchtern. Bestimmt ein lieber Mensch, denke ich. Zuweilen habe ich das Gefühl, dass er kurz aufblickt, dass seine kleinen Augen eilig die Umgebung absuchen, ohne etwas wahrzunehmen.

Ich denke, dass viele der Gäste hier zuweilen innehalten, um den alten Mann zu betrachten, der dort mit seinen Gedanken beschäftigt ist. Wir beobachten ihn eine Weile, so als könnte uns sein Anblick irgendetwas Wichtiges verraten. Wir wissen nichts über ihn, kennen weder sein Leben noch seine Leistungen. Er genießt hier einen besonderen Schutz, ja vielleicht sogar Hochachtung, weil er alt ist. In dieser Welt hier ist er so etwas wie ein Verwandter, jeden Abend.

Traditionelle Wirtshäuser bis hin zu modernen Kneipen bilden eigene Welten. Viele haben sehr enge Regeln, wer aufgenommen wird. Aber diese will ich hier nicht rühmen. Es gibt in einem Wirtshaus kaum etwas Unangenehmeres, als ignoriert oder unwillkommen geheißen zu werden, bloß weil man nicht den richtigen Stallgeruch mitbringt. Ich spreche auch nicht davon, dass nach ein paar

Bieren die Prioritäten verschwimmen und Unterschiede einfach beliebig werden.

Die Menschen in diesen Räumen folgen einfachen Regeln einer Gemeinschaft. Es hat etwas von einem kleinen Dorf, wo man irgendwie zusammengehört. Es ist ganz banal: Eines der stärksten Bänder der Menschheit wirkt dann, wenn man zusammen isst und trinkt. Das finden Sie in allen Kulturen der Welt. Hier sind nun wildfremde Menschen miteinander Gäste. Zahlende Gäste, aber immer noch Gäste.

Diese Gaststuben sind etwas anderes als ein Schnellrestaurant oder ein Speiserestaurant für den gehobenen Anspruch. Ich meine, dass den Unterschied gar nicht mal der Alkohol ausmacht, sondern das besondere Verhältnis zwischen Wirt und Gästen. Es ist die Frage, wie jemand angenommen wird, der nichts mehr anbieten kann, als dass er als Mensch kommt und teilnehmen will.

Ein Freund von mir hatte einmal die Stammgäste eines Brauereigasthofes sehr treffend als Heilige bezeichnet. Diesen Begriff verdankte er sicher auch den zuvor getrunkenen Bieren, die überhaupt erst die Brücke der Erkenntnis zu den beiden Männern ermöglicht hatten. Diese Erkenntnis hatte etwas unmittelbar Einleuchtendes. Und sie stellte die Verbindung her zu alten, mythischen Kulturen, wo Berauschte in die Welt der Götter vorgedrungen waren.

Vergessen Sie die Orakel der Wirtschaftsweisen! Die wahre Weisheit finden sie in diesen heiligen Hallen. Denn sie ist so klar, dass sie unmittelbar einleuchtet. Betrachten Sie die alberne Aufgedrehtheit eines Menschen, der gerade von den Wellen des Rausches emporgehoben wird und Dinge spricht, von denen wir nur träumen können! In diesem flüchtigen Zustand haben diese Heiligen alle Sorgen der Welt, ihre eigenen Grenzen, ja selbst die Endlichkeit überwunden.

Vielleicht kenne Sie es, wenn Sie nachts aufwachen und einen wahrhaft großen Gedanken haben, einen solchen, dessen Klarheit Sie erschaudern macht. Sie schreiben ihn auf, um ihn nicht zu verlieren, und schon am nächsten Morgen entpuppt er sich als der größte

Schwachsinn, den Sie je gehört haben. Von ähnlicher Natur sind die raren Blüten, die sich in diesen heiligen Hallen des Bieres öffnen und die Welt verändern, die noch auf dem Weg nach Hause eine immense Kraft und Zuversicht ausstrahlen. Es handelt sich um Pläne und Projekte, um Erkenntnisse und Entschlüsse, um neue Brüder und alte Bekanntschaften. Und schon am nächsten Morgen sind sie fahl und nichtig. Einmal aus dem Heiligtum entwendet, werden diese Blüten blass und grau und unverständlich.

Dieser Bereich des tschechischen Lebens ist noch völlig unerforscht, da alle Forscher bislang verschollen sind und alle Nachrichten, die ihnen hinauszuschicken gelang, von einer rätselhaften Banalität sind, so als würden sich Erfahrung und Erkenntnis gegenseitig ausschließen, als sei die Sprache noch nicht geboren, um sie mitzuteilen. Es lässt sich nur so viel sagen, dass hier etwas Magisches, Großartiges stattfindet, zu dem auch Sie einen Zugang haben. Aber machen Sie sich darauf gefasst, dass Sie sich am nächsten Morgen den Kopf kratzen werden und sich nichts erklären können.

109. Grund

Weil sich Bauernmärkte etabliert haben

Über Nacht hatte es geschneit, sodass dieses Wochenende überraschend mit einer vorweihnachtlichen Stimmung begann. Ich hatte mir vorgenommen, an diesem Morgen wieder einen der Bauernmärkte (auf Tschechisch *Farmářské trhy*) zu besuchen, die sich seit etlichen Jahren in Prag und anderen tschechischen Städten etabliert haben. Heute würde er einen ganz besonderen Anblick bieten, dachte ich mir, denn als Besonderheit sollten afrikanische Produkte angeboten werden.

Viele Prager verlassen am Wochenende die Stadt und bringen sich somit um eines der besten Angebote dieser Großstadt. Denn während sie im Stau stadtauswärts stehen und sich auf das ländliche Leben freuen, fahren auf der Gegenspur die Bauern in die Stadt.

Da ich nicht zu den Leuten gehöre, die sich im Delikatessenladen in der Innenstadt mit kostspieligen Gaumenfreuden eindecken, sieht für mich das Einkaufen gewöhnlich so aus:

Ein paar Straßen weiter befindet sich ein Supermarkt. Im Eingangsbereich stand einmal ein Zeitschriften- und Tabakladen, seit der aber entfernt worden ist, gähnt dort nur Leere. Dann gehe ich eine Treppe in den Keller hinab. In dem großen, unteren Raum herrscht durchweg Kelleratmosphäre mit Kellerbeleuchtung und einem Kellergeruch. Manchmal liegt dort ein muffiger Geruch in der Luft, vielleicht kommt er von feuchtem Karton oder schlecht belüfteten Kühltruhen.

Unten liegen dann Bananen, die oft schon aufgeplatzt sind und entweder grün oder fleckig gelb und braun. Es gibt Salate in verschachtelten Plastikboxen und Brot, das nach einem Tag seine Elastizität verliert und beim Schneiden in Fetzen zerreißt. Das Fleisch zu kaufen habe ich aufgegeben, da ich Wasser billiger aus der Leitung bekomme. Hier unten wird lustloses Einkaufen definiert. Aber es ist immer ein tolles Gefühl, aus dem Keller wieder nach draußen an die frische Luft zu kommen.

An diesem besagten Tag besuchte ich einen kleineren Markt in meinem Viertel. Dort befanden sich rund 15 Stände, von denen einige nur wenige Produkte anboten, wie etwa geräucherte Salami oder Honig. Die angekündigten afrikanischen Produkte nahmen sich eher unscheinbar aus, da war der Gemüse- und Gewürzmarkt in der Halle des *Vnitroblok*, einer ehemaligen Fabrik in Holešovice, sehr viel authentischer gewesen. Afrikaner ließen sich dort auch nicht blicken, vielleicht war es ihnen einfach zu kalt.

Für Besucher ist natürlich der unterhalb des Palackého náměstí direkt am Moldaukai gelegene Markt viel interessanter als dieser kleine verborgene Platz, auf dem im Sommer die Stühle und Tische eines Cafés stehen. Der Bauernmarkt an der Moldau ist lang genug, dass man gemütlich die Stände entlangwandeln kann, die Vielfalt bestaunen und dabei die Zeit vergessen. Und als kleines Extra sieht man in der Ferne jenseits des Wassers die Kleinseite mit der Burg.

Diese Märkte bieten neben heimischen Lebensmitteln zumeist auch Kunsthandwerk, Kaffee und warme Snacks. Der Übergang zu Dingen, die sich auch die übrige Woche im hiesigen Einzelhandel kaufen ließen, ist oft gleitend. Einmal wurden ein paar Schlaumeier dabei erwischt, wie sie Käse aus dem Supermarkt verkauft haben. Die Märkte haben heute strenge Regeln, was angeboten werden darf. Der Kodex eines Veranstalters, *Archetyp*, etwa verlangt einen bestimmten Prozentsatz von Produkten aus der Region. Zudem müssen 90 Prozent aller auf einem Markt verkauften Produkte Lebensmittel sein.

Entstanden sind diese Bauernmärkte als Reaktion auf das Verschwinden von Märkten, an denen Lebensmittel direkt von Produzenten verkauft wurden. Ersetzt wurden sie zunehmend durch Supermärkte, die oft ihre Produkte von weither brachten. Daneben werden auch ökologische Ziele verfolgt. Mein Brot etwa lasse ich mir in eine Papiertüte verpacken, Plastik wird vermieden. Ein wenig muss hier aber noch improvisiert werden: Weil das Brot zu breit ist, schlägt mir die Verkäuferin vor, dass sie die Papiertüte an einer Seite aufreißt und in eine offene Papiertasche verwandelt.

Für mich ist es ein gutes Gefühl, dass die Plätze der Stadt mit Leben erfüllt werden. Einkaufen unter freiem Himmel ist immer ein schönes Erlebnis – auch bei Schnee und Regen. Natürlich freue ich mich, zumindest am Wochenende Lebensmittel von höherer Qualität kaufen zu können, und das heißt oft einfach, dass es nach etwas schmeckt. Und schließlich ist auch der persönliche Kontakt mit den Verkäufern völlig anders als im Supermarkt. Die freuen sich nämlich auch, und das merkt man.

110. Grund

Weil hier bemalte Ostereier wahre Schmuckstücke sind

In meiner Kindheit gehörte es zu jedem Osterfest, dass wir die Eier selbst bemalen durften. Meistens wurden die hartgekochten Eier einfach in Farbe gelegt und später vielleicht noch auf Hochglanz poliert. Sie wurden dann sowieso geschält und gegessen, warum also sollte man viel Arbeit aufwenden.

Ein gutes Stück komplizierter waren ausgeblasene und bemalte Ostereier. Auf die Eier ließen sich Muster malen, aber das war bereits etwas für Kinder, die geschickte Hände hatten. Ich war schon froh, wenn ich zwei Löcher in das rohe Ei bekommen habe, ohne die Schale zu zerbrechen.

Als ich in Tschechien das erste Mal volkstümlich bemalte Ostereier zu sehen bekam, traute ich meinen Augen nicht. Jedes einzelne von ihnen ist ein Schmuckstück, und in größeren Mengen zusammen sehen sie aus wie wunderbare Blüten. Manche der Muster wirken wie Zierbänder, andere wie Sterne, Blüten oder Schneeflocken, oder sie erinnern in ihrer Form an Feuerwerke.

Diese bemalten Eier heißen hier *Kraslice*, und es gibt eine ganze Reihe von Möglichkeiten, wie sie bemalt und verziert werden:

Farbiges Wachs: Das Wachs wird über einer Flamme geschmolzen und dann auf das Ei aufgetragen, wobei hier Präzision mit Schnelligkeit kombiniert wird. Das farbige Wachs erscheint dann auf der Schale ein wenig hervorgewölbt und gibt den Mustern ein plastisches Aussehen.

Stroh: Das Stroh verschiedener Getreidesorten wird im feuchten Zustand aufgeschnitten, vom Mark befreit und geglättet. Die Halme, die verschiedene Farbtöne aufweisen, werden dann in kleine Stücke zerschnitten, die sich dann ähnlich wie Intarsien zu Figuren zusammensetzen und aufkleben lassen.

Binsenmark: Die Binsen werden von Gewässern gesammelt, und das Mark wird herausgedrückt. Daraus werden helle Fäden gefertigt, die dann auf die Eier geklebt werden.

Batik: Mit schwarzem Wachs wird auf das weiße Ei ein Muster aufgetragen. Dann wird das Ei in gelbe Farbe getaucht. Anschließend wird weiteres Wachs hinzugefügt, und das Ei wird in rote Farbe getaucht. Dasselbe wird noch einmal wiederholt, und zuletzt wird das Ei schwarz gefärbt. Dann wird das ganze Ei über einer Flamme erhitzt und das flüssige Wachs abgewischt. Nach und nach kommen nun alle Farben zum Vorschein. Diese Methode erfordert viel Planung, um an den richtigen Stellen am Schluss die weiße Schale durchscheinen zu lassen.

Kratzen und Gravieren: Ein weißes Ei wird mit einer schwarzen Farbe gefärbt, die eine Mischung aus Tusche und Lack ist. Je nach Gegend sind auch rote oder grüne Varianten möglich. Dann wird mit einem scharfen Messer die weiße Schale freigekratzt. So lassen sich Muster, Blüten oder Ornamente erstellen. Pro Ei dauert das rund zwei Stunden.

Bohren und Fräsen: Hier entstehen filigrane Muster, indem Löcher in die Schale gebohrt und gefräst werden. Manchmal werden die Ränder dann noch mit dicker Farbe angemalt. Geübte Künstlerinnen schaffen über 900 Löcher pro Ei. Neben Ornamenten werden auch Silhouetten von Personen in die Schalen gefräst und teilweise wird die Schale so weit entfernt, dass etwas hineingestellt werden kann, wie etwa kleine Figuren.

Drähte: Mit einem dünnen Draht wird ein filigranes Netz über das Ei geflochten, dessen Knoten dann ein Muster ergeben. Diese kleinen Kostbarkeiten werden zumeist von Frauen erstellt, die oft das ganze Jahr daran arbeiten. Neben Hühnereiern werden auch Gänse- und sogar Straußeneier verwendet. Die Arbeitszeit kann sich da pro Exemplar auf bis zu 14 Stunden belaufen. Die fertigen Eier werden auch als Belohnung für die traditionellen Rutenschläge (siehe Grund 111) verschenkt, oder einfach nur, nachdem ein paar Lieder gesungen wurden.

Kraslice sind schöne Mitbringsel aus Tschechien, da sie noch wie seit Jahrhunderten in den Dörfern per Hand gefertigt werden. Ich selbst habe bislang noch keines gekauft. Für meine Hände erscheinen sie mir einfach zu zerbrechlich.

111. Grund

Weil Sie zu Ostern eins draufbekommen

Ostern ist ohnehin schon so ein merkwürdiges Fest, ein heidnischer Kern in einer christlichen Hülle. Und manchmal ist von der Hülle nicht viel zu merken. In Tschechien treffen Sie etwa auf einen Osterbrauch, der es wirklich in sich hat. Zu Ostern lassen sich hier nämlich die Mädchen mit Ruten schlagen, und zur Belohnung schenken Sie den Jungen Ostereier. Ist doch logisch, oder?

Jetzt denken Sie vielleicht an Gewaltexzesse, aber so ist es nicht. *Pomlázka,* wie dieser Brauch auf Tschechisch heißt, soll nämlich keine blauen Flecken hinterlassen.

Zunächst einmal braucht man eine Rute, die zumeist aus Weidenästen geflochten wird. Diese Äste sollten frisch und biegsam sein. An der dünnen Spitze werden bunte Bänder befestigt. Diese Ruten sind sogar in Geschäften zu kaufen und leicht an den Bändern zu erkennen.

Mit diesen Ruten gehen dann die Jungen und jungen Männer durch das Dorf, und häufig tragen sie dabei Trachten. Rundum besuchen sie Mädchen, die dann ein paar leichte Schläge auf den Hintern bekommen, oder es erwischt eine Passantin, die zufällig des Weges kommt. Häufig wird dann noch gesungen oder Musik gemacht. Für ihre Tat bekommen die Jungen Geschenke, zum Beispiel Ostereier, und die älteren Semester einen Schnaps.

Zur Erklärung dieses alten Brauches gibt es verschiedene Ansätze. Vielleicht verspricht man sich eine magische Übertragung von Kraft aus der Natur durch die biegsamen Gerten, damit die Mädchen jung und schön bleiben. Das würde zumindest erklären, warum die Überbringer dieser Kräfte anschließend beschenkt werden. Ganz deutlich ist aber auch ein Fruchtbarkeitsritus denkbar. In einigen Orten bekommen die Herren dann rote Ostereier überreicht. Eier gelten ja ohnehin schon als Fruchtbarkeitssymbol.

Daneben hat es auch eine indirekte, aber vielleicht doch nicht so ganz verhohlene sexuelle Bedeutung. Ich finde dann aber die Verbindung mit dem – wenn auch entschärften – Prügeln der Frauen eher unschön. Man hätte sich ja auch symbolisch umarmen oder etwas überreichen können.

Für diese Deutung spricht, dass das Rutenschlagen auch dazu verwendet wurde, um ein Mädchen um die Hand zu bitten. Da sich die Jungen aussuchen konnten, wen sie besuchten, galt es unter den Mädchen oft als beschämend, übergangen worden zu sein.

In Nordostmähren werden die Mädchen mit Wasser begossen. Das nennt sich dann *Oblévačka* oder *Šmerkust*, und diese Tradition findet sich auch in vielen Ländern Osteuropas. Und in einigen Orten dürfen auch die Mädchen zu den Osterruten greifen, aber das ist eine seltene Ausnahme.

Wie aber stehen die Mädchen dazu? Mögen sie es? Oder geht es nur darum, kein Mauerblümchen zu sein?

Meine tschechischen Bekannten, inzwischen alle erwachsen, äußern sich eher genervt. »Das habe ich nie gemocht«, heißt es übereinstimmend. Offenbar warten die heutigen Mädchen nicht mehr auf einen Mann, der sie mit einer Rute erlöst. Bei jüngeren Kindern kommt dieser Brauch aber immer noch gut an, vielleicht einfach weil er farbenfroh und lustig ist.

Ich selbst habe da noch nie mitgemacht. Vermutlich bin ich schon zu alt. Und wenn jemand mit 1,90 Meter vor der Tür steht, eine Rute schwingt und dann vielleicht noch mit meiner Stimme ein Osterlied zu singen versucht, fliegen bestimmt die Eier.

Bonusgrund

Weil uns der letzte Grund Rätsel aufgibt

Es passierte an einem Februartag im Jahr 2007. Die Polizei rückte mit einem Großaufgebot am Prager Flughafen an, mit automatischen Waffen und gepanzerten Fahrzeugen, und sie brachte sogar ihre Bombenspezialisten. Diese mehrtägige Aktion verlief in Koordination mit dem tschechischen Geheimdienst *BIS,* und sie hatte zum Ziel, einen bevorstehenden Anschlag zu vereiteln.

Heute wissen wir, dass kein Anschlag gedroht hatte, und es gäbe nun kaum einen Grund, dieser Begebenheit einen besonderen Platz einzuräumen, wäre da nicht eine Kleinigkeit, die zu denken gibt: Laut dem Pressesprecher des *BIS* kam der heiße Tipp nämlich von einer Frau, deren Identität bekannt war und die sich am Telefon als Wahrsagerin zu erkennen gegeben hatte. Sie beschäftige sich mit Psychotronik, habe sie gesagt und einen Angriff auf bestimmte Flugzeuge vorausgesagt. Mehr dazu habe sie aber nicht mitteilen können.

Im Nachhinein fiel es den Verantwortlichen sichtbar schwer zu erklären, warum sie den übernatürlichen Fähigkeiten dieser Frau so viel Glauben geschenkt hatten. Auch solche Hinweise dürften nicht übergangen werden, gaben sie zu bedenken, denn man könne ja nie wissen.

Ich nehme an, dass die Sicherheitsbehörden einfach wussten, dass in Prag manchmal Dinge geschehen, die nur schwer zu erklären sind. Und ich spreche hier gar nicht mal von den verschiedenen Sichtungen des Golems, vor allem rund um mein Haus. Im Folgenden gebe ich ein paar Kostproben.

Wie wäre es etwa mit dem geheimnisvollen Erbe des tschechischen Botanikers und Pharmazeuten Bohuslav Jiruš. Seiner Nachwelt hinterließ er nämlich zwei versiegelte Truhen, von denen jede über 300 Kilogramm wiegt. Es reichte ihm nicht nur, dass er keinen Hinweis darüber gab, was in den Truhen enthalten ist. Er gab sogar die

Anweisung, die Truhen ganze 200 Jahre lang verschlossen zu halten und somit erst nach dem 16. November des Jahres 2101 zu öffnen.

Natürlich gaben diese Truhen Anlass zu wilden Spekulationen über ihren Inhalt. Vielleicht enthielten sie ein Mittel für ewige Jugend, unbekannte Flora- oder Faunaarten oder giftige oder infektiöse Präparate, die beim Öffnen des Deckels die Menschheit vernichten könnten. Unter den möglichen bedrohlichen Gegenständen rangierte auch das Paar Socken, das Jiruš auf allen seinen Expeditionen begleitet hatte. Vielleicht aber enthielten die Truhen auch solch banale Dinge wie seine Tagebücher.

Das Nationalmuseum beschloss daher im Jahr 2012, die Bevölkerung darüber abstimmen zu lassen, wie mit den Truhen zu verfahren sei: Sollten wir sie öffnen, geschlossen halten oder mit Röntgenstrahlen durchleuchten, um zumindest ein wenig mehr über den Inhalt zu erfahren? Das Resultat sagt viel über die Bewohner Prags aus. Es wurde nämlich beschlossen, die Truhen verschlossen zu halten. Nachdem wir schon 111 Jahre gewartet hatten, würden wir die restlichen 89 Jahre auch noch aushalten.

Über ein Jahr später kam es zu einem Zwischenfall, der nicht minder mysteriös war: Der Direktor einer Grundschule in der Prager Londýnská-Straße machte bei der Polizei die ungewöhnliche Meldung, dass er gerade 15 menschliche Schädel in einer Holzkiste gefunden habe. Diese Schädel waren mit Nummern versehen. Die altmodische und völlig verstaubte Kiste stand neben den Mülltonnen der Schule.

Vielleicht hatte sie ein Forscher oder Sammler entsorgt? Aber dann hätte es wohl nicht so heimlich in der Nacht geschehen müssen. Vieles sprach dafür, dass jemand die Kiste bei sich auf dem Dachboden entdeckt hatte und einen guten Grund besaß, anonym zu bleiben.

Viele der Geheimnisse Prags verbergen sich unter der Erde. Wer zum Beispiel weiß, dass es dort ein Rohrpostsystem aus dem 19. Jahrhundert gibt, das theoretisch sogar noch funktionsfähig ist, insofern es nicht vom Hochwasser des Jahres 2002 zerstört worden ist. Die Kapseln schossen mit einer Geschwindigkeit von zehn Metern pro Sekunde durch ein Netzwerk von 50 Kilometern, angetrieben durch elektrische Luftpumpen. Die Rohre erstrecken sich unter unseren Füßen vom südlichen *Vršovice* durch die Altstadt, zum Nordosten zur *Palmovka* und nach *Holešovice*, während andere Zweige nach *Dejvice* und *Smíchov* führen. Eine Wiederinbetriebnahme ist bereits erwogen worden, aber bis jetzt scheint noch nichts daraus geworden zu sein, falls nicht schon irgendein geheimnisvolles Phantom diese Rohrpost benutzt, um seine Anhänger zu instruieren.

Manchmal stoßen wir auf Rätsel, wo wir sie am wenigsten vermuten. Im Mai 2015 wurden an die 200 Personen in den Stadtteilen *Dejvice* und *Bubeneč* zugleich von einer plötzlichen Infektion befallen. Sie litten unter Durchfall, Übelkeit und Fieber. Eine Untersuchung des Trinkwassers schließlich führte auf eine erste Spur: Das Wasser war erheblich mit Bakterien verseucht. Die Bevölkerung wurde daraufhin aus mobilen Tanks mit Trinkwasser versorgt.

Schließlich wurde auch die Ursache ausfindig gemacht, und sie klang nicht appetitlich: In einer nahen Baustelle war ein Rohr der Kanalisation beschädigt worden, und das Abwasser sickerte in den Boden, wo es dann in einen Seitenarm des Trinkwassersystems eindrang, von dem keiner wusste, dass er überhaupt existierte. Dieses Rohr war offenbar in den 60er-Jahren installiert und dann vergessen worden – weder kartografiert noch richtig verschlossen.

Diese Begebenheit erinnert mich an eine Altbauwohnung, in der ich einmal gelebt hatte. Dort nämlich gab es eine Steckdose, die keine Verbindung zu irgendeiner der Sicherungen im Haus hatte. Eines Tages war die Steckdose tot. Rund ein Jahr später funktionierte sie wieder. Meine Wohnung hatte eine Geistersteckdose! Dieses große Haus war übrigens bis auf wenige Wohnungen unbewohnt. Auf dem Weg zur letzten Tür im Flur des obersten Stockwerks passierte ich eine ganze Reihe von nummerierten Türen, von denen ich bis heute keine Ahnung habe, was sich dahinter verborgen hatte.

Und dann gibt es noch Ereignisse, die zwar nicht völlig mysteriös sind, aber dennoch etwas Unwirkliches haben. So etwa das, was sich im Jahr 2013 an der Metrostation Hůrka abgespielt hat, vor den Linsen der Überwachungskameras, aber dennoch völlig unbemerkt von den Augen zweier Metrofahrer.

Das Folgende ist auf dem Video zu sehen: Eine 40-jährige Frau steigt aus einem Zug und fällt auf den Bahnsteig, offenbar sturzbetrunken. Nachdem der Zug abgefahren ist, rappelt sie sich auf, taumelt ein paar Schritte und fällt in das Gleisbett. Dann kommt der nächste Zug. Menschen steigen aus und ein. Der Zug fährt weiter. Wieder kommt ein Zug, und wieder steigen Fahrgäste aus und ein. Nachdem auch dieser Zug abgefahren ist, erscheint an der Bahnsteigkante der Kopf der Frau. Passanten kommen zu Hilfe, ziehen sie auf den Bahnsteig und verständigen die Aufsicht, die den dritten Zug anhält.

Wie die Polizei später berichtete, konnte sich die Betroffene später an absolut nichts mehr erinnern, nicht einmal daran, wie sie auf die Metrostation gelangt war. Verletzungen hatte sie keine erlitten. Allerdings klagte sie über Rückenschmerzen, die sie sich wohl beim Fall zugezogen hatte.

Betrunkene haben offenbar ihren eigenen Schutzengel. Und von denen gibt es in Prag ein stattliches Kontingent.

Danke!

Mein besonderer Dank gilt meinen Eltern, meinen Geschwistern und Eriko für ihre stete Unterstützung, ohne die ich dieses Buch nicht hätte schreiben können.

Bildnachweis

111 GRÜNDE, ALBANIEN ZU LIEBEN

EINE LIEBESERKLÄRUNG AN DAS SCHÖNSTE LAND DER WELT

111 GRÜNDE, ALBANIEN ZU LIEBEN
EINE LIEBESERKLÄRUNG AN DAS SCHÖNSTE LAND DER WELT
Von Jörg Martin Dauscher
264 Seiten, Premium-Paperback mit zwei farbigen Bildteilen
ISBN 978-3-86265-786-5 | Preis 14,99 €

Albanien gilt aufgrund der jahrzehntelangen Isolation als letztes Geheimnis Europas. Jörg Martin Dauscher findet es an der Zeit, dieses zu lüften, und stellt in seinem Buch die Eigentümlichkeiten des reizvollen Landes lebendig dar: Persönliche Anekdoten, kurze Ausflüge in die kommunistische Vergangenheit, Tipps und Geschichten aus der Gegenwart fügen sich zu einem bunten Kaleidoskop. Die Liebeserklärung des Autors umfasst die sagenhaft schöne Ionische Küste ebenso wie die altehrwürdigen Städte und das hohe Bergland. Dabei verschließt der Autor vor den alltäglichen Problemen des Transformationslandes nicht die Augen, sondern schildert diese mit Humor und Zuneigung.

Er führt die Leser in Gegenden und an Orte, die der Tourismus noch lange nicht entdeckt hat. Albanien ist in jedem Fall eine Entdeckung!

WWW.SCHWARZKOPF-SCHWARZKOPF.DE

CHRISTOPH AMTHOR, geboren 1971 in Frankfurt am Main und aufgewachsen in Hessen, Bayern und Niedersachsen. Studium der Bohemistik, Lebensschwerpunkt seit 2003 in Tschechien und kurzzeitig in der Slowakei, tätig zunächst als Übersetzer und Journalist, Mitbegründer einer gemeinnützigen Organisation mit Schwerpunkt in Asien, heute selbstständiger Softwareentwickler und Blogger.

Christoph Amthor
111 GRÜNDE, TSCHECHIEN ZU LIEBEN
Eine Liebeserklärung an das schönste Land der Welt

ISBN 978-3-86265-781-0

VERLAG
Schwarzkopf & Schwarzkopf Verlag GmbH
Kastanienallee 32, 10435 Berlin
Telefon: 030 – 44 33 63 00
Fax: 030 – 44 33 63 044

INTERNET | E-MAIL
www.schwarzkopf-schwarzkopf.de
www.facebook.com/schwarzkopfverlag
info@schwarzkopf-schwarzkopf.de